全国基层文化队伍培训教材
QUANGUO JICENG WENHUA DUIWU PEIXUN JIAOCAI

文 化 馆（站）系 列

QUNZHONG WENHUA
JICHU ZHISHI

群众文化基础知识

冯守仁 鲍和平 等◎编 著

北京师范大学出版集团
BEIJING NORMAL UNIVERSITY PUBLISHING GROUP
北京师范大学出版社

图书在版编目(CIP)数据

群众文化基础知识/冯守仁,鲍和平等编著.—北京:北京师范大学出版社,2013.3(2023.8重印)
(全国基层文化队伍培训教材)
ISBN 978-7-303-15749-5

Ⅰ.①群… Ⅱ.①冯… ②鲍… Ⅲ.①群众文化-中国-业务培训-教材 Ⅳ.①G249.2

中国版本图书馆 CIP 数据核字(2012)第 282993 号

图书意见反馈:gaozhifk@bnupg.com 010-58805079
营销中心电话:010-58807651
北师大出版社高等教育分社微信公众号 新外大街拾玖号

出版发行:北京师范大学出版社 www.bnupg.com
北京市西城区新街口外大街 12-3 号
邮政编码:100088

印	刷:北京天泽润科贸有限公司
经	销:全国新华书店
开	本:730 mm×980 mm 1/16
印	张:16.5
字	数:330 千字
版	次:2013 年 3 月第 1 版
印	次:2023 年 8 月第 7 次印刷
定	价:35.00 元

策划编辑:马洪立   责任编辑:马洪立 李 念
美术编辑:毛 佳   装帧设计:毛 佳
责任校对:李 菡   责任印制:马 洁

版权所有 侵权必究
反盗版、侵权举报电话:010-58800697
北京读者服务部电话:010-58808104
外埠邮购电话:010-58808083
本书如有印装质量问题,请与印制管理部联系调换。
印制管理部电话:010-58805079

全国基层文化队伍培训教材

文化馆(站)系列编委会

主　编：冯守仁

编　委：(以姓氏笔画为序)

　　　　王全吉　　石振怀　　巫志南　　陈彬斌

　　　　贾乃鼎　　路　斌　　戴　珩

作者简介

冯守仁，原北京市文化局副局长（正局级），主管北京市文化政策研究、法制、群众文化和图书馆工作，主持起草《北京市图书馆条例》、《关于进一步加强本市基层文化建设的意见》等法规、文件。

退休后任北京市图书馆协会理事长，主持"北京市农村文化建设研究"、"社区乡镇图书馆研究"、"北京市公共图书馆'一卡通'服务研究"、"北京市图书馆条例实施情况研究"。

现为文化部[①]国家公共文化服务体系建设专家委员会委员，参与文化部有关共和国文化服务侦测的论证、起草，参加了国家"《公共图书馆法》立法支撑研究"等研究项目；参加国家发改委、建设部、文化部《公共图书馆建设标准》、《文化馆建设标准》、《乡镇综合文化站建设标准》、《乡镇综合文化站服务标准》、《文化馆评估标准》、《文化馆服务标准》、《乡镇综合文化站服务标准》编制工作，为主要执笔人。

先后发表50余篇理论文章、调查报告。编著《文化市场行政管理概论》、《公共图书馆建设与规划》等。

鲍和平，1952年生于天津。天津群众艺术馆研究馆员。中国音乐学院首届音乐文学专业毕业。曾在内蒙古五原县插队，1977年至1988年在天津和平文化宫工作，1988年至今在天津群众艺术馆工作。曾出版《文等于学》等专著，发表过《新房子，旧房子》、《让每个社区都享有文化》等有关群众文化理论的文章。作为著名词作家、文艺晚会策划撰稿人，其作品获得多项全国大奖和文化部"群星奖"。

---

① 现为"文化和旅游部"，全书适用。

序 言

　　文化部国家公共文化服务体系建设专家委员会组织编写的全国基层文化队伍培训教材陆续出版了。这是加强公共文化服务人才队伍建设的一项基础工作，很有意义。

　　推动社会主义文化大发展大繁荣，队伍是基础，人才是关键。2007年中央"两办"发布的《关于加强公共文化服务体系建设的若干意见》中，就对加强公共文化服务人才队伍建设作出了部署，明确提出了提高公共文化服务人才队伍思想素质和工作能力的要求。2010年《国家中长期人才发展规划纲要（2010—2020年）》发布之后，文化部专题部署了开展全国基层文化人才队伍培训的工作。党的十七届六中全会通过的《关于深化文化体制改革，推动社会主义文化大发展大繁荣若干重大问题的决定》，提出基层文化人才队伍是文化改革发展的基础力量的重要论断，要求制订实施基层文化人才队伍建设规划，完善机构编制、学习培训、待遇保障等方面的政策措施。《国家"十二五"时期文化改革发展规划纲要》对加强基层文化队伍建设、完善文化人才培训机制作出了具体部署。建设一支德才兼备、锐意创新、规模宏大、结构合理的基层文化人才队伍，成为新时期公共文化服务体系建设的重要任务。

　　2010年9月，为落实《国家中长期人才发展规划纲要（2010—2020年）》，文化部发布了《关于开展全国基层文化队伍培训工作的意见》，主要任务是用五年时间，对全国现有约24万县乡专职文化队伍和360多万业余文化队伍进行系统培训，促使基层公共文化队伍素质显著提高，服务能力明显增强。为此要求建立、健全基层文化队伍培训工作体制和机制，建立分级负责、分类实施的培训组织体系，其中文化部负责指导各地培训、组织编写教学纲要、建设远程培训平台、培养省级师资、举办示范性培训等工作。按照文化部的统一安排，组织编写教学纲要和教材这一任务，由国家公共文化服务体系建设专家委员会负责实施。

专家委员会在广泛征求意见、充分讨论研究的基础上,形成了培训教材编写的整体方案:教材的内容规划为"公共文化服务通论系列"、"公共图书馆系列"、"文化馆(站)系列"三大系列;教材的形式设计为培训大纲性质的教学指导纲要和系统化的教材并举,为应培训之亟须,先行编写出版公共图书馆系列和文化馆(站)系列的教学指导纲要;纲要和教材的编者在全国范围内遴选一流的专家学者和富有经验的实际工作者。2012年年初,先行组织编写的《公共图书馆业务培训指导纲要》和《文化馆(站)业务培训指导纲要》由北京师范大学出版社出版,文化部免费配送至全国县以上文、图两馆及相关部门。现在呈现在读者面前的,就是在指导纲要基础上编写的系统化教材。按照计划,三大系列共17部系统化教材在2012年年内全部出齐。

就文化馆(站)系列的教材而言,更有其特殊的意义。群众文化学是我国一门新兴的学科。从文化建设层面讲,群众文化是具有鲜明中国特色的社会文化现象。新中国成立后,正式提出"群众文化"的概念。随着群众文化事业的发展,群众文化的理论研究不断深入,1959年出版了第一本群众文化理论著作——《群众文化工作概论》,标志着群众文化学基础理论的初露端倪。20世纪80年代末90年代初,陆续出版了《群众文化学》、《群众文化管理学》、《群众文化辅导学》、《文化馆管理学》等一批群众文化理论专著,标志着群众文化学基本形成。当前,在推动社会主义文化大发展大繁荣的大背景下,群众文化活动空前地蓬勃开展,人们对群众文化地位和作用的认识不断提高,理论探索持续深入,实践创新快速推进,政策法规逐步完善,群众文化的总体运行环境和基本形态发生了深刻变化,迫切需要总结提炼群众文化实践和研究成果,丰富和发展群众文化理论,形成新的系统化的理论著作和教材。此次文化馆(站)系列教材的出版,填补了空白,解决了基层群众文化队伍培训工作的燃眉之急。文化馆(站)系列教材第一次比较全面、系统地阐述了国家公共文化服务体系建设中的群众文化理论和群众文化工作,比较集中地体现了近年来群众文化理论创新和实践探索所取得的成果,是群众文化理论建设发展到一个崭新阶段的重要标志。

在文化馆（站）系列教材的编写过程中我们遇到的第一个困难就是，可供参考的理论专著和教材数量太少。由于群众文化学在大学里没有常设的专业，所以专业教材数量一直很少，专门面向基层文化馆（站）从业人员在职学习、岗位培训的适用教材更是缺乏，而且大都是20年前的教材。经过反复研究讨论，我们确定编写工作要遵循以下原则：第一，继承性原则。即以群众文化的基本理论为基础，以《群众文化学》、《群众文化管理学》、《群众文化辅导学》、《文化馆管理学》等著作为参照，继承和发展群众文化理论研究的成果，保持群众文化理论发展的连续性和稳定性。第二，与时俱进原则。广泛收集近年来群众文化实践的新经验和研究的新成果，总结、提炼群众文化工作的新观点、新理论、新探索，并将其上升为系统的理论成果，对原有的群众文化理论、知识技能进行发展、完善和创新。第三，与国家公共文化服务发展的方针政策相一致的原则。教材内容要力争全面、准确地阐述党和政府发展公共文化事业、构建公共文化服务体系的理念、思想、方针和政策，体现国家公共文化服务发展战略对群众文化理论、群众文化工作、文化馆（站）的建设与发展提出的新要求。第四，适用性原则。教材内容要以提升文化馆（站）业务人员管理和服务能力的现实需求为牵引，以提升从业人员的职业素养和业务能力为目标，以政策法规、专业知识、文化素养和能力养成为重点，以"学得会、用得上、有实效"为标准，不过分追求体系的完整性。教材的编写注重总结、提炼、升华实践中成功的做法、经验和案例，适应启发式、案例式、研讨式教学的需要。

教材编写的成功与否关键在人——编写人员，这也是我们遇到的第二个困难。同样是由于群众文化学在大学里没有常设的专业，所以也缺乏专门从事群众文化专业教育、理论研究和教材编写的专家，又没有国家文化馆可以依托，很难像公共图书馆系列教材的编写那样组织一批学者、教授参与其中。因此，文化馆（站）系列培训指导纲要和教材编写人员的组成，是以长期从事群众文化工作和群众文化理论研究，有着丰富群众文化工作经验和理论功底的群众文化工作者为主体，还包括群众文化工作的领导干部，以及从事公共文化服务体系研究的专家。他们大都拥有为业务骨干讲授的实际历练，有的已经形成了讲义并在全国作专题讲座，如社区公共文化服务、群众文化活动的策划与组织、群众文艺创作等，这些都为此次编写指导纲要和教材奠定了坚实的基础。他们的长处是有着丰富的实践经验和较深的理论功底，他们的短处是缺少一定的教材编写经验。但是，他们有着一个共同的特点，那就是热爱群众文化事业，有着为群众文化理论建设和群众文化事业发展贡献自己聪明才智的一颗火热的心。

教材不是个人专著，因此编委会通过研讨、交流乃至碰撞、争鸣而形成共识就显得尤为重要。在本套教材的编写过程中，编委会的每个成员都表现出了令人敬佩的高度重视、严肃认真、团队合作、学术包容的态度和精神。每本教材的主持人都组织编写人员进行了多次多种形式的研讨交流，从内容划分到框架体系，从章节要点到附属材料，都经过了编写团队的反复研讨打磨。三大系列所有编写人员参加的研讨会先后召开了4次。2011年年底，公共图书馆和文化馆（站）业务培训指导纲要预印本印出后，分别在南京图书馆和宁波文化馆召开了由省、地、县各级公共文化服务机构代表参加的征求意见会。可以说，目前形成的教材，不仅凝聚着全体编写人员的心血，同时也包含着众多业界同仁的智慧。尽管如此，我知道问题和不足肯定还存在。欢迎使用本套教材的各级文化部门和基层文化工作者提出修改意见和建议，我们将在今后适当的时候作必要的修订。

参加文化馆（站）系列教材编写工作的还有上海市群众艺术馆、江苏省和江苏省相关地市文化馆、北京群众艺术馆和相关区县文化馆、天津市群众艺术馆等的专家和群众文化工作者。在编写过程中还得到了全国许多文化馆和群众文化工作者的热情帮助。教材的编写仅有编写人员的努力还不够，还应该感谢中国文化传媒集团公共文化发展中心为编写工作提供的有力保障，感谢北京师范大学副校长杨耕教授，北京师范大学出版集团叶子总编辑和李艳辉副总编辑，高教分社原副社长江燕老师，以及各位责任编辑，他（她）们为教材的出版把了最后一道关口，付出了心血和努力。

冯守仁

前　言

习近平总书记指出:"满足人民日益增长的精神文化需求,必须抓好文化建设,增加社会的精神文化财富。"人民是文化的创造者,也是文化的享用者。文化是衡量社会精神文明进步和人民综合素养的重要标志,文化繁荣兴盛最终要落脚到满足人民精神文化需求上。随着生活水平不断提高,人民群众的精神文化需求不断增长,对社会主义文化繁荣兴盛的渴望更加强烈。

党的十八大以来,党和国家高度重视文化事业发展,以习近平同志为核心的党中央坚持以人民为中心,坚持文化发展应人民而需、为人民而兴的原则,更加精准、更高质量地提高精神文化产品供给水平。新时代,我国群众文化与时俱进、蓬勃发展。一次次群众文化活动的成功举办,让群众走上舞台,深入参与文化创作,增强了群众的文化获得感、幸福感,不仅回应了广大人民群众日益增长的精神文化需求,培养了大批优秀的群众文艺工作者,也提高了群众文化生活的质量。

党的二十大报告指出:"实施国家文化数字化战略,健全现代公共文化服务体系,创新实施文化惠民工程。健全现代文化产业体系和市场体系,实施重大文化产业项目带动战略。加大文物和文化遗产保护力度,加强城乡建设中历史文化保护传承,建好用好国家文化公园。坚持以文塑旅、以旅彰文,推进文化和旅游深度融合发展。"

群众文化学,是研究群众文化本质及其运动规律的一门科学,是指导群众文化工作的理论和方法。我国现在还没有群众文化专业,从事群众文化工作的人员主要是艺术类的专业人员,也包括其他各个门类的专业人员,他们有专业技能、有从事群众文化的热情,这是难能可贵的。但是,群众文化不同于专业文化和文化产业,有其特殊的规律性。从事群众文化工作的人员应当掌握群众文化的基本理论和基本方法。本书就是为此而编写的。

群众文化的基础理论是开展群众文化工作的基础。群众文化工作实务、群众文化活动的策划与组织、文化馆(站)的服务与管理、群众文艺创作等理论和方法都是在群众文化基础理论的基础上建立和发展的。把握群众文化的基础理论知识是做好群众文化工作的基础。

我国的群众文化基础理论是在 20 世纪 50 年代末初步建立,并在 20 世纪 90 年代完善相承的。进入 21 世纪,群众文化的实践有了很大的发展,特别是公共文化服务体系建设的方针政策和实践,极大地充实和丰富了群众文化的理论宝库。本教材就是承先人之积,取后贤之华,以《群众文化学》为基础,通过对群众文化实践的总结,对群众文化理论探索的归纳,并提升到理性认识的基础上编写的。

群众文化学还是一门新兴的学科,群众文化的基础理论还将随着群众文化工作实践和群众文化理论探索的进一步深化而不断完善和拓展。这本教材只是对群众文化基础理论的一种探索,有待于在实践中逐步完善。鉴于我们的水平,本教材一定有许多不足和缺点,欢迎学习者批评指正。

天津市群众艺术馆的同仁参与了本书的编写。本书的大纲由冯守仁编写,本书各章的编写人是:第一章和第三章(冯守仁、鲍和平),第二章(冯守仁、殷光达),第四章(冯守仁、邢晓阳),第五章(冯守仁、李莹),第六章(冯守仁、张沛),第七章(冯守仁、任资淳)。

目　录

第一章　群众文化与群众文化需求 /1
　　第一节　群众文化及其产生和发展的社会条件 …………… 1
　　第二节　群众文化需求与群众文化 ………………………… 12
　　第三节　群众基本文化需求与群众文化的本质特征 ……… 24
　　第四节　群众基本文化需求与群众文化的社会功能 ……… 39

第二章　群众文化与公共文化服务体系建设 /53
　　第一节　公共文化服务体系下的群众文化 ………………… 53
　　第二节　公共文化服务体系下群众文化发展的新机遇 …… 62
　　第三节　公共文化服务体系下群众文化的创新 …………… 72

第三章　群众文化生存发展的环境 /89
　　第一节　群众文化的自然环境 ……… 89
　　第二节　群众文化的社会经济发展环境 …………………… 93

第三节 群众文化的文化环境……………………… 103
第四节 群众文化的科学技术环境 ………………… 120

第四章 群众文化的形态划分 /128
第一节 城市群众文化与社区群众文化 …………… 128
第二节 农村群众文化、集镇群众文化与村落群众文化
……………………………………………………… 140
第三节 企业群众文化、校园群众文化和家庭群众文化
……………………………………………………… 153

第五章 群众文化事业 /165
第一节 群众文化事业 ……………………………… 165
第二节 群众文化工作 ……………………………… 173
第三节 群众文化服务机构 ………………………… 179
第四节 群众文化队伍 ……………………………… 190

第六章 群众文化活动 /209
第一节 群众文化活动在群众文化体系中的核心地位
……………………………………………………… 209
第二节 群众文化活动的构成与特征 ……………… 212
第三节 群众文化活动的原则与规律 ……………… 216

第七章 中国群众文化事业的政策法规与理论建设 /225
第一节 中国关于发展群众文化事业的政策法规 … 225
第二节 中国群众文化的政策法规建设 …………… 237
第三节 中国群众文化理论体系的形成与发展……… 244

第一章 群众文化与群众文化需求

【目标与任务】

通过对本章的学习，了解群众文化的基本概念、基本规律以及群众文化需求与群众文化的关系；理解群众文化的本质特征和社会功能；能够运用上述概念，从事群众文化工作。

第一节 群众文化及其产生和发展的社会条件

一、群众文化的概念

群众文化的概念包括了两个方面的含义。

从文化现象层面讲，群众文化是人民群众以自身为活动主体，以文学艺术为主要内容，以满足自身精神文化生活需求为目的的社会历史现象，是人民群众在闲暇时间，按美的规律，自我参与、自我娱乐、自我开发的社会性文化。

群众文化与其他文化现象的根本区别，从内部特质来讲就是人民群众以自身为活动主体，自我参与、自我娱乐、自我开发。人民群众以自我为主体，自觉、自愿地参与，形成一定的群众文化群体，从而使群众文化成为参与人数最多和最重要的文化现象。人民群众通过自我参与、自我娱乐来满足自身对于文化娱乐的需求，进行自我调节和自我完善，并在潜移默化中开发自己的智能，使群众文化呈现出涌动不息的活力。

群众文化内容广泛，涉及人类社会的各个领域，是丰富人们文化生活的"大世界"。但是，群众文化又是以文学艺术为主要内容的。文学艺术是人民群众最简便、最普遍、最喜闻乐见的用艺术表达情感、休闲娱乐的方式，文学艺术又是社会科学中最重要、最活跃、最有创新意识且最具鼓舞、引导、陶冶情操作用的一部分，文学艺术还是在群众中最易于承传的艺术形式。

群众文化是以满足自身精神文化生活需求为目的的文化活动。专业文化以满足社会需要为目的，文化产业以满足市场需求为目的，群众文化则是以满足自身需要为目的，这是它区别于其他文化现象的又一重要特征。

以文学艺术为主要内容的群众文化具有生活审美的功能。群众文化活动本身就是一种审美活动，"按美的规律"是群众文化的又一特征。由于人民群众既是群众文化的参与者和创造者，又是群众文化的受众，群众文化中"美的规律"既包括了创造美学，也包括了接受美学，其自身具有特殊性。

群众文化是普遍存在的一种文化现象。作为一种历史过程，群众文化几乎贯穿着整个人类的文明史；作为一种文化结构，群众文化几乎涉及社会生活的全部领域；作为一种生活内容，群众文化几乎涉及人们所有的生活方式；作为一种艺术活动，群众文化又几乎涉及所有的文学艺术活动形式。群众文化这一普遍存在的文化现象几乎贯穿了整个人类文化的发展史，渗透于各个时代、各个民族的生活、生产活动之中。

从文化建设层面讲，群众文化是我国一种独特的社会文化现象，是中国特色社会主义文化的重要组成部分，是群众的文化生活形态、群众文化活动、群众文化工作以及与之相适应的制度、组织、机构、设施等各种要素的集合体。

按照马克思主义历史观，人民群众是推动历史前进的根本动力。大力发展群众文化是由中国共产党全心全意为人民服务的根本宗旨决定的。在我国，群众文化已经成为社会主义文化一个重要组成部分，并在制度上、组织上、机构上、设施上越来越完善，形成一个相对独立的群众文化体系。

在我国，群众文化写进了《中华人民共和国宪法》。《宪法》第二十二条规定，"国家发展为人民服务、为社会主义服务的文学艺术事业、新闻广播电视事业、出版发行事业、图书馆、博物馆、文化馆和其他文化事业，开展群众性的文化活动"。我国各级政府设有群众文化工作机构，制定了群众文化事业发展的方针、政策、规划、制度，建设起覆盖城乡、遍布全国的群众文化服务设施网络，有一支专门从事群众文化工作的队伍。群众文化事业蓬勃发展，在很大程度上丰富和充实了群众的精神文化生活，改善了群众精神文化生活的质量，深受人民群众欢迎，已经成为人民群众生活不可缺少的组成部分。

二、群众文化发展的历史形态和中国特色社会主义群众文化发展的不同阶段

群众文化这一形态古已有之。群众文化形态的发育、发展也呈现出明显的历史阶段性。群众文化的发展大致分为三种历史形态：原始社会的群众文化、阶级社会的群众文化和社会主义的群众文化。

中国特色社会主义群众文化有一个形成、发展、积淀、丰富、创新的文化演进过程。这个过程，既有群众文化发展的普遍规律，与中国历史群众文化的发展进程密切联系，又有中国群众文化发展的特殊规律，与中国共产党领导的中国革命和中国特色社会主义建设密切相关。

（一）原始社会和阶级社会的群众文化

中华民族历史悠久，文化灿烂，地域辽阔，群众文化从古至

今，传承从未间断，贯穿中华民族发展的历史进程，构成中国独特的群众文化现象。

原始社会的群众文化是群众文化的胚胎形态。在远古的时候，人类通过劳动和斗争，不仅创造了物质财富，同时也创造了光辉灿烂的文化。中华民族在历史上经历了数十万年以上的原始社会时期。那时，我们的先人在"断竹，续竹，飞土，逐肉"之后，在"茹毛饮血"之后，为了释放体内的动物脂肪，他们成群地来到空场上，一起唱歌跳舞，这就是最早期的"群众文化"。

在原始社会时期，人类创造了象形文字，产生了原始图腾崇拜。人类又把自己的劳动过程以某种文化形式加以体现。在以后的漫长岁月里，文化一直伴随着我们的先人。原始文化艺术是原始人群或部族成员所创造、所共有的一种文化类型，它的传承方式是实物、行为和语言。原始文化艺术与原始群众文化的共通性表明了群众文化的古老悠远和它作为一切文化艺术母体的丰厚底蕴。我国大量的出土文物和岩画证实，我们的先民在原始生活区域中，在刀耕火种的生存状态中，在满足生存需要而狩猎、祭祀、生产、交换的过程中，都在创造着一种生存文化。

阶级社会的群众文化是群众文化的自在形态。在阶级社会中，占统治地位的思想文化是在政治和经济上占统治地位阶级的意识形态，具有鲜明的阶级属性。虽然阶级社会中，统治者宣扬他们尊崇的文化，但在人民群众中，也有反映自己生活的文化，曾经存在奴隶社会的庶人文化、封建社会的平民文化、资本主义社会的市民文化和中国半殖民地半封建社会的民众文化等。我国最早的诗歌总集《诗经》，分为风、雅、颂三个部分，其中的"风"，就是来自民间的文化。

我们国家幅员辽阔，气象万千，每个地区、每个民族都有自己的风俗，也孕育了自己的文化，各个民族文化异彩纷呈，仅举舞蹈一例，在北方就有秧歌、腰鼓、花会，南方有花灯，维吾尔族有"麦来西甫"，藏族有"堆谐"、"锅庄"，侗族有"三月三"等。

群众文化在我国近代历史中，最具影响的是五四运动这一时期，以陈独秀、李大钊、鲁迅为代表的，倡导新文化理论和新文化学说，这些新理论学说，对新文化起到了积极的主导作用。其代表作《新青年》、《校风》等，直接影响着新文化风尚、新文化思潮、新文化观念。这一新型的文化观念，渗透到社会各阶层、各民族地区和领域之中，对于文化启蒙和群众文化的发展影响深远，使人们对新旧文化有了进一步的了解和认识。群众文化虽然古已有之，但作为一个科学内涵的概念，却是在新文化运动前后提出的。作为一种平民大众参加的学习、文化、娱乐活动，以及从事这类活动的工作或事业，都统称为通俗教育、社会教育或平民教育。在国民政府时期，曾经设立过通俗教育馆、民众教育馆之类的机构。

（二）中国特色社会主义群众文化发展的不同阶段

社会主义的群众文化是群众文化走向成熟的自觉形态。中国特色社会主义群众文化的发展有其特殊的社会历史环境和特殊的历史轨迹。

革命战争时期，是中国特色社会主义群众文化的形成和初期发展阶段。

这一阶段的主要特点包括以下两方面。

第一，群众文化成为中国共产党政治工作和群众工作的重要内容。中国共产党从建党之初就高度重视"群众工作"，群众文化也成为党开展群众工作的一部分。中国共产党初期开展工人运动、农民运动，都把开展革命文化活动作为工作的内容。在革命战争和根据地建设中，始终把开展群众文化活动作为政治工作和群众工作的一个重要内容，在群众文化工作的实践基础上，中国共产党形成了群众文化工作的方针政策，并使群众文化成为新文化建设的一个重要组成部分。

【扩展阅读】

"群众文化"这一专用词最早出现于中央苏区，1932年5月，中共江西省委的《关于四月的报告》中提到："对于最紧急的群众文化政治工作，还未能引起注意，各地有文化工作的只限于演新剧……"这个报告在提出"群众文化"这个词时，已经把群众文化与政治工作联系在一起[①]。

第二，群众文化为革命战争服务，成为宣传革命，动员群众的重要手段。第二次国内革命战争时期，广大群众响应革命的号召，创作出红色歌谣。中国共产党重视民间文学的宣传教育作用，在古田会议决议中规定要运用歌谣等形式编写教材，宣传革命、动员群众参加革命斗争。在抗日战争时期，"救亡与发展"是中国群众文化的主旋律。正是抗战文化的凝聚和激励，才促使全国各党派、各阶层，各民族人民万众一心、共赴国难。第三次国内革命战争时期，群众文艺随着革命形势的迅速发展得到了进一步深入，秧歌、腰鼓和秧歌剧也较普遍地在工人、农民、军队中推广。群众性的文化活动体现了革命人民争取全国解放的乐观主义精神，显示了人民渴望解放的迫切愿望。

计划经济体制时期，是中国特色社会主义群众文化体系的建立和发展阶段。新中国成立后，人民群众建设社会主义的热情像火山一样爆发出来，各地的群众歌咏活动、群众戏剧活动、群众创作活动等方兴未艾，人民群众歌唱新中国、赞美新生活的歌声

---

① 郑永富. 群众文化管理学[M]. 杭州：浙江人民出版社，1993.

此起彼伏。群众文化发展进入到一个新的阶段。这一阶段群众文化发展的特点主要包括以下三方面。

第一，具有中国特色的社会主义群众文化体系基本建立，群众文化事业得到发展。党和国家十分重视群众文化工作，群众文化成为社会主义文化建设的重要组成部分，并逐步建立起群众文化的体系。为了开展群众文化工作，国家将接收国民政府的近千个民众教育馆统一改为人民文化馆（后改为文化馆），并在全国各级政府兴办群众艺术馆、文化馆、乡镇文化站，据统计，到1957年，全国的文化馆数量发展到2 748所，文化站2 117所，标志着群众文化事业机构网络和群众文化工作队伍初步形成。1952年5月14日，国务院明确中央人民政府文化部为文化馆（群众文化）的主管部门，各级政府逐步建立了群众文化的主管机构，群众文化的组织领导体系初步建立。从1953年12月，文化部发布关于《整顿和加强文化馆、站工作的指示》，明确文化馆的性质、方针和任务，到1957年召开第一次全国文化馆专业会议，逐步形成了党和国家关于群众文化的方针政策和制度。随着群众文化活动和群众文化事业的发展，群众文化的理论研究也不断发展，1959年，第一本群众文化理论著作《群众文化工作概论》的出版，标志着群众文化理论体系的初步形成。

第二，"为无产阶级政治服务，为人民服务"是这一阶段群众文化发展的基本方针。在这一方针指引下，各地群众艺术馆、文化馆组织"健康有益，丰富多彩，小型多样，勤俭节约"的群众文化活动，在组织群众文化活动、传播文化知识，培养群众文艺骨干、开展群众文化研究、搜集整理文化遗产等方面做了大量的工作，推动了群众文化事业的发展。同时，随着这一时期我国政治、经济发展遭遇的挫折与破坏，群众文化的发展也经历了挫折与破坏。

第三，群众文化成为中国特色社会主义文化的重要组成部分，成为人民群众文化生活不可缺少的组成部分。

社会主义市场经济体制建设阶段是中国特色社会主义群众文化体系的完善、发展和探索阶段。这一阶段群众文化发展的特点表现为以下三方面。

第一，群众文化体系进一步完善。"文化大革命"时期群众文化受到严重的干扰与破坏，党的十一届三中全会以后，经过"拨乱反正"和思想解放运动，群众文化事业机构得到逐步恢复，随着经济的发展，各地新建、扩建了一大批文化馆（站），群众文化设施数量迅速增加，质量不断提高。与之相适应，群众文化工作者队伍也得到迅速的发展和提高。1981年中共中央发布《关于关心人民群众文化生活的指示》（中发〔1981〕31号文件），1983年中共中央批转中央宣传部、文化部等四部门《关于加强城市、厂矿群众文化工作的几点意见》（中发〔1983〕34号文件），提出了关于群众文化的一整套方针政策。群众文化被纳入《中华人民共和国宪法》、国民经济发展规划和党的十四届六中全会《中央关于加强社会主义精神文明建设若干重要问题的决议》，中共中央制定了一系列有关群众文化的政策文件和法规、规章。《群众文化学》和一系列群众文化理论专著的出版，标志着群众文化理论体系基本形成。

第二，群众文化"以经济建设为中心"，为经济建设服务。群众文化活动蓬勃开展，在辅导和开展群众文化艺术活动，活跃群众文化生活和促进四化建设中，发挥了重要作用。在这一经济转型时期，群众文化工作者对群众文化的发展进行了艰难的探索。一方面，社会主义市场经济发展，促进了群众文化的市场化和社会化，在群众文化活动中引进市场机制，从市场购买群众文化产品和服务；群众文化活动项目向社会公示，引进社会资金，鼓励社会参与群众文化活动项目的运作；鼓励社会团体、社会组织和公民个人兴办公益性群众文化机构，参与群众文化服务等，推进了群众文化的发展，也为现阶段公共文化服务体系下群众文化的建设奠定了基础。另一方面，在国家政策鼓励下，群众文化事业单位逐步转变为独立法人，实行了"经济承包责任制"、"以文养文"、"多业助文"等做法，在市场中寻找出路，增强了群众文化机构的活力，但也模糊了其公益性。

第三，随着小康社会的建设和人民生活水平的不断提高，人民群众文化生活的需求迅速增长，群众文化活动的规模和质量不断提高，群众文化发展与人民对群众文化的需求不相适应的矛盾日益突出。

公共文化服务体系建设阶段是中国特色社会主义群众文化的快速发展阶段。这一阶段的特点包括以下三方面。

第一，群众文化机构纳入公共文化服务体系。公共文化服务体系建设的指导思想、目标任务、建设原则和一系列方针政策，解决了群众文化发展中的关键问题，明确了文化馆（站）在公共文化服务体系中的功能定位、发展方向和道路，并为群众文化发展创造了良好的政策环境；提出公共文化服务机构免费开放的政策，实现了文化馆（站）服务模式的根本性变革。

第二，人民群众对于群众文化的需求空前高涨，需求面更加广泛，需求更加多样化，对质量的要求进一步提高。满足人民群众日益增长的文化需求，特别是满足人民群众的基本文化需求，保障人民群众的基本文化权益，成为群众文化的出发点和立足点。

第三，群众文化因为得到党和政府的高度重视，并随着国力的增强、时代和科技的进步而迅速发展。群众文化的服务领域、服务方式、服务内容和运行机制的创新，以及群众文化活动的创新，成为群众文化发展新的要求和亮点。

【扩展阅读】 2011年群众文化机构建设情况

2011年，全国有文化馆（群众艺术馆）3 285个，文化站40 390个，从业人员147 732人，建筑面积2 982.55万平方米，配有计算机169 267台，年财政经费投入1 123 540.515万元。全年组织文艺活动620 586次，28 224万人次参加了活动；举办培训班339 883次，2 414.44万人次接受了培训；举办展览107 785次，7 751.64万人次参观了展览；馆办文艺团体7 927个，演出312 335场，观众6 543.38万人；指导群众业余文艺团队267 844支[①]。

三、群众文化生存与发展的基本规律

(一)社会存在是群众文化生存的基础

社会存在是群众文化生存的基础。群众文化属于社会意识形态，是社会存在的一种反映，群众文化发展的历程，中国群众文化发展的不同阶段，都说明不同的社会存在会产生不同的群众文化。

社会存在，是一个复杂的物质与精神的组合体，经济的发展，社会的发展，科技的进步，对群众文化的发展进程有着极大的影响。群众文化活动的种种形式，就是经济社会发展和科技进步的反映。如群众文化的数字化服务和群众文化信息服务网络的发展，就是现代传媒手段的广泛应用在群众文化中的反映。

---

① 中华人民共和国文化部. 中国文化文物统计年鉴2012[M]. 北京：国家图书馆出版社，2012.

(二)社会变革是群众文化生存与发展的外因

社会变革是社会生产力和生产关系,经济基础和上层建筑矛盾发展所引起的。群众文化的发展史、中国群众文化发展的进程都昭示了群众文化变化的根本原因(不是唯一原因)在于社会的变化与革新。

当今世界正处在大发展、大变革、大调整时期,世界多极化、经济全球化深入发展,科学技术日新月异,各种思想文化交流、交融、交锋更加频繁。当代中国正在经历深化改革开放、加快经济体制改革的攻坚时期。群众文化要不断改革创新,以适应社会的变化和发展要求。

(三)人的社会需求是群众文化生存与发展的内因

人的社会需求催发了群众文化的萌生,人的社会需求的发展是群众文化发展的内在动力。

人的社会需求是多种多样的,基本上可以分为自然性需求和社会性需求。自然性需求是人维持生命和延续种族所必需的。社会性需求主要表现为认识的需求、美的需求、交往的需求、自我实现的需求等。社会越是发展,人类的这些需求表现得越强烈,群众文化越是发展,人们精神生活的需求越是丰富。人的社会需求与人的活动紧密联系,是人的社会活动的基本动力。人的社会活动被某种需求所驱使,需求一旦被人所意识并驱使人去行动时,就会以活动动机的形式表现出来。需求激发人去行动,需求越强烈,越迫切,由此而引发的活动就越有力。同时,人的需求也是在社会活动中不断更新和发展的。当人通过群众文化活动使原有需求得到了满足时,人就会产生新的需求,进而从事某种新的活动。人的社会性需求如此循环往复,把群众文化推向更高层次。

当今社会,文化逐渐成为民族凝聚力和创造力的重要源泉,成为综合国力竞争的重要因素,成为经济社会发展的重要支撑,丰富精神文化生活成为我国人民的热切愿望，这些，必然带来群众文化的大发展、大繁荣。

第二节　群众文化需求与群众文化

一、群众文化需求

(一)群众文化需求

群众文化需求是群众文化本源的集中表现，是社会实践主体在自我完善过程中与以文艺娱乐为主要内容的活动之间建立的依赖—适应关系。群众文化需求是社会实践主体生命过程的固有属性，是客观必然的社会存在。

在现实社会中，群众的文化需求是多方面的，包括读书、看报、上网、娱乐、参观、旅游、看电影、看演出、看电视、参加群众文化活动和体育活动，等等。在大多数情况下，群众是作为受体来实现自身需求的。群众作为主体，为满足自身文化生活需要而开展的自我参与、自我娱乐、自我完善方面的社会性文化活动，则表现了人民群众对于"群众文化"的需求。人民群众需要群众文化，群众文化的群众性、自娱性、传承性特点也最符合群众自我参与、自我娱乐、自我完善的要求，群众在其中也在继承和创造着文化。

群众的文化需求体现了以自我为主体的，自愿、自由的个体意识，并与一定的文化群体发生关系。人是一切社会关系的总和，没有个体自我参与基础上的集合，没有与他人的互动，就不可能发生群众文化这一社会历史现象。因此，虽然"群众文化需求"存在于个体之中，而它的实现只能是社会化实现，表现为"社会需求"。

群众文化需求包括三个层次：娱乐休息的生存需求；审美愉悦的享受需求；表现创造力的发展需求。群众文化需求的三个层次紧密联系，成为相互渗透、相互作用的系统，表现了群众文化需求的复杂性、多样性。

娱乐休息的生存需求。娱乐，是群众最基本的文化需求，从娱乐中得到休息，往往是人们自觉参与文化活动的第一需要。人都有喜怒哀乐、七情六欲，需要发泄和流露；人在工作劳动之余的休息、休闲时间里，也有娱乐的愿望和冲动，需要活跃身心、放松精神、减轻烦恼；人生活在社会中，需要与他人交流、与集体融合，感受集体活动的快乐。

审美愉悦的享受需求。审美愉悦是群众在娱乐休息中更高层次的需求。追求"美"是人的天性，人们娱乐休息的过程，也是一个审美的过程，是通过审美愉悦来满足自己的过程。人生活在文化艺术氛围中，随着人民生活水平和人的素质的不断提高，群众审美愉悦的享受需求越来越普遍，人们需要参与文化艺术活动表现自己，愉悦身心。为此，人们融入社区或参加到所属的企业、学校、军营、村镇中，组成了合唱团、模特队、书画社、诗社、京剧社等，在社团里陶冶性情，得到审美愉悦。为此，人们参加辅导、培训，不断提升自己的审美素养和艺术技能，以更好地展示自己。随着群众的艺术素质不断提高，群众的审美愉悦追求也向着更高层次不断攀升，他们需要更大的舞台、更先进的设备、更好的艺术指导和更完善的服务。

表现创造力的发展需求。表现创造力的发展需求是在审美愉悦基础上产生的最高层次的文化需求。人民群众中蕴涵着巨大的创作力量和层出不穷的创作人才，随着审美素养和艺术技能的提高，人们就会产生创造的欲望和需求。当前，表现创造力已成为群众更普遍的需求，群众文艺创作也呈现出社会化的趋势，群众文化在表演、创作等很多方面已经模糊了专业和业余的界定，许多群众文艺骨干具有相当高的艺术修养，其表演或创作水平达到相当高的水准，有些甚至成为作家、诗人、歌手、画家、书法家、民间艺术能手等。群众文化成为培育优秀文艺作品和文艺人才的沃土。

以上这三个层次的文化需求，既单独成立，又相互渗透、相互牵连、相互作用；这三个层次，既可以是一个人、一个团队发展的三个阶段，又可以同时在一个人身上或一个团队中间发生。

(二)实现群众文化需求的不同渠道

群众文化需求是多方面的、多层次的，群众文化需求的实现也是多方面的、多层次的。群众文化需求是通过自发的群众文化活动、公共文化服务(群众文化服务)和文化市场来实现的。

自发的群众文化活动。自发的群众文化活动是群众自发开展、自然形成的。一般以群体为组织形式，以单一性的文化娱乐活动为内容，组织者为有一定号召力并热爱群众文化活动的文艺骨干；活动的组织者、活动骨干、地点、时间相对固定，活动规律呈日常化；自我组织、自我管理，但没有明确的组织章程和组织形式；井然有序，受众面广，是广场(公园)最普遍、最活跃的活动，也是群众满足自身文化需求的一种重要的形式。

公共文化服务(群众文化服务)。公共文化服务是政府的职能。政府主要是通过文化馆(站)等群众文化事业机构来为人民群众提供群众文化服务，满足群众的文化需求。政府也采取直接举办群众文化活动，从市场购买群众文化服务，鼓励社会举办群众文化活动等方式，来满足人民群众的文化需求。公共文化服务属于普惠性的、均等化的、有限定的、应由政府予以保障的文化服务，不可能满足群众所有的文化需求。

文化市场服务。对于群众不属于公共文化服务范围的文化需求,即个性化、对象化、深度增值性的文化需求,是通过文化市场来满足的。

例如,一个喜爱唱歌的人,他可以每天早晨到公园参加群众自发的歌咏活动;也可以参加文化馆的业余合唱团队,到文化馆活动,接受文化馆教师的免费辅导培训;也可以与亲朋好友到歌厅放声歌唱,参加社会的音乐培训,或聘请家教。从群众自娱自乐到有人自发组织,从政府提供的群众文化服务到各种文化市场的服务,有着不同文化需求的群众都能在当今时代里得到满足。

案例:北京"景山现象"

北京的景山公园是座袖珍式皇家园林,从东门走到西门步行不过五六分钟。就在这个空间并不大的公园里,活跃着各种群众自发的娱乐团队:唱歌、跳舞、花式踢毽子、花式跳绳、打球、交谊舞、民族舞、个人舞、团体舞、革命歌曲、通俗歌曲、京剧戏曲等,仅在公园之友办公室里登记的就有54个,成为北京群众文化生活一景——"景山现象"。特别是活跃在其中的合唱团,比较著名的有"景山紫光合唱团"、"激情广场合唱团"、"景山海月合唱团"、"景山红太阳合唱团"等。"激情广场合唱团"有将近一千多人,春夏秋冬风雨无阻,年复一年坚持了15年。"景山海月合唱团"的特点是有一支铜管乐队伴奏,2007年夏天开始,来了一位女指挥加盟助阵,给合唱团带来了新的活力。每个周日人们从北京城的四面八方汇集而来,还有从唐山、保定、任丘、天津来的,甚至有从韩国、日本、新加坡等地特意前来的歌友。

这一现象受到政府有关部门的关注,政府和有关部门先后组织了"大地飞歌景山合唱节",公园节(景山)"群众文化活动"合唱比赛等活动,为他们提供展示的舞台。景山公园管理处成立了公园之友办公室,为这些"公园之友"提供服务,协调场地使用,在活动场所安装上了红色的衣帽架等,使这些自发、松散且具有人员不确定性的群众文化活动逐步实现了活动时间和活动地点相对固定,并将其纳入公共文化服务。

二、群众文化需求与群众文化的关系

(一)群众文化需求是群众文化发展的第一推动力

群众文化需求是群众文化的第一要素,是群众文化的动力与前提。群众文化的一切生成物,都仅仅是为了满足这一客观需要而产生、发展的。

群众文化需求与实现这种需求的矛盾是群众文化的基本矛盾。群众文化的客观需求是广泛的、多样的、不断发展的,而实现群众文化需求则是具体的,受一定条件限制的,群众文化需求与实现需求的矛盾构成了群众文化的基本矛盾。这是群众文化要素间的本质联系和发展的内在原因。群众文化工作必须以满足群众文化需求为出发点和归宿。

现阶段,我国广大人民群众的文化需求空前提高,其需求面之广、量之大、质之高也是前所未有的。群众的文化需求成为当前群众文化勃兴最重要的内驱力,成为群众文化建设的第一推动力。

(二)群众文化需求的积极诱导

群众文化需求有一种十分重要的特征,就其自身而言,叫作群众文化需求的"盲目性";就其矛盾对立方而言,称作群众文化需求的"可诱导性"。

当群众文化需求处于自在状态时,会产生盲目性和从众性。改革开放,促进了我国与各国之间的文化交流;现代传媒的发展,使文化的传播更加快捷。在优秀文化引进、传播的同时，也伴随着不健康文化的流传。中国几千年的封建社会遗留至今的传统文化，其内容既有反映惩恶扬善、追求幸福的美好愿望，具有强烈的人民性，又有剥削阶级腐朽意识形态的烙印。在市场利益的驱使下，一些人忘记了对社会、对人民的责任，不负责任地制造错误的舆论和氛围，不断复制和传播落后、庸俗的文化，就会使群众文化需求的盲目性膨胀，使一些人，特别是一些追求新、奇、特的青年人盲目追随。

群众文化需求是可以诱导的。文化环境有很强的吸引力，能够改变群众文化的性质和指向。群众文化以满足群众文化需求为出发点和归宿，但是，群众文化不能"迎合"群众文化需求，特别是不能"迎合"群众文化需求的盲目性。群众文化应当创造一个良好的文化环境，引导群众文化需求，引导群众建立科学、健康、文明的文化生活方式。

案例：成都市龙泉驿区"百人农村特色乐器队伍"

成都市龙泉驿区在城乡一体化建设中，实行生态移民战略，山上分散居住的农民下山进楼，迁至城市社区集中居住，成为社区的新市民。龙华社区就是其中的一个。社区居民按照35平方米/人的标准免费入住，就业率达到92%，达龄人员每月可领取900元以上的养老金并享受合作社分红。一方面，农民居住环境变化，实现了充分安居、充分就业、充分保障，成为"新市民"，文化需求发生巨大的变化，不再满足原有的娱乐方式，有了更高的文化需求，要求学习掌握更多艺术技能；另一方面，政府认识到，有居、有钱、有闲以后，如果不加以诱导，不健康文化生活方式就会乘虚而入。根据群众文化需求的新变化，着眼于文化环境建设，提高农民、居民综合素养，培养打造"新市民"，龙泉驿区提出了"百人农村特色乐器队伍建设"群众文化服务项目。并于 2007 年建立了面积为 3 000 平方米的市民艺术学校,学校下设 12 个分校,并配备特色乐器,开展免费艺术培训。2012 年 8 月在办班级就有 182 个,在校学生 4 000 余人。经过 4 年的培训,已培养出各有 100 人的古筝、小提琴、二胡、军鼓、古琴、琵琶、吉他、连箫、鼓号、唢呐、葫芦丝、竹板特色乐器队伍,以及一大批乐器爱好者群体,使小提琴、二胡、古琴走进了普通市民生活,满足人民群众高质量的文化生活需求,引导全区群众文化活动向高层次发展,使艺术走进百姓生活。在社区里,你会看到一支由男女老少组成的近百人的小提琴演奏队、琵琶演奏队、二胡演奏队等,演奏得有板有眼。队伍的组成有居民,也有土生土长的原住农民。他(她)们休闲时,拿起一把乐器,把自己的生活弹拉得有滋有味。团队每月有演出,丰富了社区文化生活。

三、保障群众的基本文化需求是群众文化的基本职能

(一)群众的基本文化需求和政府的公共文化服务

从提供文化服务的角度看,群众文化需求分为"基本文化需求"和"非基本文化需求"。在我国现阶段,基本文化需求主要包括读书看报、听广播看电视、进行公共文化鉴赏、参加公共文化活动等。群众文化活动是以文学艺术为主要内容开展的,包括文化艺术鉴赏活动、文化艺术的展示与交流活动、文化艺术的辅导与培训活动、文化艺术的创作活动,并扩展到科学普及活动,群众体育健身活动等范畴,这些都属于公共文化鉴赏和公共文化活动。从基本文化需求界定分析,"群众文化"属于基本文化需求的范畴,包括群众文化艺术欣赏、文化艺术参与、文化艺术学习和文学艺术创作四个方面的需求。

发展群众文化事业，开展群众文化活动，提供群众文化服务，满足人民群众的基本文化需求是政府的责任。政府提供的群众文化服务的方式主要包括以下几方面。

政府直接供给群众文化产品和服务。如政府直接主办的大型群众文化活动、公益性演出活动、文化下乡活动、四进社区活动等，主要是一些政治性、宣传教育性的大型群众文化活动，一些在全省、全市大范围开展的群众文化活动，一些带有导向性的群众文化活动。

政府通过设置群众文化事业机构向公民提供群众文化服务。在我国，政府设置的文化馆（站）在多元化供给主体中发挥着骨干的作用，成为向公民提供群众文化产品和服务最主要的实现形式。目前，我国已经建设起省、市、县、乡、村五级群众文化服务机构网络，基本实现群众文化服务的全覆盖。

政府通过政策鼓励扶植社会力量资助和兴办公共文化服务机构，以此向公民提供公共文化服务。国家通过制定各种优惠政策，搭建平台，引导和鼓励社会力量捐助群众文化活动项目；引导和鼓励社会兴办文化馆、文化站、文化室等群众文化机构或场所；鼓励机关、企业、学校的文化设施向社会开放，为群众提供群众文化活动的场所；政府通过公共文化服务的中介组织向公民提供群众文化服务。

政府通过购买社会资源，向公民提供公共文化服务。采用政府购买、补贴等方式，向基层、低收入和特殊群体提供免费文化服务。许多地方建立了公益性文化项目政府采购制度，实现群众文化服务项目（如文化下乡）的市场化运作模式。

政府鼓励公民参与群众文化服务。包括组织文化志愿者队伍参加群众文化机构和群众文化活动的服务，组织群众业余文艺团队向公众提供群众文化服务，组织文化户向公众提供群众文化服务等。

案例：北京市东城区多元化、社会化公共文化服务供给方式

北京市东城区政府公共文化服务供给方式包括五大类别。

政府直接提供的公共文化服务。公共文化设施和重大文化活动主要由政府直接投入，由东城区政府直接主办的群众文化活动有：北京奥运会和迎接国庆 60 周年期间举办的一系列大型群众文化活动，以及龙潭庙会、地坛文化庙会、夏日文化广场活动、东城区文化艺术节、前门历史文化节和王府井国际品牌节等大型群众文化活动，意义重大，参与群众广泛，受益面广。

通过设置公共文化服务机构向公民提供公共文化服务。东城区政府设有 2 个文化馆和 17 个街道社区文化中心。区文化馆开办了相声俱乐部、快板沙龙、评书书馆、手风琴俱乐部、合唱团、舞蹈团、各类乐队、戏曲队等项目，组建了京剧名家票友俱乐部、阳光艺术团、文学协会、钟声合唱团、广角摄影学会、民间手工艺协会、风筝协会等多个文艺团队。街道文化中心组织的"一街道一品牌，一社区一特色"文化活动有：安定门街道的"孔庙国子监国学文化节"，建国门街道的"风车迎春、鞭打春牛"群众文化活动，东四街道的"奥林匹克社区艺术节"，东华门街道的"普度寺文化节"，交道口街道的"南锣鼓巷文化节"，前门街道的"上元灯会"，崇外街道的"元宵灯会"，天坛街道的"金鱼池社区节"，东花市街道的"蟠桃宫庙会"，体育馆路街道的"外来务工者艺术节"和东二环地区的"商务文化节"。这里的文化活动还包括教育系统的校园文化节，卫生系统的中医药文化节，旅游系统的皇城旅游文化节等，已在群众中形成了广泛的影响，拥有了一大批固定的观众和参与者。

政府通过政策支持鼓励区内文化机构和单位内部设施从事公共文化服务。东城区充分利用首都功能核心区内机关、学校和文

化体育单位密集的优势，2009年起，设立基数为500万元的"东城区促进社会单位服务社区公益文体活动专项资金"，用于推动辖区机关、学校等社会单位的文化体育场地设施向广大居民免费开放。目前，已有83个开放单位，提供公共文体服务面积14万平方米，年累计接待15万人次。

东城区文化艺术资源丰富，是北京专业艺术院团最密集的城区，聚集了中央戏剧学院、北京人民艺术剧院、国家话剧院、中国儿童艺术剧院等国家级艺术表演团体。利用这一区域特色，引导著名院团与街道结成了"一帮一"对子，在他们的帮助下，群众的文艺演出水准得到了很大提高。

政府通过购买和项目补贴方式向公民提供公共文化服务。东城区通过政府资金引导、扶持和购买方式，吸引了北京戏剧家协会、北京东方信达资产经营总公司、林兆华工作室、孟京辉工作室、戏逍堂（北京）娱乐文化发展有限公司等20多家戏剧机构、公司，首都剧场、中国儿童剧场、中国国家话剧院小剧场、北京东方先锋小剧场等近30家剧场加入到戏剧联盟中。在政府主导下，东城区戏剧联盟组织了中国喜歌剧节、北京国际青年戏剧节、南锣鼓巷戏剧节、独角戏节等一系列演出和交流活动，使东城区的群众能够免费或低票价欣赏到最优秀的戏剧剧目。政府采用项目补贴方式，组织开展了"东城万人看话剧——话剧'三进'（进社区、进校园、进军营）活动"，与北京儿艺携手，将33场优秀剧目送到中小学和社区百姓中，深受群众欢迎。2010年由政府出资，用购买的方式，邀请北京京剧院、北京管乐团等专业团体进行了包括话剧、相声、京剧、手风琴、舞蹈、管乐演出等多种形式的56场精彩演出，使近10万群众享受到了政府提供的免费文化大餐。2010年起，东城区政府提供300万公益戏剧补贴资金，对繁荣戏剧事业、保障群众享受公益戏剧服务起到了很大的作用。

组织文化志愿者队伍向公众提供文化服务。东城区的文化志愿者队伍在 2002 年的时候就已经初具规模。当时，从一个个文化细胞（文化家庭）自觉的公益文化行为开始，政府出面将其组织起来，并给予一定的资金补贴，使其成为公共文化服务中的一个组成部分。后来，随着一大批文化名人、影视明星等的加入，文化志愿者的队伍更加壮大，公共文化的领域更加宽泛。

（二）群众文化服务的主要特点

服务性是群众文化重要的工作性质，也是群众文化理念的重要体现。群众文化以所有社会成员为服务对象，为广大人民群众提供基本而有保障的群众文化服务。群众文化服务的主要特点是：普及型服务、提高型服务、保障型服务和个性化服务。

普及型服务，即面向广大群众开展的文化艺术普及活动。群众文化服务的一个鲜明特征是普及。普及，首先是面对社会所有成员的，是具有普惠性质的、人人都可以享受的；普及，还说明群众文化服务是一种文化艺术的普及活动，其目的是提高全民的文化素质和艺术素养；普及型服务涵盖了群众文化的所有领域，包括群众文化艺术的辅导培训。普及不等于低水平或低质量，群众文化服务应提供高水平、高质量的艺术鉴赏活动、群众文化活动和文化艺术辅导培训。

提高型服务，即面向业余文艺骨干和业余文艺团队开展的指导、培训和辅导活动。提高型服务的对象是业余文艺骨干和业余文艺团队，但是仍具有普惠的性质。首先，它是面向全体社会成员的，即所有社会成员都可以成为业余文艺骨干，都可以参加业余文艺团队，也就是都有接受提高型服务的权益。其次，群众文艺骨干、文艺团队对群众文化起着凝聚、鼓舞、示范作用，提高他们的水平，是为了发挥他们的作用，提高全社会成员的文化素质和艺术素养，推动群众文化的繁荣和发展，从而惠及全民。

保障型服务，即面向社会弱势群体提供的公益性文化活动和培训等。以人为本的和谐社会建设中，政府和社会对弱势群体始终给予特别的关怀。群众文化作为国家公益性文化事业，要把对残疾人、外来务工人员、特殊困难群体、老年人、未成年人、边远山区农民的文化服务，常态化地纳入群众文化服务中，给予特殊的关怀，保障他们的权益。即使是一些不属于基本文化服务的项目，在对社会一般成员实行有偿服务的情况下，也应对弱势群体实行免费或优惠服务。

群众文化的个性化服务包括两个方面的含义。其一，是基本文化服务的个性化。针对个体的不同需求、不同爱好、不同基础开展服务，满足不同个体的基本文化需求。其二，群众文化服务也包括非基本文化服务，即为群众的特殊文化需求提供的个别化、对象化、深度增值性质的文化活动和培训，其服务对象是特定的，不具有普惠性质，不属于应当由政府予以保障的群众基本文化权益。如个体性技能培训（钢琴等器乐演奏培训、非普及性的舞蹈培训、考级性质的培训、非物质文化遗产技艺培训等）、专业性技能培训（音响师、灯光师等专业技能培训）等。这些服务属于文化市场的服务范围，不能成为群众文化服务主要内容，文化馆（站）在提供这些服务时，可以实行有偿服务和优惠服务。

案例：年轻时的梦想实现了

龙泉驿区市民艺术学校古筝班有一名学员叫杨光莲，是一名退休职工，她喜爱古筝艺术，但进班前连古筝的构造都不了解。经过两年的学习，在老师的指导下，已经能演奏《渔舟唱晚》、《浏阳河》等曲目。她说："我在年轻时就喜欢听古筝演奏，觉得她有一种含蓄的美、高贵的美，却又与我遥不可及。想学又没有条件和环境。没想到退休以后却实现了年轻时的梦想，艺术这扇高贵的大门终于向我们普通百姓敞开了。"

第三节 群众基本文化需求与群众文化的本质特征

一、群众基本文化权益和群众文化的群众性

(一)群众性是群众文化在其主体方面所固有的显著特征

群众性是群众文化的重要特征，是党的群众观点和群众路线在文化中的重要体现。群众文化是面向社会大众的文化，是群众广泛参与实践的文化，是社会主义文化建设的基础。

群众性表明群众文化是人民群众应当拥有和享受的精神文化，是人民群众的基本文化权益。这种权益不是带有强制政令性的义务，也没有市场利益的驱动，而是群众自我参与、自主选择的权利。人民群众的基本文化权益，是指人民群众享有充分发挥文化才能的机会、条件和享受文化生活的权益。人民群众不仅享受日益丰富多彩的文化艺术生活的权益，还享有不断提高自身文化艺术素质、直接参与各种形式的旨在表现自我价值的文化艺术活动的权利。群众文化建设的目标就是要保障人民群众的基本文化权益，使人民群众在良好的社会环境和丰富的文化实践中实现身心健康与综合素质的全面提高，促进社会和谐、文明与进步。

群众性表明群众在群众文化中占有主导地位。群众是群众文化的主体，人民群众不仅是群众文化的享有者，更是群众文化的创造者。在推进群众文化事业和建设的过程中，人民群众是生力军。创造主体、享有主体和表现主体，是人民群众文化主体的具体表现，这是保证中国特色社会主义群众文化建设始终沿着正确

轨道发展的根本前提。还应该注意到，群众在从事自己的文化创造的过程中尚存在"不自觉"的一面，只有承认这样的一个客观存在，并努力促成其向群众文化的"自觉创造主体"转变，才能有针对性、有步骤地将人民群众的文化创造活动牵引到自觉自为的境界。要做好人民群众在文化享有上的"由粗放向精雅境界转变"的工作，确保群众文化主体所享有的文化产品不断获得审美价值的提升。如果群众仅仅将自己创造的文化停滞在原始、毛坯状态，不习惯或不乐于将自己所创造的文化由粗放向精雅的文化境界转变，或是仅仅满足于自己所创造的这样一些原始的、散漫的文化质料，那么即便这种文化创造具有的潜质再优秀，也不会产生巨大的文化感染力。

群众性还表现为群众在群众文化活动中具有自我性和自主性。自我性是指群众文化是人民群众自我进行的业余文化活动，其目的是满足自身的精神文化需求。具有中国特色的社会主义群众文化，为人民群众提供了充分发挥文化才能的机会和条件，使人民群众不仅能享受丰富高雅的文化生活，还能在参与群众文化活动的过程中充分表现自我，发挥自我的创造才能，用群众文化的手段去表现人民群众自己。自主性，主要是体现在人民群众对群众文化内容与形式的选择、群众文化管理的参与和群众文化服务的评判上。人民群众有选择群众文化服务内容和形式的权利，有参与群众文化事业机构管理的权利，有对群众文化服务评价的权利。

(二)群众性的社会要求

群众性表现在群众对于群众文化和群众文化服务的客观要求上。

群众性要求社会的群众文化供给、服务对象是全体人民群众。这些供给与服务应是公益性的，即免费或优惠的，符合均等性和便利性的原则，不应因社会阶层、民族、地域和人们的职业、年龄等方面的不同而产生差异。

群众性要求政府努力满足群众的基本文化需求,包括根据群众文化的需求提供群众文化服务,改变群众文化服务供给的主观倾向,努力解决群众文化的产品供给脱离群众文化需求,服务方式和服务手段陈旧单一的问题。满足群众基本文化需求包括"面"和"质"两个方面,在"面"上,要实行群众文化服务的全覆盖,在"质"上,要提供高质量的群众文化设施,高素质的群众文化工作者和高标准的服务。

群众性要求社会的一切群众文化活动必须符合群众的意愿。尊重群众意愿,首先是尊重作为整体的社会性的群众意愿,即与社会发展和全体人民群众利益相一致的意愿。对于个体的正当的意愿,应通过提供丰富多彩的服务项目,建立群众对群众文化形式和内容的选择机制来解决。对于个体不符合社会要求的意愿,应加以引导,改变其不符合社会要求的价值观念。

群众性要求不断地提高群众的文化实践能力和占有水平。通过群众文化服务提高人们的文化素质和艺术素养,激发他们的创造精神和增强他们的创造能力。这与群众文化培育"四有"新人的目标是一致的。

群众性要求建立群众文化服务机构运营的公众参与制度,形成政府、社会、服务群体共同参与的群众文化服务的监督管理体系。

群众性要求建立群众文化服务的公众评价机制。把群众满意、群众赞成、群众高兴作为衡量群众文化工作的标准。

案例:石家庄市群众文化活动的群众化与品牌化

河北省石家庄市加强基层文化建设,根据群众的需求和文化资源特点,积极打造群众文化活动品牌,推进群众文化活动的群众化。"彩色周末文化活动"、"业余歌手大奖赛"、"戏曲票友大奖赛"、"新春鼓王争霸赛"等各项主题文化活动此起彼伏。遍布全市城乡的 500 多个业余文艺协会、5 000 多个群众文化团体、一万多名文艺骨干、十万多名文化活动积极分子活跃在广场、社区、农村、庭院。广大城乡群众尽情享受参与文化活动的快乐。石家庄市群众文化呈现出"天天有活动,月月有赛事,县县有品牌,村村有特色"的群众化、品牌化发展态势。

政府重视,营造良好环境。随着石家庄市各项事业发展迅速,人民群众对精神文化的需求日益增长。为此,市政府采取一系列有效措施大力发展文化事业,为群众文化活动创造有利条件。市里先后投入数千万元扶持农村基层文化建设,向基层送去了电视、音响、乐器等文化设备,提升农家书屋、文化大院的档次,为农村文化活动的开展奠定了坚实基础。为了吸纳更多的社会资金支持文化事业,石家庄市在全省率先组织举办了文化项目招商工作。仅 2007 年,全市就有 60 个文化项目通过项目招商的形式实现了"文企联姻",吸引社会资金 2 340 万元。机制的不断探索创新,为群众文化活动群众化注入了生机和活力。

积极引导,文化活动遍地开花。石家庄市文化部门依托本地文化资源丰富的优势,派遣文化辅导员和文化志愿者深入基层乡村,指导群众开展各类文化活动。市群艺馆坚持"开门办馆",仅去年一年,累计辅导(授课)时间就达到 13 500 多课时,辅导节目(作品)30 多个,直接参与、接受辅导的群众近 3 万人次。在文艺骨干的带动下,桥西区小谈村社区活动点已成为附近居民文化休闲的大本营。每当夜幕降临,华灯初上,靠近小谈村的裕华西路上就开始热闹起来,扭秧歌,跳健身舞,唱歌,拉二胡,票友演唱,场面蔚为壮观。像这样的文化活动点,桥西区就有 150 多处。全市各县(市)的基层群众文化活动队伍也得到了蓬勃发展。深泽县建有秧歌队、大鼓班、歌舞团、业余剧团、民乐班等共132个；藁城市仅大大小小的鼓队就有100多个。山区县中，赞皇县有农村业余歌舞团20多个、业余剧团和合唱团80多个；平山县有村剧团80多个、农村文艺团队200多个。这些业余文艺团队在全市呈遍地开花之势。

  品牌意识，提升文化品位。群众文化特色品牌建设，对于提升群众文化活动的品质起到了积极的推动作用。"彩色周末"文化活动，以其广泛的影响、高雅的品位和鲜明的特色，已成为一项家喻户晓、群众业余生活中不可缺少的重要活动，成为石家庄精神文明建设的亮丽窗口。以"彩色周末"为龙头，全市形成了"业余歌手大赛"、"合唱艺术节"、"戏曲票友大奖赛"、"十个一精品工程"评选、"新春鼓王争霸赛"，以及面向广大市民的公益性文化讲座"燕赵讲坛"，面向农民工的"走近农民工"系列活动等十大群众文化品牌。在重点文化品牌的影响和带动下，全市各县（市）区根据本地特色不断创立文化品牌。如井陉拉花、常山战鼓、耿村故事、晋州秧歌、于家石头村、辛集农民画等历史悠久的民间文化样式，被进一步挖掘、保护和传承，扩大了知名度和美誉度，成为石家庄较有影响力的民间文化品牌，提升了城市和乡村的文化品位。

二、群众文化生活的直接目的与群众文化的自娱性

（一）自娱性是群众文化的外在特征

  娱乐是群众参与群众文化活动的最直接的目的。以文学艺术为主要内容的群众文化的一个外在特点，就是娱乐性。人们在求乐心理的驱使下，怀着满足自身娱乐需求的期望，通过群众文化活动获得心理和生理上的满足，群众文化的主客体以娱乐为中介

构成紧密的联结。

群众文化活动某种意义上说是一种群体的娱乐活动，它的艺术要求不高，老少皆宜，可同时参与的人数较多。兴趣爱好相同的人们往往在一起活动，他们主动参与，而不是被动地接受信息，这样的群众文化活动能给人带来真正的快乐。

群众文化的自娱性与群众文化精神文明建设的功能是不矛盾的，在加强社会主义精神文明建设的情况下，活跃人民群众健康向上的娱乐生活，使人民群众在娱乐中受到启迪和教育，发挥群众文化提高全民文明素质，促进和谐社会建设的重要作用。

（二）"寓教于乐"是群众文化教化功能的实现形式

群众文化是具有教化功能的，而教化功能的实现是以自娱性为前提的，"寓教于乐"是群众文化的特点，也是它的优势。群众参与群众文化活动有娱乐和求知两方面的动机，但是，大多数的群众参加群众文化活动是以娱乐为目的的，自我教育的作用是在活动过程中潜移默化实现的。

群众文化活动中"娱乐"与"教化"有密切的内在联系："乐"是群众文化活动的表现形式，是人们的期望所在；"教"是群众文化活动的思想内容，是潜在的效力。"寓教于乐"，"乐"和"教"是和谐统一的[①]。

寓教于乐的形式是多样的，要力求形式和内容的统一，不断提高群众文化活动的思想内涵和群众文化活动、作品的档次和水平，增强活动和作品的渗透力和吸引力。

案例：福州"激情广场大家唱"活动

各级文化部门在抓群众文化工作时，经常遇到群众文化娱乐

[①] 郑永富. 群众文化管理学[M]. 杭州：浙江人民出版社，1994.

活动需求迫切与文化部门供给不足矛盾的问题,而且有时由于举办文化活动的时间、场地、形式等原因,还要组织观众来参加,不仅活动的受惠面窄,而且群众又有意见;另外对群众喜闻乐见、踊跃参与的一些群众自发组织的文化娱乐活动,文化部门又经常被"不管就乱,一管就死"的问题所困扰。福州市"激情广场大家唱"活动破解了这个难题。

最初的"激情广场大家唱"活动是从福州市温泉公园一些市民自发组织开展歌咏活动开始的。温泉公园里几位喜欢音乐的群众业余文艺骨干,利用公园中的公共场地,因陋就简,自发地组成松散的歌唱小方阵,自弹自唱,这种"新颖"的演唱形式极大地满足了市民集娱乐与休闲于一身的业余文化生活需求,一经推出,就迅速把在公园里休闲、散步和游玩的人们聚集在一起,逐渐成为一种经常性的活动,并产生了一批铁杆歌友。歌友们在活动中平等参与、自娱自乐,各取所需、相得益彰。

随着全市公园免收门票政策的逐步实施,参与活动的群众日渐增多,影响也慢慢扩大,"激情广场大家唱"渐渐暴露出了其自身存在的亟待解决的问题。一是歌友对歌唱水平提升的内在要求越来越强烈。希望得到专业的老师对合唱团队的指导,在放声高歌的同时,唱出水平,唱出风采。二是平台对扩大影响的愿望越来越迫切。除了温泉公园等少数几个活动场地人气较高外,大多数活动阵地影响力和辐射力还不强。三是缺乏管理引导,各种矛盾越来越明显。各场地间未能形成合力,存在无序竞争现象。个别场地靠近住宅区,如若不注意控制,会影响周边群众的休息。

只有突破群众广场文化活动难以做大做强、持续发展的"瓶颈",才能把"激情广场大家唱"活动打造成为城市精神文明建设的新名片,引导"激情广场大家唱"活动健康有序地发展。在调研中,人们发现保持群众文化活动的自发性、开放性、多元性、平等性四项基本属性是福州"激情广场大家唱"的生命力之所在。为此，福州市提出了：以科学发展观为指导，以人为本，适时介入、积极服务、有限管理的工作思路。组织实施福州"激情广场大家唱八个一"工程，即聘请一批社会文化辅导员；培训一批广场文化活动的艺术骨干；派出一批由市群艺馆和各区（县市）文化馆业务干部组成的文艺指导员；宣传一批具有典型意义的广场文化活动点和义务辅导员；为一批已初具规模，并有一定影响的广场文化活动点授牌；加强一批广场文化活动点基本设施、设备的建设；每半年组织一次群众性广场文化活动会演；每年组织一次全市性的大型广场文化活动调演。通过实施福州"激情广场大家唱八个一"工程，极大地强化了文化部门的职能，为服务、培育、引导福州"激情广场大家唱"的发展提供了有效的抓手。

为了规范、引导活动的健康开展，由市政府办公厅牵头，组织规划、园林、环保、公安、文化等有关单位对全市的公园、广场以及大型社区户外活动场地等进行了认真的前瞻性安全和环境噪声评估，对适合开展活动的场地及开展活动时的环保、安全方面的规定要求以政府通告的形式告知广大市民，通过全社会的共同努力，为群众广泛参与"激情广场大家唱"活动营造一个良好的社会氛围，创造了可持续发展的拓展空间。

文化部门的适时介入，专业机构订单式的文艺培训服务，政府及社会各界提供的多层次展示舞台，各级新闻媒体的宣传报道，各级领导的鼓励，有效推动了活动的蓬勃开展。如今，"激情广场大家唱"已经成为福州的一个重要文化品牌，它以特有的魅力闻名全国。国际友人感慨地称福州"激情广场大家唱"是"合唱的天堂"。2008年中国音协授予福州市"中国合唱基地"牌匾，2010年6月福州"激情广场大家唱"在全国第十五届"群星奖"评比中被文化部授予群星奖（首批项目类）。六年多来，10万多人次的福州"激情广场大家唱"活动的歌友们参加了由政府举办的100多场大型文艺演出活动。

三、群众文化需求的引导与群众文化的倾向性

(一) 群众文化的倾向性

群众文化的倾向性是指反映在群众文化中的阶级立场、政治思想和审美意识所表现的方向，是从思想内容上反映群众文化本质的一个内在特征，是群众文化的灵魂所在。

群众文化的倾向性具有必然性和多样性。任何群众文化都有倾向性，这是一种必然现象。群众文化倾向性的必然性是由两个因素形成的，一是文化产品创制者和文化活动组织者的倾向性，从事创造群众文化生活领域的一切文化产品的作家、艺术家，从观察生活、选择题材到形成作品，都表现了他们对现实生活的评价，反映一定的政治、思想和审美意识的倾向性。任何群众文化的组织者，也总是在其所组织的文化活动中体现他的思想倾向性。二是群众文化主体的倾向性，作为群体的一切个体，也都有一定的阶级立场、政治思想和审美意识。这种个人价值观所规定的倾向性，表现在他选择什么样的群众文化活动客体，决定他在群众文化活动中流露什么样的思想内容。倾向性的多样性表现在群众文化活动中的主体和客体，由于思想、立场、世界观的不同和审美观、文化艺术素质的区别以及社会阅历、处事经验等的差异，其倾向性呈现丰富而复杂的具体表现。在一定的社会生活中，符合社会历史发展趋势的某种倾向的总和，构成了这一历史阶段的时代精神。这种占主导地位的倾向性，总是同违背和阻挠社会发展的、有悖于社会价值观的倾向作斗争。

群众文化的倾向性是由群众文化需求的倾向性决定的。群众

文化需求都具有一定的倾向性，当群众文化的主体对客观需求处于自在状态时，其对于群众文化的需求也呈现丰富而复杂的具体表现，有正确的、积极的、进步的和理性的需求，也有错误的、消极的、落后的甚至盲目的需求。

群众文化的倾向性包括：群众文化的人民性倾向、群众文化的民族性倾向、群众文化的时代性倾向等。群众文化的阶级性倾向，表现在大量渗透在群众文化产品和群众文化活动中的阶级思想。群众文化的人民性倾向，是指它反映社会生活所达到的与人民群众的思想、感情、愿望和利益相一致的态度，也是人民群众的生活在群众文化上的反映。群众文化的民族性倾向，是指群众文化在民族的历史与现实中形成的独特性模式，呈现民族的社会生活和民族的文化传统、审美意识、风俗习惯等民族个性内容所达到的程度。群众文化的时代倾向，是指在不同社会经济发展的阶段，不同的时代特征在群众文化的形式和内容上的不同体现。

(二)群众文化的可诱导性

群众文化的客观需要向主观心理要求转化过程中，文化环境有较强的吸引力，能够改变需求的倾向，称为需求的可诱导性。需求的盲目性越大，可诱导性越强。群众文化工作者的一切工作既要以满足群众文化需求为前提，又要对其需求进行积极诱导。

人的文化需求既是多种多样的，又是不断变化伸展的，群众文化的倾向性也不可能是一成不变的，因此，诱导，也是群众文化工作中常常使用的方法。比如一个人从想唱歌到学唱歌，从学会唱歌到想登台演唱、想参赛获奖，都是其文化需求的延伸，这里面有无数次群众文化工作中的诱导和环境的诱导，诱导他对音乐的兴趣，对困难的克服，对进步的渴望。群众文化良好的环境也是这个人成才的重要因素,帮他融入良好的教学环境和成才环境,对他的成长是大有益处的。群众文化的可诱导性使得许多原本封闭的心灵敞开心窗,融入群众文化的团队中;群众文化的博大和丰富使很多人的文化需求从客观需要发展到主观要求,不断向更高层次变化。我们群众文化工作者,要善于使用可诱导性这一法宝,对群众文化中的消极因素给予引导,对群众的文化需求予以诱导,让更多的群众参与到丰富多彩的群众文化中来。

案例:北京青年宫的"桌游"比赛活动

在北京的青年中流行着一种称作"桌游"的新型娱乐休闲方式。

"桌游"最早兴起于20世纪70年代的欧美国家。它是指在桌面上或一个平台上玩的游戏,因其使用纸质材料(或精美的模型),不需电子设备辅助,被称为"不插电游戏";又因其需要游戏参与者围桌而坐,面对面沟通与"厮杀",因此也被称为"现实游戏"。它注重对人的思维能力、记忆力、联想力、判断力的训练,挑战人的智力水平和分析计算能力。

北京市青年宫作为青年的文化活动阵地,时刻关注青年文化现象的调查研究,把握青年文化发展趋势。他们专门进行了"桌游"现象的调查研究,写出了"京城青年风靡'桌游'的思考"调研报告。根据他们的调查,中国的"桌游"在引进国外游戏的同时加入了很多中国传统文化因素,形成了集历史、文学、美术等元素为一身的中国原创性产品。《三国杀》就是一款以三国为题材的桌面游戏。中国"桌游"发展迅速,最流行的产品《三国杀》,保守估计全国用户数量已达1 500万,北京有30万~80万人,主要是20~29岁的青年,50%是学生,绝大多数是具备本科以上学历的。北京有近200个"桌游吧",有10余所大学成立了"桌游"社团。研究报告分析了"桌游"文化现象产生的原因:青年承受学习、就业、生活的压力，需要新型娱乐休闲方式来排解；青年长期依赖网络这种方便快捷但又很单一的形式交流，需要一种人与人、面对面的交流方式来调节；青年受复古、轮换的思潮影响。报告提出了关注"桌游"现象，引导青年流行文化的建议：建立全市性"桌游"社团并开展全市性的比赛。北京青年宫适时组织了全市"桌游"比赛群众文化活动。

四、群众文化的创新与群众文化的传承性

(一)传承性是群众文化独特的发展方式

群众文化的传承性是指群众文化通过不断传承而形成其群众文化传统，并在此基础上发展和创造出新的群众文化的内容与形式，使群众文化形成一个不间断的、连续存在的特性。

群众文化的传承性是一个历史的联系和循环的过程，是群众文化发展的一种永恒的方式。任何时代都必须从前辈那里接过群众文化的一些内容和形式，注入现实的生活内容，创造新的形式，树立一个发展阶段的里程碑。这一新的发展阶段又传给了下一代，成为下辈人群众文化发展的必要基础。

"传承"的概念，有别于"继承"。继承是指继续和接续，是承受前人遗留之物或做前人未完之事，是一种继承者的自觉行为。而传承则包含继承和下传，是指承上启下，承前启后的历史关系，它包含着创造的成分，是下传的必要条件，是一种"承"与"传"的动态过程。这种传承关系体现了继承与创造的辩证统一，一方面，"传"与"承"前人积累的文化成果即文化遗产；另一方面，又批判地分析和创造性地革新了这些群众文化遗产。

传承性中的创造性在群众文化的传承过程中具有关键的作用，群众文化就是在不断地创新过程中得到继承和发展的。群众文化

的创造性能够突破群众文化传承过程中的许多制约因素，使传统的群众文化在新的发展环境中维持生存和发展。

就传承的外在方式和客观条件而言，传承目前已经进入到文字和多媒体相结合、远距离传播、数字化高密度和高容量储存阶段。这一新的传承方式扩展了群众文化传承的视野，加速了群众文化的传承进程，如何利用现代化的传承方式为群众文化服务，成为群众文化创新的课题。

(二)优秀传统文化的传承与创新

我国优秀传统文化(包括群众文化)凝聚着中华民族自强不息的精神追求和历久弥新的精神财富，是发展社会主义先进文化的深厚基础，是建设中华民族共有精神家园的重要支撑。

群众文化是我国优秀传统文化传承体系的重要组成部分，民族传统节日文化、少数民族特色文化、非物质文化遗产等都是群众文化的重要内容，群众文化要深入挖掘民族传统节日文化内涵，继承发展，形成现代的节日群众文化；保护和发展少数民族特色文化，形成群众文化品牌；做好非物质文化遗产的保护传承工作，使其成为群众文化活动的一项重要的内容和形式；广泛开展优秀传统文化教育普及活动，使其成为群众文化活动与辅导的重要内容；群众文化事业机构应当成为优秀传统文化研究和教育的基地。

我们所要继承的群众文化优秀遗产，是具有普遍意义的事物，而同时又是具有历史意义、现实意义的事物辩证交融的结合体。优秀的群众文化遗产虽然是社会意识筛选过的创造性成果，但是，它总是不同程度地表现了一定历史时期的社会生活，符合一定时期人民群众的审美需求，而全盘继承过来用于当今群众文化则不一定完全符合现实。如果不能根据时代的变化和根据人们的现实需求对群众文化遗产进行必要的选择和创新，也就不能有效地继承和发扬群众文化遗产的优秀成果。即使是传统的群众文化产品完整地进入现在的群众文化生活,即使其原来所赋予的意义与现在的社会生活相距甚远,现在的人们也会以新的社会意识去理解、解释它,给予它新的定义或含义。这也是潜在的群众文化传承中的创造性的体现。

群众文化对传统文化的传承,要取其精华、去其糟粕,古为今用、推陈出新,坚持保护利用与普及弘扬并重,加强对优秀传统文化思想价值的挖掘和阐发,维护民族文化基本元素,使优秀传统文化成为新时代鼓舞人民前进的精神力量。

案例:守望家园——辽宁省丹东市传统节日系列文化活动

丹东市充分利用地方文化遗产和贴近大众现实生活的文化资源,以传统节日为主轴,以民俗事项为节点,以特色文化活动为内容,形成了守望家园——传统节日文化活动系列。

"五百迎春"文化活动(农历正月,春节、元宵节)。本活动以秧歌、鼓乐、灯谜、楹联等节日传统文化活动为基础,以"丹东鼓乐"、"上打家什"高跷等一批非物质文化遗产保护项目为代表,以广场表演、室内展览、街道巡游等为形式,以百队秧歌闹新春、百部影片映新春、百名歌手唱新春、百家彩灯映新春、百队鼓乐擂新春、百幅童画绘新春、百幅艺影赞新春、百幅楹联颂新春、百支唢呐迎新春为内容,根据群众欣赏趣味的变化和群众文化队伍的发展以及不同时代的主题需要每年都进行创新、发展和提高,观众达数十万人次,于2010年荣获文化部第十五届"群星奖"项目奖。

"正月正"少儿京剧专场晚会(农历正月)。晚会以弘扬国粹京剧、丰富节日群众文化生活为目的,以京剧表演为形式,以多次参加中国少儿戏曲小梅花大赛屡获金奖的丹东市少儿京剧团为主体，通过剧场进行公益性演出，吸引了大量的京剧票友，得到社会的一致好评。

朝鲜族民俗游园会（农历五月，端午节）。针对朝鲜族群众在端午节有携家带口、成群结队到公园饮酒赏花、尽情歌舞的习俗，丹东市组织开展了集欣赏春光、文艺演出、竞技比赛以及展示民族文化、地域风情等各项内容为一体的综合性群众文化活动。活动内容以传统的民族歌舞、民族竞技为主，洞箫演奏、长鼓表演、扇子舞表演、农乐舞表演、乱打表演、四物打击等项目使游园会呈现出别具一格的民族风情，至今已经举办了二十八届。

"鹊桥情"七夕中国经典音乐茶会（农历七月，七夕节）和"花月夜"中秋中国经典音乐茶会（农历八月，中秋节）。"鹊桥情"七夕中国经典音乐茶会、"花月夜"中秋中国经典音乐茶会两项活动是丹东市2011年策划的传统节日文化活动，活动以传承传统节日文化为主线，以文艺节目为平台，融诗歌朗诵、经典歌曲演唱、器乐演奏、茶艺表演等多种形式，并通过电视、报刊、广播、互联网等新闻媒体，引导人们关注和感受七夕、中秋传统节日文化内涵，从而以一种寓教于乐的方式，加强传统文化意识，培养民族精神。

朝鲜族花甲礼展演（农历九月，重阳节）。朝鲜族花甲礼是国家级非物质文化遗产名录项目，通过给老人摆席献寿，充分展现子女们对父母养育之恩的感激和祝贺父母长寿的诚心。展演融合了礼节、服饰、饮食、伦理等各种朝鲜族习俗，具有珍贵的学术研究价值和社会道德价值。重阳节，丹东市组织了朝鲜族花甲礼展演，以文化活动的形式在全社会倡导尊老、敬老、爱老、助老的风气。

丹东市组织开展传统节日群众文化活动有以下几点经验。

第一，把满足群众精神文化需求放在首位。丹东市组织开展传统节日群众文化活动以不同方式针对不同人群需求，"五百迎春"春节文化活动以广场活动为主，面向广大群众；"正月正"少儿京剧专场晚会以剧场表演为主，面向京剧票友和少年儿童；端午节朝鲜族民俗游园会以公园文艺演出为主，面向少数民族居民；"鹊桥情"七夕中国经典音乐茶会、"花月夜"中秋中国经典音乐茶会以文艺表演为主，面向中青年观众；朝鲜族花甲礼展演以室内展演为主，面向老年观众。

第二，充分利用地方的文化资源。丹东是中国东北地区边境城市，面海背山靠江，与朝鲜隔江相望，与韩国隔海相望，是汉族、满族、朝鲜族聚居区，文化资源丰厚，有满族歌舞、朝鲜族歌舞、少儿京剧等民族文化品牌，也有朝鲜族花甲礼、丹东鼓乐、"上打家什"高跷等民俗文化，还有东港、宽甸农民画等乡土文化，千余支群众文化队伍活跃在全市城乡。丹东市将文化品牌、文化资源有效地整合，形成了以守望家园为主题的传统节日文化系列活动，传承中华传统文化，彰显传统文化的魅力。

第三，深入挖掘节日的文化内涵。如春节，意味着全家团聚，表达了对美好生活的向往，所以含有避邪、迎福的内容。"五百迎春"春节文化活动是以"迎春"为主题，朝鲜族花甲礼展演则弘扬全社会敬老、尊老的文化，"鹊桥情"七夕中国经典音乐茶会赞美爱情、亲情、友情，"花月夜"中秋中国经典音乐茶会表达人们对团圆的渴望，等等。

第四节 群众基本文化需求与群众文化的社会功能

一、群众的文化需求和群众文化的精神调节作用

群众文化的精神调节作用是指群众文化在调控参与者的意识、

思维活动和一般心理状态方面所产生的效能。主要表现在娱乐休息效能、宣泄情感效能和审美效能三个方面。

(一)娱乐休息效能

人们通过参与群众文化活动能在娱乐中得到一种积极性的休息，为劳动力再生产提供了必要条件，这就是群众文化的娱乐休息效能。

娱乐休息是群众最低层次的文化需求，是劳动力再生产的准备，娱乐休息贯穿于人类生活的全过程。群众文化娱乐活动是人们喜爱的休息方式，人们在娱乐活动过程中寻求到一种与工作时完全不同的气氛，一种能够使自己暂时忘却日常生活中的自我境界，即在活动中不由自主地放松精神，在获得心理上的快感和享受的同时，参与者的身体也得到调节、休息和平衡。在当前社会中，人们工作生活的节奏加快，处于紧张工作中的工作者对于文化娱乐的需求十分迫切；随着人口老龄化，空巢家庭现象的存在，老年人参加娱乐活动的需求也越来越高。

(二)宣泄情感效能

人类的情感需要宣泄，情感的宣泄是人类自我调节的文化需求。群众文化为情感的宣泄提供了表现方式和途径，是宣泄情感的渠道。

人们在客观生活中会遇到各种复杂的事物，产生各种情感，有喜悦、爱慕、满意的情感，也有不满、愤怒、悲伤、悔恨的情感。人们可以通过意志力控制自己的情感，但控制是有一定限度的，需要通过一定的方式来宣泄、释放，以稳定情绪。

群众文化为参与者提供尽情表现自己的舞台，为参与者发挥才能、沟通社会关系、表现自身价值提供多种机会和条件，为参与者的情感宣泄提供了渠道。群众文化还能激起参与者的兴趣或使消极的心理态势转变为积极的心理需要。自拉自唱、狂舞高歌、与参与群体一起尽情享受文化活动的乐趣，排遣了郁闷，消除了忧愁，平息了愤怒，得到精神上的调节。

群众文化活动是一种社会群体的活动，参与者的情感宣泄是在一种社会监督之下进行的，参与者受到一定的制约，其情感宣泄与道德感、理智感、美感、乐感交织在一起，使之与社会的关系通融和谐，情感得到调控而趋于平衡。这是群众文化感情宣泄作用的特点和优点。

(三)审美效能

群众文化审美效能是通过人们对自然事物或艺术品的美的感受和领悟，激发人们认识美、热爱美、追求美、创造美的生活情趣和理想，给予人们以情绪上的舒缓、感觉上的快适以及精神上的愉悦和满足。

美的享受的需要是出于人类本性的一种特殊需要。人们参与群众文化活动的过程，也是一个审美的过程，更是充分地愉悦和满足自己心理的过程。审美效能始终表现在文化活动的全过程中。人们对事物美的领悟往往是在群众文化的参与中产生的，爱美、追求美、享受美、创造美是人的本性，因此，群众文化也就成了满足这种需要的最简便的方式。人们为了满足这种需要，往往通过自我参与把理想、愿望、意志、智慧、才能、力量等，物化到有一定内容和形式的文化活动中，并通过语言、动作、线条、色彩、音韵、旋律等群众文化构成要素的组合运用，使群众文化客体得到美的领悟和自我享受。群众文化的审美效能即由此而生。

群众文化既能满足群众美的享受的需要，又是大众审美的文化表达。广大人民群众在改造物质世界的过程中创造美，在提升和丰富思想精神世界的过程中观察美。群众的文化活动是美的重要载体，是集体审美的自觉呈现。群众文化丰富和延续着代代相传的民族文化审美意识，创造着生生不息的文化发展力量。

二、精神文明建设和群众文化的宣传教化作用

(一)群众文化是精神文明建设的重要阵地

群众文化对社会主义精神文明建设具有积极作用，是由群众文化与精神文明建设的内在关系所决定的。群众文化是精神文明建设的重要阵地，通过群众文化的传播方式，在感化育人方面发挥着特殊的宣传教化作用；精神文明建设是发展先进群众文化的重要内容和中心环节，它为群众文化灌注生气，是体现群众文化价值的依据和内容；二者相互渗透、相互依托、相互促进，推动着群众文化的发展。

群众文化活动是信息传播的媒体和载体，也是精神文明传播的媒体和载体。为建设社会主义精神文明建设提供了有效的宣传教化途径。群众文化内容十分广泛，精神文明建设是群众文化的重要内容和中心环节。以马克思主义指导思想、中国特色社会主义共同理想、以爱国主义为核心的民族精神和以改革创新为核心的时代精神、社会主义荣辱观为主要内容的社会主义核心价值体系既是精神文明建设的重要内容，也是群众文化的重要内容。群众文化把这些精神信仰层面的内容融入形式多样的群众文化活动和群众文艺作品中，使其具备了通俗性和趣味性的特点，有强烈的吸引力。通过这些反映社会主义理想观、价值观、荣辱观的群众文化活动和群众文艺作品，让群众看到、听到、学到，潜移默化，润物无声，做到入耳、入心、入脑，在感化育人方面发挥着特殊的宣传教化作用，让人民群众在娱乐和享受中受到教育和启发。群众文化要紧密结合时代，从满足人民群众的文化需求出发，借其内在品质及独特形式和作用，教育人、鼓舞人、激励人、团结人，推动精神文明建设。

群众文化的宣传教化功能与满足人民群众的需求是统一的。如果只强调文化的宣传教化功能，只考虑希望群众接受什么教育，以致忽略群众的文化需求，也是不正确的。同样，如果只讲满足群众需求，忽视发挥文化引领社会、教育人民、丰富人民的精神世界、增强人民的精神力量的功能，那我们又会失去前进的方向，这是社会主义文化的宗旨所不允许的。

(二)群众文化宣传教化作用的实现途径

群众文化的宣传教化作用通过三个效能来表示：传播效能、陶冶性情效能和规范行为效能。

传播效能。群众文化是信息传播的媒体和载体。群众文化能在参与者之间传播信息、思想和观念，对参与者形成和谐的思想和和谐的理念，有着"随风潜入夜，润物细无声"的效果。在当今的信息时代，群众文化也成了精神文明传播的媒体，群众文化活动通过编创新节目，把本地区的经济发展、社会和谐以及好人好事、新人新事，通过文艺表演传达给他人；通过各种文化交流，把本地区的文化风貌传达给其他地区；群众通过网络，把自己参加文化活动的喜悦，连同照片、文字传递给他人。而这些信息的传播者和接受者，都通过文化传播得到快乐和享受、教育和启发，在潜移默化中培养了社会主义核心价值体系的价值认同。

文化传播，是指人与人、人与社会、社会与社会间文化信息的交流与互动。在这个过程中，存在着文化的分享、增殖、调适与控制，等等，其中分享与控制是两个关键要素。文化传播中的分享是指文化传播者有意识地将自己的文化传播给受众；文化传播中的控制是指文化传播者对自己的文化进行筛选，保留其对国家、对社会、对群众有利的信息，去除对国家、对社会、对群众无益的信息，以维系社会的安定，保障人民群众的精神文化生活的健康。

陶冶性情效能。群众文化通过作品及活动对参与者的性格、思想、情操、修养产生积极影响。群众文化陶冶性情效能的特点是"寓教于乐"、"自我教育"。群众文化把娱乐与精神文明建设的要求紧密地结合起来，用饱含爱国主义、集体主义、社会主义思想内涵的先进文化，引导人民群众自娱和娱人、自育和育人；用时代的、新颖的、进步的、人民群众喜闻乐见的先进文化活动形式，吸引人民群众广泛参与；使广大人民群众在群众文化活动中，心智得到启迪，情操得到陶冶，精神得到振奋，思想道德、文化素质得到提高。

规范行为效能。即通过人们对群众文化的参与，使人们的品德行为自觉与不自觉地接受社会准则的规束。人们参与群众文化活动时，由个人爱好变成了集体行为，对这个集体内含的文化精神、道德伦理、价值观念要形成共识和认同。要有集体意识，就要自觉地规范自己的行为。群众文化的规范作用是在不自觉的状态中发生，并在自觉的状态下得到强化的。人们在参与群众文化活动时，对其内含的文化精神、道德伦理、价值观念等也就不自觉、无意识地接受了。通过群众文化传播社会主义精神文明，引导并影响人们的思想、道德、行为，自觉地规范自己的行为。在群众文化中，要注重打造别具特色的品德文化、能力文化、行为文化和情感文化，通过群众文化活动，学雷锋、树新风，践行社会主义荣辱观、开展普法教育、廉政勤政教育、职业道德教育，使文化的力量，内化于心，外化于行，规范群众的行为作风，凝聚群众的精神，陶冶群众的情操。

案例：长春市德惠市达家沟镇和义村农民艺术节

和义村自古盛产玉米、水稻和大豆等高产作物，有8个自然屯，3 400多人口。村里有句顺口溜："三个月过年，三个月种田，三个月农闲,三个月耍钱。"十多年前,在大量的农闲时间里前屯后屯一片麻将声,各种封建迷信活动也不时兴风作浪,陈规陋习陈陈相因。这种现象使当时任村支书兼村长的阎术军十分焦虑。他提出一个办自己的农民艺术节的设想,想通过健康的文艺活动来满足父老乡亲的精神需求,潜移默化地改变民风民俗。

举办第一届农民艺术节时,村委会信心不足,村民好奇、观望、议论纷纷,除了几个报名参加篮球赛的,没有一个人报名参加演出。后来农民艺术节得到镇党委的支持,派镇文化站帮助组织,用拉赞助的办法筹集了资金,请了德惠市文化馆和德惠市剧团来助兴,开幕式演出由村委会人员和村小学学生包办,演的是农民自己身边的事,举办了7天,受到农民的欢迎和喜爱。到了第二届艺术节,村里能拉会唱的早早主动地找村委会要求出节目,有的村民提前几个月排练,有的家庭全家报名登台表演。到了第三届,报名的人越来越多,小到七八岁,大到六七十岁,许多到外地打工的文艺骨干宁可不挣钱也要回村参加艺术节,由于参加演出人数多,第三届艺术节延长到15天。现在每年举办,已经办了14届。

艺术节催生了和义村大集。每届15天的艺术节期间,和义村比过节还热闹,村里村外喜气洋洋,车辆排出几里地,百货、餐饮、农贸百业繁荣,德惠市的商贸也赶来做生意,和义村知名度也不断提高。通过办艺术节,村民的精神面貌一新,如今的和义村村容整洁,赌博之风刹住了,打架滋事的少了,邻里纠纷少了,集体观念增强了。这一带的村民在业余时间喜欢上了文艺,村村有篮球队、业余文艺团队,常年活动。村民的艺术素质不断提高,有的成为全省农民歌手大赛的"农民歌唱家",有的家庭妇女成为城里艺术团的歌手,曾经的小歌手考入了吉林艺术学院。

三、学习型社会和群众文化的普及知识作用

群众文化具有普及知识的作用。它在内容上具有综合性,社会科学、自然科学等各种知识包容其间;它在活动对象上具有广泛性,不同层次的人们都可以从中学习知识、发挥才智、获得教益。

在学习型社会中,人们学习和受教育的途径很多,现代传媒的发展,使人们随时随地都可以学习。其中,群众文化仍然是人们获取知识经验的重要途径,是终身教育的一个重要方面。群众文化普及知识的作用具有自己的特点和优势。

首先,群众文化具有传授知识,交流经验的效能。群众文化是一种特殊的知识经验承载体,蕴涵着一代代人积累的知识、经验、技能。云南的纳西古乐,被誉为音乐的活化石,它就是纳西族群众代代传承下来的,一代代人通过学习、继承、发展和提高,把它推向一个个新的高峰。群众文化活动为知识的普及提供了机会和途径,人们通过群众文化活动互相交往、相互学习,不断地充实、丰富自己。

其次,群众文化具有社会教育效能。群众文化的社会教育效能具有广泛、业余、灵活、方便、通俗的特点,对当前我国社会大众的文化启蒙、文化素质的提高方面有着极为重要的作用。有人把群众文化比作"没有院墙的学校",参与群众文化活动和培训没有条件的限制,涵盖的科目广,学习与娱乐结合在一起,学习方式灵活,为那些没有机会进校园,没有实力参加社会教育,或者只有文艺爱好而没有基础的人们,开辟了继续学习的渠道,为人们所喜爱。群众文化拓宽了教育途径,扩大了教育内容,降低了教育成本,深化了教育的影响力,成为我国社会教育的有效途径之一。

最后，群众文化普及知识的特点是"乐中求智"。群众文化的普及知识的作用是通过各种引起人们兴趣的群众文化活动的方式实现的。各种群众文化活动都蕴涵着丰富的知识和哲理，演出、展览等艺术鉴赏活动能增强人们的观察能力和艺术欣赏水平；棋类、猜谜等娱乐活动可以启迪智慧，提高逻辑思维能力；艺术比赛活动能提高艺术境界，发挥艺术创造力；参加业余艺术团队可以在与群体的交流中提高自己的艺术表现能力；艺术培训则为人们提供了学习各种艺术技能的机会；各地举办的"法律在我身边"、"科技创造未来"、"非物质文化遗产保护知识比赛"、科普广场活动更是把知识与娱乐紧密结合在一起。通过群众文化活动起到激励参与者学习知识，开发智力，启迪智慧，增强智能的作用。

案例：吉林省松原市的"种"文化模式

吉林省松原市位于吉林省中西部，坐落在美丽富饶的松花江畔，约80％以上的人口在农村，有汉族、蒙古族、满族等31个民族，辖四县一区，共有78个乡镇，1 123个建制村。以蒙满文化为特色，渔猎文化、草原文化、农业文化与当代石油文化交相辉映，形成了松原文化独具特色的地域风情、民族风格和多元风采。几年来，市委、市政府认真落实科学发展观，探索"种"文化模式，大力发展农民自办文化，取得了显著成效。

市委、市政府下发了《关于加强全市农村文化大院建设的意见》和《全市农村文化大院建设规划》。自2009年以来，累计投入资金2.5亿元，建成了不同规模、不同作用、不同特色的城区文化广场。融资2.8亿元，相继开工建设了一批具有民族特色和地域特色的图书馆、文化馆、博物馆和文化中心等大型文化设施。全市文化信息资源共享工程与农村党员干部现代远程教育工程、农村中小学远程教育工程合作共建基层服务点817个。举办了以农民自办文化为内容的文化艺术节（文艺展演和艺术品展览两部分），给农民搭建起展示风采和交流学习的大舞台。

松原市制定了《农村文化人才培养规划》、《农村文化人才培养责任制》和《文化大院辅导制度》，积极做好辅导、指导工作。几年来，全市各地举办各种形式的培训班150多次，近400名农民文化大院创办人和4 000多名农村文艺骨干得到培训。全市各县级文化馆把农村文化人才的培植和管理列为一项重要工作内容。对所有文化人进行归档立案，划分了文化馆辅导的责任区，有计划地下乡辅导。

几年来，松原市通过探索"种"文化模式，已在全市农村特别是偏远乡（镇）的村屯创建了小剧团、电影、图书、剪纸、刺绣、根雕、泥塑等各类农民文化大院500多个、文化户近3 000个；培养二人转民间演员450多人，唱歌、小品等文艺表演爱好者2 000多人，剪纸、刺绣、根雕、泥塑等民间手工艺爱好者1 000多人，业余文学创作者300多人，礼仪司仪250多人，文化艺术节参加和观看人数累计达140万人次，全市各类农民自办文化组织400多家。由于阵地的不断扩大，人才的不断增多，活动的不断丰富，文化的认知、教化、审美、娱乐、交流、传承、塑造功能对广大农民产生了深刻的影响。家庭和睦，邻里互动，尊老爱幼，勤奋向上，崇尚科学在全市蔚然成风。农民的求知欲望空前高涨，对子女的教育更加关注，守法意识和计划生育观念得到了增强，这些都有效促进了社会和谐和文明风气的形成。

四、和谐社会建设与群众文化的团结凝聚作用

群众文化以其特有的团结凝聚作用在和谐社会建设中发挥着重要的作用。它通过人们对群众文化活动的参与，起到交流思想，

沟通感情，加深理解，加强团结，促进社会和谐的作用。这种作用主要表现在群众文化的沟通效能、吸引效能和激励效能。

群众文化是连接人们内心的桥梁。群众文化活动为人们交朋结友、互相认识提供了桥梁，人们通过群众文化活动走到一起来，从相识到相知，从相知到沟通，以至于产生情感的交流与融洽，成为朋友。我国的传统节日如春节、元宵、清明、中秋以及各地节俗性的群众文化活动，充分体现了人与人的和谐相处，饱含着人民群众千百年来对美好生活的期待和向往，同时也体现了群众文化的和谐特征。比如蒙古族的"那达慕"，对于草原上分散放牧、平时很难见面的牧民来说，"那达慕"就是一个欢聚的节日，亲朋好友欢聚在一起，赛马、摔跤、跳舞、唱歌、看演出，增进友谊，增强了解，加深感情，构建和谐的人际关系。人们在群众文化活动中的沟通，是通过语言沟通或非语言沟通的方式进行的，集体舞蹈、民间花会等需要人们的动作和谐，成为一个整体，动作和谐也是一种间接的交流与沟通。

群众文化符合人们审美娱乐的心理特点，有特殊的感染力、亲和力和凝聚力，吸引人们的注意力，促使人们积极参与，黏合各种裂痕，以促进社会人际关系的和谐发展。各种艺术门类的群众业余文艺团体，吸引有共同兴趣和艺术爱好的人们聚合在一起，结成一个群体，共同的兴趣爱好，一起排练、一起演出、一起参加竞赛、一起享受成功的快乐或失败的沮丧，强烈的集体意识能消除人们之间的隔阂与误解，促进人际关系的和谐。

通过具有审美意义的群众文化活动内容和形式的刺激，激发人们认识和谐、热爱和谐、追求和谐、创造和谐、享受和谐的生活情趣和理想。这是当代中国赋予群众文化社会职能的新内涵。群众文化不仅引导群众开展音乐、舞蹈、美术、书法、摄影、曲艺、戏剧、文学等艺术活动，不断增强群众对美的感知、理解、鉴赏和创造能力，还引导群众开展生活礼仪、茶艺、插花、花卉种植、服装设计、生活装饰用品设计等与生活紧密相关的讲座、培训、竞赛活动，将审美的范围扩展到日常生活，将群众在艺术活动中积累的审美经验，延伸到日常生活中，让艺术生活化，生活艺术化，最终培养社会主体热爱生活、健康向上、情操高尚、人格健全的内在素养，促进社会的和谐。群众文化还把和谐社会建设作为群众文化活动的主题，直接参与和谐社会建设，如一些地区开展的"社区一家亲"、"家庭才艺大赛"、"欢乐在农村"等主题活动。

案例：北京市朝阳区"社区一家亲"文化活动

朝阳区是北京世界城市建设试验区，区域经济快速发展，城市规模与人口结构急剧变化，呈现出人口总量多、增长快、结构复杂的态势。区域内有大量外籍人士、商务人士、文化人士，还有15万的农民。国际化水平高，云集了各国驻华使馆。在农村城市化的进程中，农民变市民，外来建设者成为新北京人。多元群体、多元文化、多元需求并存是朝阳区突出的特征。

"社区一家亲"文化活动针对不同群体的特点，创作更加丰富的文化产品，以不同的传播方式贴近各类群体的文化需求。为外来工设立了农民工文化中心、打工艺术博物馆、打工子弟学校；为农民建立了农村文化大棚、农村文化大院、农民剧场，流动文化馆田野计划；为年轻人设立了大学生戏剧节，"大学时光"艺术活动。围绕春节、元宵、清明、端午、中秋、重阳等民俗节庆日，举办传统文化活动。此外，针对朝阳区突出的国际化特点，与驻华文化处及驻区文化机构合作建立多个文化品牌项目。与法国文化中心合作举办"中法戏剧荟萃"，与波兰大使馆合作举办"波中男孩女孩大联欢活动"，与以色列艺术剧院合作举办"对话以色列卡迈尔艺术剧院"，与俄罗斯大使馆合作举办"体育招贴画展览"，与英国大使馆合作举办"莎士比亚戏剧巡演"，与日本帐篷剧社合作举办戏剧《变幻痂壳城》。

"社区一家亲"在坚持政府主导、社会热点、百姓利益、第一时间为基本要素的前提下，不断推出原创艺术节、郊野公园艺术节、百姓生活戏剧节、农村文化大院、打工艺术博物馆等新创意。引导、扶植三里屯、小关、朝外、亚运村、高碑店等地区建立了"朝阳三里屯国际街区灯笼灯会"、"小关国际交流文化广场"、"春分朝阳——日坛祭祀典仪"、"大碗茶广场故事会"、"孝道中秋"等自主品牌活动。培育了快板刘文化大院、打工艺术团、大鼓队等社会团体。

朝阳区"社区一家亲"文化活动，通过年均700余场的演出、展览、培训、比赛、作品征集、生活体验等活动，带动了朝阳区基层1400多支文艺队伍和200余家文艺协会的蓬勃发展，年参与"社区一家亲"人数达200万人次。2009年被评为全国"群文品牌"活动。

【本章小结】

本章的主要内容包括群众文化的概念，群众文化的产生与发展，群众文化需求与群众文化发展的关系，群众文化的本质特征，群众文化的基本职能。

群众文化是一种普遍存在的社会历史文化现象，同时，群众文化事业又是我国特有的一种社会文化现象，是中国特色社会主义文化的重要组成部分。这是中国特色社会主义群众文化发展历史的两条主线，也是我们认识和把握中国特色社会主义群众文化的两个基本前提。

群众文化需求是群众文化的第一要素，是群众文化发展的内在动力，决定着群众文化的本质特征，即群众性、自娱性、倾向性和传承性特征，也决定着群众文化精神调节作用、宣传教化作用、普及知识作用和团结凝聚作用的基本功能。群众文化需求与现实需求的矛盾构成了群众文化的基本矛盾，群众文化工作必须以满足群众文化需求为出发点和归宿。

【思考题】

1. 群众文化与群众文化需求的关系是什么？为什么说保障群众文化基本需求是群众文化的基本职能？

2. 群众文化的本质特征有哪些？应如何认识其本质特征？

3. 群众文化的社会功能有哪些？结合本地区群众文化的实例加以说明。

【推荐阅读】

1. 郑永富. 群众文化学[M]. 北京：中国国际广播出版社，1993.

2. 常沺. 中国群众文化辞典[M]. 长沙：湖南文艺出版社，1992.

3. 胡守勇. 群众文化的社会功能和文化价值浅析[J]. 河南大学学报(社会科学版)，2010.

4. 中共中央关于深化文化体制改革、推动社会主义文化大发展大繁荣若干重大问题的决定(2011年10月18日中国共产党第十七届中央委员会第六次全体会议通过).

第二章　群众文化与公共文化服务体系建设

【目标与任务】

通过对本章的学习，了解群众文化在公共文化服务体系中的地位，以及公共文化服务体系下群众文化发展的方向与道路；理解群众文化创新的方向与要求；能够运用上述概念，推动新形势下的群众文化工作。

第一节　公共文化服务体系下的群众文化

公共文化服务是群众文化的基本功能，群众文化事业是公共文化服务体系的重要组成部分。公共文化服务的建设原则，即公益性、基本性、均等性、便利性都是群众文化服务应遵循的基本原则。

一、公共文化服务是群众文化的基本功能

（一）群众文化和公共文化

群众文化和公共文化是两个不同的概念。

群众文化是与专业文化、市场文化等相对应的概念，是建立在不同文化活动的主体和目的基础之上的独特概念，即人民群众以自身为活动主体，以满足自身文化需求为目的，自我参与、自我娱乐、自我开发的社会性文化。专业文化的主体是专业文化工作者，其目的是为满足受体的文化需求；市场文化的主体是文化产业，其目的是满足文化市场的需求。

公共文化，其"文化"的界定与群众文化中的"文化"不完全相同，群众文化中的"文化"以文学艺术为主要内容；公共文化中的"文化"所包含的范围较广，包括艺术、娱乐、新闻出版、广播电视、文物博物、公共图书馆等。"公共"具有"共有的、公用的、共同的"含义，也常用来代表国家。现代意义上的"公共"（或"公共性"）的概念，是指建立在社会公/私二元对立基础之上的独体概念。在清晰的产权制度下，从"私人领域"之中区分出"公共领域"，从而诞生了公共领域和真正意义上的"公共性"[1]。

群众文化属于公共文化范畴。群众文化具有突出的群众性和社会性，同时也就具有鲜明的公共性和服务性。群众文化是人民群众拥有和享受的精神文化，群众文化供给、服务对象是全体人民群众；群众是群众文化的主体，人民群众不仅是群众文化的享有者，更是群众文化的创造者。我国《宪法》规定：国家承担着发展文化馆事业和开展群众性文化活动的责任。从这一角度来说，群众文化属于公共文化。

群众文化属于公共文化范畴，但不等于公共文化，就如博物馆、公共图书馆属于公共文化范畴但并不等于公共文化一样。群众文化这一普遍存在的文化现象几乎贯穿了整个人类文化的发展史，渗透于各个时代、各个民族的生活、生产活动之中，有其强大的生命力和特殊的发展规律。在公共文化与群众文化的关系上，不能片面地认为"以前都是群众文化，现在就完全改成公共文化，不用提群众文化了"[2]。

---

[1] 陈威. 公共文化服务体系研究[M]. 深圳：深圳报业集团出版社，2006：15—16.

[2] 文化部政策法规司孙若风副司长在 2010 年天津市群众文化年会上的主题讲座.

(二)群众文化事业与公共文化服务体系

公共文化服务是指：由公共部门或准公共部门共同生产和提供的，以满足社会成员基本文化需求为目的，着眼于全体公众的文化素质和文化生活水平，既给公众提供基本的精神文化享受，也维持社会生存与发展所必需的文化环境与条件的公共产品和服务行为的总称。公共文化服务体系是为满足人民的基本文化需求和文化权益，提供公共文化产品和服务的系统的总称[①]。

公共文化服务体系是一个大的体系，包括了公共文化产品生产供给、设施网络、资金人才技术保障、组织支撑和运行评估等分体系；同时包括了群众文化事业、公共图书馆事业、博物馆事业、美术馆事业等子系统。群众文化事业是公共文化服务体系的一个组成部分。

国家发展群众文化事业，设立群众艺术馆、文化馆（站）等群众文化服务机构，从根本上说，是为了更好地组织各种群众文化活动，满足人民群众对文化艺术生活的基本需求，提高全民族的思想、道德、文化素质和修养，提供公共文化服务是其基本职能。

群众文化服务是以政府为主导，以群众文化服务机构为骨干，社会广泛参与的公共文化服务。发展群众文化事业，设立文化馆、文化站等群众文化事业机构，开展群众文化活动是政府的职能。群众文化事业机构应该努力提高自己的能力水平，夯实群众文化事业基础，起到群众文化服务的骨干作用。

群众文化事业与公共文化服务体系的关系：群众文化事业既是公共文化服务体系的一个组成部分，又是一个相对独立的体系；

---

① 陈威. 公共文化服务体系研究[M]. 深圳：深圳报业集团出版社，2006：15—16.

群众文化事业的发展要遵循公共文化服务的基本原则和规律，又要遵循群众文化的特殊规律；公共文化服务体系为群众文化事业的发展指明了道路和方向，推动群众文化的创新，群众文化事业的发展为公共文化服务体系建设奠定了基础，扩展了领域；群众文化服务属于基本文化服务范畴，同时，群众文化还存在着大量的群众自发组织的群众文化活动和部分的非基本文化服务内容。所以不能简单地把群众文化与公共文化服务画等号。

二、群众文化事业是有中国特色的公共文化服务体系的重要组成部分

对于群众文化事业是公共文化服务体系的重要组成部分，应当从五个方面去理解。

第一，群众文化事业是公共文化服务体系的一个重要组成部分，这是群众文化事业与公共图书馆事业、博物馆事业等公共文化服务体系组成部分的普遍属性或共同属性。公共文化服务体系是一个大的系统，涵盖了政府文化工作的众多方面，既包括目前文化体制中的文化、广电、新闻出版等系统，也包括宣传、教育、体育、科技以及工会、共青团、妇联、残联等系统；政府办的公共文化服务机构包括了文化馆（站）、图书馆、博物馆、美术馆、科技馆等，还有青少年宫、工人文化宫、老年活动中心、残疾人活动中心、妇女活动中心等①。

第二，群众文化事业是具有中国特色公共文化服务体系的一个重要组成部分，这是群众文化普遍属性中的特殊性。公共文化服务体系的一些重要组成部分，如公共图书馆、博物馆等，在国际上具有普遍性，各国的公共文化服务体系都包括公共图书馆事

---

① 李景源，陈威. 中国公共文化服务发展报告（2007）[M]. 北京：社会科学文献出版社，2007：117.

业和博物馆事业。只有中国特色的公共文化服务体系包括了群众文化事业。中国群众文化事业的发展有其特殊的历史条件和历史进程，这是和其他国家不同的。国外也有一些和我国文化馆（站）类似的公共文化服务机构，如日本的公民馆、英国的社区中心、新加坡的社区中心等，但它们都不是真正意义上的群众文化事业，它们没有形成相对独立的社会文化形态，以及组织、机构、制度和理论体系。

第三，群众文化是以文化艺术为主要内容，以组织群众文化活动、开展社会文化教育培训和基层文化艺术辅导为主要职能，提供公共文化服务的，这是由群众文化事业在公共文化服务体系内的特殊规定性决定的。公共图书馆以文献信息资源为依托，向社会提供文化、信息和知识服务，开展社会教育活动；博物馆以自然和历史见证物的展示为基本工作内容，开展社会教育活动。这是由公共图书馆和博物馆在公共文化服务体系内的特殊规定性决定的。群众文化事业、公共图书馆事业、博物馆事业的存在和发展都有其不可替代性。

第四，群众文化事业是公共文化服务体系的源头之一。我国群众文化事业是在革命战争年代兴起发展，在新中国成立后逐步发展形成的，成为中国特色社会主义文化的重要组成部分，成为具有相对独立文化价值的服务系统，从而成为我国公共文化服务体系建设的重要基础。公共文化服务体系则是21世纪出现的新概念。2000年，党的十五届五中全会第一次提出了文化产业的概念。2002年，党的十六大明确提出"要积极发展文化事业和文化产业"，在实践中，公益性文化事业与经营性文化产业的分野日渐清晰。2005年，党的十六届五中全会提出要"加大政府对文化的投入，逐步形成覆盖全社会的比较完备的公共文化服务体系"的目标。党的十八大以来，先后出台了一系列公共文化服务体系建设方面的重要政策文件，初步形成了现代公共文化服务体系的制度框架。它是我国公益性文化事业发展的一个新的阶段，是在我国长期形成的群众文化事业、公共图书馆事业、博物馆事业等公益性事业发展的基础上建设的，群众文化事业是其源头之一。我国的群众文化事业经过几十年的建设，已经形成了省、地市群众艺术馆，县文化馆，乡镇（街道）文化站，社区（村）文化室五级群众文化网络，公共文化服务体系的五级网络，正是以群众文化网络为骨架形成的。

第五，群众文化是公共文化服务中最普及、最便利、受众面最广，也最受群众喜爱的服务。群众文化在公共文化服务体系中占有重要的地位。

三、公共文化服务体系建设原则在群众文化事业中的体现

公共文化服务的公益性、基本性、均等性、便利性原则是群众文化服务应遵循的基本原则。这也是由群众文化的基本属性决定的。

（一）公益性是群众文化事业的基本属性

公益性指公共文化服务提供的文化产品和服务是免费或者是低收费的，不以营利为目的，是区别于文化产业的根本特征。

我国群众文化事业是社会文化公益事业，文化馆（站）是公益性群众文化事业机构，它是政府为满足广大群众的基本文化需求而设立的，无偿或优惠服务是它的主要提供方式。文化馆（站）的基本属性从建立开始至今都没有改变过。即使是在文化馆为了解决经费不足，在国家政策指导下开展"以文补文"活动的期间，其公益性属性也没有改变。文化馆的有偿服务和文化经营活动主要集中在营利性的演出、电影放映、歌厅、舞厅和个性化艺术培训等文化市场领域，现在也不属于基本文化服务范围，而群众文化

活动、基层辅导、业余文艺队伍培训等基本文化服务始终是公益性的；文化馆用于有偿服务和文化经营的部分是少数馆舍和人员，文化馆的主要资源用于公益性服务；文化馆"以文补文"的收入，主要用于补充开展公益性服务经费的不足。即使有少数地区、少数文化馆（站）的性质一度发生改变，也很快得到纠正。从总体讲，群众文化事业始终保持着公益性的基本属性。

（二）基本文化服务是群众文化事业的基本职能

公共文化的基本性，指满足群众基本的文化需求。群众文化服务提供的主要是面向广大群众开展的文化艺术普及型服务，面向业余文艺骨干和业余文艺团队开展的提高型服务；面向社会弱势群体提供的保障型服务等，这些都属于基本文化服务的范畴。

一般群众文化被评价为"业余"的，但业余并不代表低水平，"业余"更多地指群众职业外的、利用闲暇时间进行的文化活动，是群众最基本、最普遍的文化需求，包括在闲暇时间里进行文化艺术鉴赏、参与群众文化活动、提高艺术技能和业余文艺创作等。群众文化机构应把基本文化服务作为主要职能，努力提供高水平、高质量的基本文化服务。

（三）均等性是群众文化群众性的内在要求

公共文化服务的均等性可以从三个方面来理解：全体公民享有基本文化服务的机会应该均等；全体公民享有基本文化服务的结果应该大体相等；在提供大体均等的基本文化服务的过程中，尊重社会成员的自由选择权。而这些正是群众文化群众性的要求。在我国，人民群众是群众文化的主体，不区分经济状况、家庭出身、受教育情况和职业背景等，人人享有享受群众文化成果、参与群众文化活动和开展群众文化创作的权利。群众文化尊重群众的意愿，人人都有选择自己喜爱的群众文化活动的权利。至于人民群众享有大体相等的群众文化服务，既是群众文化事业建设的一个原则,又是群众文化事业发展的目标。

(四)便利性是群众文化群众性的实现方式

公共文化服务的便利性,就是建立阵地服务、流动服务、数字化服务全覆盖的公共文化服务体系,让群众可以就近、方便地享受公共文化服务。群众文化供给、服务对象是全体人民群众,为了保障人民群众享受群众文化服务的权利,必须保障这种服务具有最大限度的便利性。群众文化活动的开展,不受民族、区域、季节等时间和空间的限制,其实现方式本身就具有便利性,公园、广场以及社区、农村的空地上,到处都可以是群众文化活动的场所,到处都可以组织群众文化活动。

在我国,群众文化机构的覆盖面是很广的,从省级、地市级、区县级文化馆到乡镇、街道文化站,再到最基层的文化室,网络延伸到最基层,从业人员数十万,这个覆盖面和影响面是其他文化机构所难以企及的。群众文化的流动服务也得到蓬勃开展,在"文化下乡"、"四进社区"活动中,群众文化服务是其中的主要内容。

案例:长沙市公共文化服务体系建设

湖南省长沙市坚持以科学发展观为统领,按照城乡统筹、全民共享的思路,以设施网络化、服务多元化、活动品牌化为抓手,突出群众的主体地位,努力构建网络健全、结构合理、发展均衡、运行有效、惠及全民的公共文化服务体系,有效满足了人民群众日益增长的精神文化需求。

设施网络化,完善四级公共文化设施网络体系。长沙市先后投入40多亿元,建成了田汉大剧院、简牍博物馆、橘子洲生态文化公园、"一馆三中心"等一批重要文化设施;各区、县(市)投入20多亿元,建设文化艺术中心(大剧院)6个;全市各区、县(市)都建有文化馆、图书馆;全市181个街道(乡、镇)均建有综合文化站，其中设施设备先进、服务功能强的示范性乡镇综合文化站58个。全市所有社区（村）都建有文化活动室（中心），其中示范性文化活动室（中心）190个。建成大型市民休闲文化广场20个、社区未成年人绿色上网场所322家、农家书屋684家、社区公园27个，全面完成广播电视村村通工程，实现了城乡基层文化设施全覆盖。

服务多元化，坚持多样性、便利性的原则，创新供给方式。以全市1 087支业余文艺团队为中坚力量，组织开展群众文艺"百团汇演"活动，推动文化进社区、进村镇、进企业、进校园，三年来共举办各类演出2万余场次，辐射全市181个街道（乡镇）、400多个社区，惠及600多万人民群众。2003年开始，"政府买单、群众看戏"，年均送戏下乡进社区演出800多场，累计送戏6 000多场。全市文博单位、爱教基地、图书馆、文化馆全部向社会免费开放，并通过政府购买服务，逐步推进公园、游泳馆、学校文化体育场馆等免费向社会开放。

活动品牌化，不断丰富和提高公共文化服务内容和质量。一是提升"百团汇演"群众文化品牌知名度。二是培育地方特色品牌，如湘江剧院"好戏天天演"活动；打造了"文化橘洲"品牌，举办橘子洲音乐焰火晚会、橘子洲沙雕艺术节、音乐节、国际摄影文化节等活动。各区、县（市）按照"因地制宜、一地一品"原则，积极打造"湘江韵律"、"五彩星沙"等活动品牌，形成了市区联动、城乡互动的群众文化活动格局。开创"阳光娱乐，创业兴文"活动品牌。2008年以来，长沙市积极探索文化企业参与公共文化服务的新路径，以"阳光"为导向、以"娱乐"为基础、以"创业"为主线、以"兴文"为目的，精心组织开展系列活动，举办各类演出300余场，参与企业近3 000家，累计发放文化娱乐消费券16万多张，惠及数百万人民群众，受到群众好评、企业拥护和社会关注。

突出群众的主体地位，把群众性、广泛性、互动性贯穿始终。在服务对象方面，关注社会各个阶层、各个群体，积极引导普通市民和广大未成年人参与文化活动，公共文化服务向农村留守儿童、空巢老人、城市低保户、农民工、拆迁户等弱势群体倾斜。在服务内容上，坚持紧贴时代主题、紧扣群众需求，注重以群众喜闻乐见的形式，开发就地取材的文艺作品、多姿多彩的民间文化。在服务方式方面，让群众走上舞台唱主角，全市各类群众文艺团队1 087支，业余文艺骨干10万余人，成为主力军。在服务效果评价方面，让群众走下舞台当评委，参与"群众文艺百佳团队"和群众文化"三优"评选表彰活动，2010年开展的"百佳群众文艺团队"评选等活动，网络投票达20万人次，网站专题总点击量超过100万次，活动参与人数之多，范围之广前所未有。

第二节 公共文化服务体系下群众文化发展的新机遇

在我国群众文化的发展过程中，有辉煌，也有坎坷。公共文化服务体系建设极大地改善了群众文化发展的环境，给群众文化带来了良好的发展机遇，使群众文化事业进入了一个快速发展阶段。

一、公共文化服务体系建设与群众文化发展的政策环境

公共文化服务体系建设的指导思想、目标任务、建设原则和一系列方针政策，解决了群众文化发展中的关键问题，并为群众文化发展创造了良好的政策环境。主要表现在以下几个方面。

第一，把群众文化事业和群众文化机构纳入公共文化服务体系建设，明确了群众文化走公共文化服务的发展方向和道路。

20世纪80年代到21世纪初，随着经济体制改革的深入，群

众文化事业形成、发展的基础——计划经济体制逐步向社会主义市场经济体制转变，运动式的群众文化不再有吸引力，市场文化、流行文化等多种新兴文化形式的冲击让群众文化难以招架。在这个经济转型时期，群众文化机构经过了"以文补文"发展模式的实践，谈论过"文化馆的企业化发展道路"，研究过群众文化事业"产业化与事业化相结合"道路的可行性，个别地区和个别文化馆还进行了文化馆（站）转制的尝试，群众文化工作者对于市场经济体制下群众文化事业的发展道路和发展方向经过了一个长时期的艰难探索。在这一探索过程中，社会上对文化馆的质疑之声不断：文化馆是干什么的？文化馆还有没有必要存在？文化馆还是否具有公益性质？群众文化事业的属性是文化产业，是文化产业与事业的结合体，还是公益性事业？这是在21世纪初，群众文化和群众文化事业的发展面临的根本性问题。

2005年，国家提出了公共文化服务体系建设课题，并从一开始就把群众文化事业纳入了公共文化服务体系，从而解决了群众文化事业的发展道路和方向这一根本性问题。群众文化事业的发展要遵循公共文化服务体系建设的指导思想、目标任务、建设原则以及一系列的方针政策，这一点成为群众文化工作者的共识。

第二，提出公共文化服务机构免费开放的政策，实行基本文化服务的免费服务，实现了群众文化机构服务模式的根本性变革。

让群众广泛享有免费或优惠的基本公共文化服务是公共文化服务的原则，既然群众文化事业纳入了公共文化服务体系，文化馆（站）从"有偿服务"向免费开放转变就成为必然。2004年，文化部、国家发展和改革委员会、财政部等12个部委联合发出《关于公益性文化设施向未成年人免费开放的意见》，文化馆、文化站开始实行对未成年人免费开放。随着公共文化服务的进展，一些地区的文化馆（站）从向未成年人免费或优惠开放逐步向对全社会免费开放过渡，2008年珠江三角洲等经济发达地区(如深圳、佛山、东莞等)的文化馆(站)开始实行面向全社会的免费开放。2011年1月27日，文化部、财政部下发了《关于推进全国美术馆、公共图书馆、文化馆(站)免费开放意见》，到2011年年底，全国所有文化馆(站)基本实现免费开放。从而实现了群众文化服务机构服务模式的根本转变。

免费开放打造了全新的文化馆(站)社会形象，使群众文化服务迈上了一个新的台阶。

【扩展阅读】 全国文化馆(站)免费开放

文化部、财政部《关于推进全国美术馆、公共图书馆、文化馆(站)免费开放的意见》(下文简称《意见》)下发后，各地文化行政部门和公共文化机构积极响应、迅速行动，免费开放工作全面推进。截至2011年年底，全国15个省级美术馆已经全部向公众免费开放。在2 952个公共图书馆、3 285个文化馆、34 139个乡镇综合文化站实现了无障碍、零门槛进入，公共空间设施场地也全部免费开放，所提供的基本服务项目全部免费，按时完成了《意见》预定目标。2011年，全国文化馆组织培训班培训人次达到615.18万人次，比2010年增长43.1%；全国乡镇综合文化站组织训练班培训人次达到1 231.28万人次，比2010年增长32.7%[①]。

第三，实施了文化馆(站)建设工程，促进了群众文化设施建设。颁布了公共文化服务机构建设标准，提出了以服务人口为依据设置和确定文化馆(站)建设规模的原则和建设指标体系，实现了群众文化机构建设的规范化和法治化。

---

① 文化部."三馆一站"免费开放工作督查报告[R]. 2012.

在公共文化服务体系建设中，党中央、国务院高度重视基层群众文化设施建设，2002年年初，国务院办公厅转发的《文化部 国家计委 财政部关于进一步加强基层文化建设的指导意见》（国办发〔2002〕7号），提出了要"加快推进基层文化设施建设"，出台了文化设施建设的任务、规划、资金投入及相配套的有关政策。文化部、国家发展和改革委员会、财政部等有关部委联合实施了一系列重大文化工程，包括：县图书馆、文化馆建设工程，乡镇综合文化站建设工程，流动舞台车工程，乡镇综合文化站内容（设施）建设工程等。改变了基层群众文化设施落后的面貌，全面提升了群众文化服务机构的服务能力，到2010年，基本实现了"县县有文化馆，乡乡有文化站"的目标。

我国群众文化设施的建设基本是和行政层级相对应的，其建设规模要求也是与其行政级别相对应的。一个100万人口的县与一个1万人口的县，其文化馆的建设规模要求是相同的，这显然不符合公共文化服务均等化的要求。"均等化"体现在公共文化设施建设上，就是要求每个公民拥有的公共文化服务设施的面积应是大致平等的。2008年以来，国家发展和改革委员会、住房和城乡建设部、文化部等联合颁布了《文化馆建设用地指标》、《文化馆建设标准》、《乡镇综合文化站建设标准》，提出了以服务人口为依据设置和确定文化馆（站）建设规模的原则和建设指标体系，实现了群众文化机构建设的规范化和法治化，推进了群众文化设施建设的均等化，一批设施达标、布局合理、功能完善的文化馆（站）正在全国各地兴建。

【扩展阅读】 国家关于群众文化设施建设的重大工程

县图书馆、文化馆建设工程。"十五"期间，文化部、国家发展和改革委员会实施了县图书馆、文化馆建设工程，中央投入资金4.8亿元，各地配套资金14.2亿元，对全国1 086个无设施或设施面积低于300平方米的县级图书馆、文化馆设施建设予以补助，建设规模达197.27万平方米。

乡镇综合文化站建设工程。文化部、国家发展和改革委员会实施《全国"十一五"乡镇综合文化站建设规划》，"十一五"期间，文化部和发改委通过转移支付资金39.48亿元，新建和扩建2.67万个农村乡镇综合文化站，到2010年全国所有农村乡镇基本建有具备综合服务功能的文化站。

流动舞台车工程。从2005年到2010年，中央财政安排资金3亿元，为剧团和基层群众文化机构配备1 000余辆流动舞台车，改善了服务条件。流动舞台车深入城乡基层，开展灵活、多样、方便的文化服务，受到基层群众的欢迎和好评。

乡镇综合文化站内容建设工程。为解决乡镇综合文化站设施"空壳"问题，财政部从2008年开始安排专项资金2.59亿元，为列入规划的乡镇综合文化站配备文化共享工程和开展文化活动必需的设备、器材、图书①。

第四，提出了完善公共文化服务投入机制和加强公共文化服务队伍建设等一系列政策和措施，为群众文化的发展提供了经费和人才保障。

1996年，党的十四届六中全会《关于加强社会主义精神文明建设若干重要问题的决议》就明确提出了对政府兴办的文化馆等公益性事业单位，"应给予经费保证"的政策，但是由于种种原因，这一政策在许多地方没有落实。随着公共文化服务体系建设的深入，国家提出了建立公共文化服务人、财、物保障机制的一系列政策和措施。

---

① 为文化改革发展提供有力支撑——近年来文化重点投入项目一瞥[N]. 中国文化报，2012-07-13(7).

在实施文化馆（站）"免费开放"中，中央财政投入了18亿资金，建立了中央与地方财政"经费保障分担"的机制和补助标准，解决了文化馆（站）长期存在的经费投入没有保障的问题，以此为契机，群众文化事业的经费保障机制正在逐步建立。

2011年，中宣部、中组部、中编办等六部委发布文件，规定"乡镇综合文化站（中心）是政府举办的公益性文化机构，是群众文化活动和精神文明建设的重要阵地，承担着提供公共文化服务、指导基层文化建设、受委托协助管理农村文化市场等职责，要配备专职人员，每个乡镇综合文化站（中心）至少应有1个至2个编制，比较大的乡镇可适当增加编制"（中宣发〔2010〕14号文件）。此文件解决了文化站的人员编制。同年，文化部下发了《全国基层文化队伍培训工作方案》，计划用5年时间，建立10个全国性培训基地，形成省、市、县各级文化队伍培训网络，对现有24.27万县、乡专职文化队伍和391万左右的业余文化队伍（包括基层文化指导员、大学生村官等）进行系统培训，使专、兼职结合的基层文化队伍素质得到显著提高，公共文化服务能力明显增强。

2015年5月，国务院办公厅转发文化部、财政部、新闻出版广电总局、体育总局《关于做好政府向社会力量购买公共文化服务工作的意见》，明确要求将购买公共文化服务资金列入各级政府财政预算，逐步加大现有财政资金向社会力量购买公共文化服务的投入力度。中央财政专门安排资金，对基层文化设施维修和设备购置进行补助，不少地区已建成布局合理、功能配套、供需衔接、各具特色的基层综合性文化服务中心。

【扩展阅读】 中央与地方财政"经费保障分担"的机制

文化馆（站）人员、公用等基本支出由同级财政负担，开展基本文化服务项目支出由中央和地方财政共同负担。中央财政设立专项资金，重点对中、西部地区地级市和县级文化馆以及乡镇文化站开展基本公共文化服务项目所需经费予以补助，对东部地区"免费开放"实施效果好的地方予以奖励。

2011年，基本文化服务项目及非补助标准为：地市级文化馆每年50万元，县级文化馆每年20万元，乡镇综合文化站每年5万元。对中、西部地区中央财政分别负担50%和80%①。

案例：成都市建立乡镇（街道）文化站和社区（村）文化室经费保障机制

在公共文化服务体系示范区建设中，成都市按照城乡一体化和公共文化服务"均等化"的原则。建立起乡镇（街道）文化站和村（社区）文化室的经费保障机制。

乡镇（街道）文化站人均经费保障机制：按照中心城区、近郊区、远郊区常住人口每人每年10元、8元、6元标准纳入县级财政预算。市财政对远郊区县按照每人每年2元补贴，转移支付给远郊区县，全市共计1.1亿元。

村（社区）文化室经费比例保障机制：2012年起，将已纳入财政预算的村级社会管理和公共服务专项资金——每村（社区）每年30万元，每年按照不低于10%落实村（社区）文化室运行经费（不低于3万元），全市共计1亿元。

第五，提出了创新公共文化服务方式的要求和有关政策，为群众文化拓宽服务领域，创新服务方式，提高服务质量指明了方向。

---

① 财政部关于加强美术馆、公共图书馆、文化馆（站）免费开放经费保障工作的通知（财教〔2011〕31号文件）。

公共文化服务体系建设是个新课题，公共文化服务体系下群众文化事业的发展同样是个新课题。2007年，在中共中央办公厅、国务院办公厅联合下发的《关于加强公共文化服务体系建设的若干意见》(2007年8月21日)中，就把"创新公共文化服务运行机制"，"创新公共文化服务方式，积极探索适应社会主义市场经济要求、保障社会公平正义的公共文化服务方式"作为公共文化服务体系建设的一个重点。2015年1月，中办、国办印发《关于加快构建现代公共文化服务体系的意见》和《国家基本公共文化服务指导标准(2015—2020年)》，对构建现代公共文化服务体系作出全面部署。群众文化机构和工作者努力探索公共文化服务体系下群众文化服务的新机制、新方式，发展了群众文化的理论与实践。

二、公共文化服务体系建设与群众文化的发展模式

"以文补文"最早是在群众文化领域兴起的，20世纪70年代后期，广东的群众文化单位开始利用自身的业务技术、设备和场地，开展经营和有偿服务尝试，有关部门也开始总结和推广"以文补文"的经验。1984年12月文化部在天津召开全国城市群众文化工作会议，会议的内容之一就是总结交流"以文补文"的经验。以此次会议为标志，"以文补文"在全国文化馆(站)铺开。1987年文化部、财政部、国家工商总局发布了《文化事业单位开展有偿服务和经营活动的暂行办法》。1988年，文化部、财政部发布《文化事业单位进一步开展有偿服务活动若干问题的规定》，"以文补文"成为一项重要政策。虽然1996年，党的十四届六中全会通过了《关于加强社会主义精神文明建设若干重要问题的决议》，明确提出"对政府兴办的图书馆、博物馆、科技馆、文化馆、革命历史纪念馆等公益性事业单位，应给予经费保证"后，从党的方针政策层面讲，已经终止了"以文补文"政策，但上述办法和规定直到2007年

才正式废止。文化馆（站）的"以文补文"服务模式延续了20多年，已经形成了一整套与之相适应的政策、思路、机制和方法。如在财政体制上，大多数文化馆（站）被划为差额补贴事业单位，只保障人头费和公务费，基本上没有正常的服务经费，一些"以文补文"搞得好的文化馆（站）变成自收自支的事业单位，个别文化馆（站）还挂了"公司"的牌子。在内部机制上，设立有偿服务项目，组成产业部门，实行经济核算，给各部室下达创收指标，参与市场竞争。

在政府公共资金不能保障群众文化服务的条件下，"以文补文"模式发挥了一定的积极作用，如弥补了财政投入的不足，改善了职工的生活，增强了自身活力，给群众提供了多样的文化选项等。但其负面效应也非常明显，"以文补文"挪用了公共资源，侵害了广大群众应该享有的公益性文化服务保障权（如充分保障公益性活动空间的权利）；以无偿或低价的方式占有公共资源（包括使用建筑空间、公益性文化单位品牌效应等），进入市场竞争，造成不正当竞争，损坏同类市场主体的利益；模糊了公益性文化单位的公益形象、职业形象，降低了公信力，并连带产生出负的内部和外部效应。在内部，是走事业化发展道路，还是走产业化发展道路，或是走产业与事业相结合的发展道路，成为群众文化发展中争论不休的一个关键问题。在外部，对群众文化事业单位存在必要性的质疑声不断。

在公共文化服务体系建设的大前提下，群众文化必须迅速转变长期存在的"以文补文"的发展模式，改变与"以文补文"服务模式相适应的工作思路、工作机制和工作方法，走公共文化服务的发展道路，在"公益性、基本性、均等性、便利性"四位一体中把握群众文化的发展方向、目标、动力、格局和战略。

从总体上，与我国公共文化服务体系建设的目标相适应，群众文化应当按照结构合理、发展均衡、网络健全、运行有效、惠及全民的原则,以政府为主导,以各级文化馆(站)为骨干,鼓励全社会积极参与,努力建设以群众文化产品生产供给、设施网络、资金人才技术保障、组织支撑和运行评估为基本框架的覆盖全社会的群众文化服务体系,切实保障人民群众进行公共文化艺术鉴赏、参加群众文化活动、提高文化艺术素质、参与文化艺术创造等基本文化权益。

从运行机制上,群众文化要建立与"免费服务"模式相适应的运行机制、工作思路和服务方式,主要表现在以下几点。

第一,以基本文化服务为主要职能,明确免费服务的内涵和内容。文化馆(站)提供的文化服务是一种具有非竞争性与排他性的公共文化产品,可以划分为基本文化服务与非基本文化服务两大类。按照公共文化服务的要求,免费开放的基本内涵是指,由政府埋单,确保公共文化单位基本服务免费提供,确保人民群众基本文化权益公平、均等地实现。文化馆(站)免费开放包括公共空间设施场地的免费开放;与其职能相适应的基本文化服务项目健全并免费向群众提供,并免费提供配套管理服务。文化馆(站)与其职能相对应的全部功能用房,文化馆(站)职能内的全部服务都应当实行免费服务。这就要求取消在其职能范围内的收费项目,撤销与职能无关的非制度性非辅助类经营项目,收回出租或用于经营的功能用房和设施,补齐按其职能应具备的基本服务缺项,并根据群众的基本文化需求和社会经济发展,逐步扩展免费服务项目。

第二,转变工作重点,把主要工作放到提供好基本服务项目上来。为满足广大基层群众多层次、多样化的需求,文化馆(站)可以保留一部分实行有偿服务的非基本服务项目,作为基本服务的补充,但不应成为业务工作的主体。基本公共文化服务以外的公益性服务，要降低收费标准，按照成本价格为群众提供服务。

第三，建立与"免费服务"相适应的工作制度。建立"免费服务"的承诺与公示制度，制定文化馆（站）服务标准，推动免费服务的制度化、规范化；完善文化馆（站）免费服务指标（开馆时间指标，免费服务项目指标，免费服务的受众率指标等），加强对免费服务的监督考核；推动体制机制创新，深化文化馆（站）内部机制改革，优化组织结构，改进内部管理，创新服务方式，提高运营效率。

第四，完善政府对文化馆（站）"免费开放"的保障机制。各级文化、财政部门要加强对免费开放工作的组织领导，将免费开放作为群众文化事业建设的重点工作，纳入文化建设总体规划，纳入重要议事日程，纳入财政预算；要建立统筹协调、密切配合、分工协作的工作机制，加强文化馆（站）免费开放工作的组织和领导；要充分依靠专家，加强对免费开放工作方案的制度设计和科学研究，保证免费开放工作科学有序地开展。

第三节 公共文化服务体系下群众文化的创新

公共文化服务体系下群众文化的创新，包括群众文化工作理念的创新、管理体制的创新、运行机制的创新、服务方式的创新等，涵盖了群众文化工作的各个方面。

一、"以人为本"，保障人民群众的基本文化权益

"以人为本"要求群众文化工作要把满足人民群众的基本文化需求作为出发点和立足点，树立"以需求为导向"和"普遍均等"的服务理念，以及与之相适应的运行机制和服务方式。首先，群众文化服务要适应人民群众多方面、多层次、多样化的文化需求，

根据人民群众的需要提供群众文化服务。群众文化服务普遍存在的一个问题是：服务供给的主观倾向严重，基本沿用了计划安排的方式，"有什么，给什么"，产生了"想看的看不到，不想看的偏偏送过来"等供需背离的问题。问题产生的原因，一是受群众文化"为政治服务"理念的影响，把工作的立足点放在为政府服务，按照政府要求提供服务，围绕政府的工作开展活动，很少考虑群众的需求；二是群众文化工作局限在群众文化机构内部，由于受到群众文化机构自身资源的限制，群众文化产品的新形式、新内容不多，没有能力根据群众的需求提供服务。

"以需求为导向"的群众文化服务，要求群众文化服务要创新机制，从群众文化机构内部服务的小循环，转变为社会的大循环，依靠社会文化资源，开展群众文化服务；要创新内容，提供形式和内容丰富多样的群众文化产品；要创新服务方式，建立"群众需要什么，就提供什么"的服务模式。

案例：杭州市文化馆"群文配送服务"

杭州市文化馆为了解决自身资源不足、社会群众文化条块分割、利用率不高，群众文化活动形式陈旧、内容贫乏，以及群众文化服务供需不对称等问题，实施"群文配送服务"，并建立了与之相适应的运行机制和服务模式。创建群众文化网站，在网上设置"群文配送平台"，建立全市"群文配送网"，形成三个运行机制。一是群众需求反馈机制，通过网上的"信息平台"公示群众文化服务信息，搜集百姓需求，根据百姓需求提供需要的文艺演出和辅导。二是社会化供给机制。整合社会演出资源，联合全市13个艺术表演团体，提供上百台节目，在网上公布，供群众选择；整合社会艺术人才资源，有131名辅导教师提供音乐、舞蹈、文学创作、戏剧小品、美术书法等辅导课程供群众选择。三是基层配送机制。在全市建立群文配送基层服务点，包括杭州市8区、2县、3市的乡镇、街道、社区、企事业单位和部队共421家。421家基层服务点和13家艺术表演团体、131名辅导教师可以在网上对接，可直接选择或预约演出和辅导，根据基层服务点的选择和预约配送演出和辅导。2011年，通过网上预约，完成配送演出800多场，配送培训辅导100多次。

其次，群众文化服务要按照"普遍均等"的要求，满足社会各方面的需求，特别是基层群众和弱势群体的文化需求。文化站是最基层的群众文化机构，也是服务能力最弱的，不能把基层群众文化服务的责任完全交给能力最弱的文化站。群众文化服务要创新"文化下乡"、"文化进社区"活动的形式与内容；各级群众文化机构要实行定点服务与流动服务相结合，阵地服务与基层服务相结合，推动群众文化服务向社区和农村延伸。要创新对老年人、少年儿童、农民工、残疾人等弱势群体服务的机制，保障他们的基本文化权益。

案例：福建省艺术扶贫工程

2004年2月，福建省艺术馆在多次深入农村调查的基础上，以"关注农村、关注贫困、关注教育"的社会视角，开始组织实施福建艺术扶贫工程。七年多来，全省文化馆定时、定点、定员为贫困地区儿童开展免费的艺术启蒙教育，截至2011年8月，已覆盖到全省9个地市的88个县、乡，有213个偏远农村小学成为艺术扶贫活动教学基地，举办各类艺术兴趣班300多个，600多名文化馆专业人员常年坚持定期、定点下乡为学校儿童免费开展艺术辅导和培训，受益学生达26万人次，成为全省文化馆有史以来开展规模最大、范围最广、时间最长、影响深远的公益性文化活动,开创了农村公共文化服务的新途径。2009年9月,福建艺术扶贫工程获得了第三届文化部创新奖。2010年6月,福建艺术扶贫工程又荣获文化部颁发的全国第十五届群星奖。2010年7月,福建艺术扶贫工程入选文化部十大"国家文化创新工程"。

艺术扶贫工程通过自身服务行为的纯洁和规范,创新优良的服务样板,形成无形的感召力量,这种感召力量吸引了更多的社会资源。五年来,省内外多家单位、企业分别为艺术扶贫挂钩小学捐建操场、图书馆,捐送篮球架、床架、书包、文具等实物,折合人民币近300万元。艺术扶贫工程的开展,在提供公共文化服务方面,开创了一个先例,把城市文化资源无偿输入偏远农村;形成一种机制,把文化下乡转化为乡下文化;创设一个典范,把各方力量感召到扶贫帮困的队伍中来;树立一种精神,把专业人员的思想境界提升到新高度,对农村公共文化服务这个最薄弱的环节进行探索和实践,充分体现了公益型文化事业单位公共文化服务的职责和义务。

案例:邯郸市"欢乐乡村"文化工程

2010年邯郸市开展"农村文化的现状与需求"调研发现:广大农村文化生活匮乏,只有11%的村经常组织文化活动,70%的村偶尔举办文化活动,19%的村常年不组织文化活动,人们农闲时除了喝酒、看电视,其余时间就是打麻将、打牌,没有其他活动。文化资源利用不足,现有的乡村文化站、文化广场和活动中心等没有很好地发挥作用,有的常年闲置,有的挪作他用,许多文化器材堆在库房、落满灰尘。乡村专业文化人才匮乏,文化活动经费不足,农村文化活动开展困难。

为此,市委决定在全市农村开展以十项活动为内容的"欢乐乡村"文化工程。包括:"布谷之声"农民歌手大赛、"说唱脸谱"农民戏曲票友大赛、"田野之歌"农民合唱比赛、"乡音乡情"农民器乐大赛、"欢快的舞步"农民秧歌舞大赛、"品味幸福"农民民俗绝活儿展示、"情趣乡村"农民小品曲艺比赛、"美丽新家园"农民摄影作品展、"多彩的生活"农民书画剪纸比赛、"魅力家乡"农民舞龙舞狮大赛。充分利用现有农村文化阵地和资源，每年以十项主题活动为平台，每项活动推出百名优秀人才，打造千支乡村文化队伍，带动百万人参加，实现"以十带百、以百带千、以千带百万"的链条式发展。在实施中创造了党委政府"主办"、企业"助办"和群众"自办"相结合的方式。

"欢乐乡村"文化工程实施两年来，举办各类大型活动近2 000场，培育了近3 000支农村文化队伍，使农村文化阵地利用率达到90％以上，培养发现了2万余名农村文艺人才和千余支乡村文化队伍，吸引了上百万农民群众参与，成为"百万农民群众自娱自乐的综艺大舞台、没有围墙的乡村大剧院、永不落幕的快乐大本营"。

案例：广东省群众艺术馆"广东流动演出网"

广东省借鉴现代物流的理念和做法，创造性地构建了"广东流动图书馆"、"广东流动博物馆"、"广东流动演出网"。其中"流动演出网"是由省群众艺术馆牵头组织实施的。具体做法包括以下四点。第一，建立演出信息库，把优秀的演出资源都收进库内。第二，统一调配资源。由省馆牵头，统一调配队伍进行流动演出。第三，分区流动演出。省群众艺术馆把全省分成5个片区，科学制定演出路线和地点，每年分季度、以就近原则组织演出。第四，提供设备和培训。省群众艺术馆负责购置和配备适合农村基层演出的舞台和灯光，并定期组织各种培训，提高基层队伍的业务素质。

二、群众文化资源的整合与共享

我国的群众文化机构是一种条块分割的管理体系。一方面，我国已经形成了省、地市、县、街道乡镇、社区村五级群众文化服务网络，但是，由于各级群众文化服务设施实行条块管理，各级政府按照行政级别对自己建设的群众文化机构进行管理，各级群众文化机构在本级政府的领导下开展工作；另一方面，还存在工会（工人文化宫、俱乐部）、教育（少年宫）、共青团（青年宫）等系统的群众文化机构，这些机构各自为政、条块分割、分散服务、投入大、效率低，这种服务模式和机制不符合体系建设的要求。作为一个体系，应当是各级、各系统群众文化机构形成一个体系，实现资源共享、联合服务，发挥整体的效益。群众文化创新的一个重要内容，就是改变目前群众文化工作"各自为政、各自为战"的现状，消除行政壁垒和区域分割，突破体制障碍，加大跨地区、跨部门、跨领域、跨系统的群众文化项目的交流与合作。要以地市级群众文化机构为龙头，增强地市、县、乡三级群众文化机构的协调配合，统筹群众文化资源要素的合理配置和资源的整合利用，探讨多种形式的联合服务的新模式。

案例：吴江市"区域文化联动"服务模式

江苏省苏州市下的吴江市推出区域文化联动服务模式，即打破行政区划的界限，通过广场文艺联演、电影联映、书画联展，等等，将原本分散于各镇、村的文化资源攒成一团。通过互助互演，原本没法运作的文化活动成为现实；通过巡演，原本高昂的公共文化成本得以降低。

2003年夏天，由市文化馆牵头，组织盛泽、平望、震泽三个镇的文化站开始了"区域文化联动"。文化馆在组织、业务、技术上提供服务和保障，负责策划、辅导、统筹、舞台、灯光、音响、舞美等工作，每个镇分别排练一台两个小时的综艺节目，再从中抽调部分优秀的节目组成一台联合节目，在每个镇巡回演出，深受老百姓的欢迎，在全市农村引起了强烈的反响。

2004年，"三镇联动"发展成覆盖全市的"十镇联动"，形成全市区域的文化大联动。2009年始，又扩展到周边地区，实现了吴江与周边地区文化服务产品的交流交换，这既让群众感到了熟悉与新鲜，又提升了吴江文化在江苏及沪浙等周边地区的文化影响力。连续八年运行"区域文化联动"，进而推动大运河沿线城市的群众文化艺术产品的交流互动，目前已建立与青浦、湖州、无锡、徐州、淮安等十几座城市群众文化艺术产品的定期交流机制，形成了群众文化资源跨地区、跨部门、跨层次供给新方式的雏形。

案例：成都市文化馆多级联动辅导

成都市文化馆通过资源整合、工作联动的方式，探索建立市、区（县）、街道（乡镇）和社区（村）多级联动辅导模式。

在管理体制上，市文化馆建立市民公益艺术培训学校，区文化馆建分校，文化站建辅导站。由市文化馆组织协调全市的市民公益艺术培训学校、分校和辅导站的建设与工作。在师资上，由各类艺术院校专业教师、专业院团骨干演员、市文化馆专职辅导干部150人组成专家辅导队伍；整合各区（县）文化馆群众文化辅导资源和社会优秀艺术人才933人，登记造册，形成辅导教师队伍；在此基础上对街道（乡镇）3 799名辅导员进行登记，形成辅导员队伍。2010年，举办培训班200个，年培训10余万人次。

三、群众文化队伍建设的创新

群众文化队伍的素质决定着群众文化工作和群众文化服务的

水平，做好群众文化工作，人才是关键，队伍是保证。目前，群众文化队伍存在的主要问题是：基层群众文化单位缺乏稳定的专业化队伍，人员年龄偏大，观念相对落后，知识结构陈旧，能力和素质难以适应新时期基层群众文化工作的开展；乡镇文化站人员兼职过多，难以保证稳定性和专业化；培训机制不健全，培训资金匮乏等，严重影响着群众文化事业的发展。要按照"存量优化、增量优选"的原则，探索能够发现人才、吸引人才、培养人才、用好人才的体制机制，建立一支稳定的、高素质的群众文化人才队伍。包括：改革用人机制，建立健全以培养、使用、激励、评价为主要内容的政策措施和制度保障；实行职业资格管理制度，加强对群众文化从业人员的规范化管理；运用多种方式加大培训、轮训力度，着力提高群众文化服务队伍的思想政治素质和新形势下做好群众文化服务工作的能力；广泛开展文化志愿者活动，在"高校毕业生到农村服务计划"中增加文化服务内容，鼓励离退休文艺工作者、艺术院校学生和其他热心公益事业的各界人士为社区和乡村提供志愿文化服务；发挥群众文化骨干的作用，培育和发展业余文艺队伍。

案例：北京市群众艺术馆的"竞争上岗"

北京文化艺术活动中心（群众艺术馆）实行"竞争上岗"，已经进行了两届。通过公布各部门岗位和岗位要求，职工自愿报名，竞聘各部门的岗位。召开职工上岗竞聘演讲大会，职工通过演讲的方式，从个人履职情况及对今后工作的设想等方面展开阐述，详细列举了自己竞聘的理由和优势。由中心专家委员会成员和外聘专家组成的评委会听取竞聘者的演讲，并从10个方面进行综合打分。全体职工根据每个人的演讲，填写《民意测评表》，认定哪位同志适合哪个岗位。全体职工的竞聘演讲大会，给中心的每一位职工一个自我展示的机会，给能者一个平台，也让庸者无所遁形。

案例：广西壮族自治区群众文化业务人员技能比赛

广西壮族自治区文化厅为了提高群众文化业务人员的专业技能，在群众文化业务人员培训中引进竞争机制，开展技能比赛活动。到2012年，由广西壮族自治区文化厅主办、广西群众艺术馆承办的全区群众艺术馆、文化馆业务干部技能比赛已经举办了三届。在第三届比赛中，来自全区各地的15个代表队共226位群众文化干部各展才艺，交流艺术成果。本次比赛涉及声乐、器乐、舞蹈、戏剧、美术、摄影、书法几个门类，由主办单位组织专家对各类节目及美术书法作品进行分类评比，当场亮分，评出各类单项奖和团体奖。为鼓励选手积极参赛，还把比赛与培训相结合，特别增设了专家讲座这一环节，在往年的现场点评基础上，以讲座的形式，针对各比赛项目，邀请评委、专家上课，使选手能够全面、系统地对专业知识进行学习与交流，使比赛的平台得到延伸和拓展。

案例：天津市群众艺术馆"千村百站"农村文艺骨干培训工程

群众文化工作的重点在农村，难点也在农村。天津市群众艺术馆面向基层、眼睛向下，着力于农村文化队伍建设，推出"千村百站"农村文艺骨干培训工程，致力于提升乡镇文化站站长、村级文艺骨干的公共文化服务能力，培养农村文化建设的带头人。此项工程于2009年启动，于2011年结束。主要做法包括以下几点。

全面覆盖，分段实施。涵盖本市12个农业区县及其所属行政村的3 835名村级文艺骨干和156名文化站站长，培训计划分为三个阶段。

依据需要，设置内容。包括：基本艺术技能（音乐、舞蹈等），公共文化的服务形式和内容，基层文化活动的策划与组织，非物质文化遗产保护的常识以及网络操作等。并针对各个培训地区文艺骨干对不同门类文化的需求，安排课程。

健全规章，确保实效。天津市群众艺术馆制定了相关的制度和要求，授课结束后进行结业考试，对考试合格者颁发结业证书。

"千村百站"农村文艺骨干培训工程加强了农村文艺骨干队伍建设，培养了一大批农村文化带头人，他们成为农村文化建设的引领者，带动了农村文化活动蓬勃开展。

四、群众文化的数字化建设

加强群众文化的数字化建设，探索群众文化的数字化服务模式，是群众文化的一个紧迫任务，也是群众文化创新的一个重要内容。第三次文化馆评估把数字服务纳入评估标准，促进了文化馆的数字化建设，现在，大多数省级文化馆已经有了自己的网站，在地市和区县级文化馆拥有网站的也不在少数，前面提到的杭州市"群文配送服务"就是依托于杭州市文化馆网站开展的，说明有一些文化馆的数字化服务已经达到了较高的水平。但是从总体讲，在公共文化领域，相对于博物馆、公共图书馆的数字化建设，文化馆的数字化建设相对落后；数字文化馆相对于数字图书馆来说，也是一个新的概念。要努力提高群众文化的信息化、网络化水平，加快数字文化馆的建设，加快群众文化资源的数字化，开展网上剧场、网上展览、网上辅导、网上群众文化信息发布、网上创作和群众文化活动远程指导，使之成为传播群众文化的新途径、群众文化服务的新平台。

案例：成都市的网络文化馆

成都市文化馆建立了成都市文化馆网站（www.ct17.com），开办了群众文化"网络文化馆"，先后开展了多项网上群众文化活动。

群众广场舞蹈的网络视频教学，将文化馆创作的群众广场舞蹈内容编制成教学视频，通过网络视频教学的方式对全市各区、县文化馆（站）的文艺辅导员、群众文艺队伍及社区文艺骨干进行培训，参加培训的群众多达5万人。

在网上开展"文化馆作为与发展研究"论文征集活动，收到包括北京、深圳等地在内文化馆的论文100余篇。

举办美术、书法、摄影网络大赛和展览，半个月内就收到各行各业群众创作的1 000余幅作品。

开展重点课题研究的网上收集和研讨活动。组织"优秀网络评论员"评选等群众文化活动。

案例：浙江温岭市横峰街道文化站"越剧戏迷QQ群"

为了保护、继承传统戏曲文化，满足群众戏曲艺术生活的需求，横峰街道文化站凭借"中国台州鞋网"和"台州越迷俱乐部"等三个QQ群，成功打造了"鞋乡戏迷会"交流新平台，吸引了大批戏迷朋友参与越剧文化交流，成为该站文化品牌项目之一。该项目被评为2009年度温岭市宣传思想工作创新奖。

文化站的网络管理员通过整顿成员设置、戏迷活动策划宣传、对活动疑问的解答、记录参演人员节目以及展演结束后的意见汇总5项措施保证QQ群的正常活动。戏迷联欢活动之前，文化站先拟好一份通知和活动海报，通过QQ发布到戏迷群里，每天两次，使戏迷群的成员对将要开展的活动有所了解。管理员时刻关注戏迷群动向，及时对提出的疑问进行解答。每次活动之后，管理人员对参加的表演节目、人数以及演唱形式进行统计汇总，并将结果在网上发布。

通过QQ群既宣传了戏迷会活动，也确定了演出的节目及形式。每个活动结束之后，管理员都会把演出的剧照和视频整理好传到戏迷群空间里面，方便大家观看；同时，管理员会在戏迷群里组织一次讨论，汇集各方意见和建议。

"越剧戏迷QQ群"服务模式超越了传统意义上的文化群体，培育了新型戏迷团队；超越传统文化工作格局，逐步形成品牌影响力；超越传统文化发展局限，展现了优秀文化的传承力。QQ网络虽然是虚拟的，但在横峰街道文化站的用心管理下凸显了高科技的"链接"魅力，"孵化"了新型的越剧戏迷文化群体。"越剧戏迷QQ群"的加盟链接包括"新青年越剧群"、"越迷来吧"、"大溪水泵戏迷文化"、"台州海上新芳梨园"、"浙江·台州·杜桥·戏迷群"、"台州戏迷群"、"越剧艺术群"、"越迷聊吧"、"台州越剧网听友群"、"林家小妹观影团"、"台州戏迷群"等18个QQ群，使文化信息发布、越剧信息收集范围达到最大化。

2010年浙江（横峰）"鞋乡戏迷会"首届联谊活动展演，有200多位来自杭州、温州、宁波、绍兴、丽水、台州等地的戏迷自带伴奏带或伴奏曲谱，自费前来参加，吸引了当地群众前来观看，盛况空前。

五、群众文化活动的创新

一方面，随着群众文化需求的变化，人民群众对于群众文化活动的要求（包括活动的形式、内容、质量）越来越高，越来越多样化；另一方面，群众文化活动的新载体、新形式、新内容不断出现和发展。这些都要求群众文化活动要不断创新。群众文化活动创新，要广泛动员社会力量，利用各种载体和有效形式，在社区、乡村、企业、校园和军营搭建群众文化活动平台。要不断创新群众文化活动的内容，依托传统节日、重大节庆日和民族民间文化资源，组织开展群众乐于参加、便于参与的群众文化活动。要建立群众文化活动的长效机制，做到经常化、制度化。在群众文化活动创新中，特别要注重打造反映时代精神、具有地域特色、深受群众欢迎的群众文化活动品牌，扩大群众文化的影响力。本章所举的案例，可以看作群众文化活动创新的典范，属于群众文化的品牌活动。2009年，中国群众文化学会和中国文化报社主办了全国首届"群文品牌"评选，从参评申报的90多个群众文化品牌中，选出20个全国首届"群文品牌"，包括北京市的"社区一家亲"系列文化活动，天津市的"和平杯"中国京剧票友邀请赛、"天穆杯"农村小品展演，河北省的"彩色周末"文化活动等20个项目。

案例：江城人民的精神乐园——"武汉之夏"

武汉地势如盆，夏季时间长、温度高，被国人戏称为长江流域三大"火炉"之一。很早以前，武汉人就形成了在街头纳凉消暑的习惯。随着时间的推移，人们纳凉时的娱乐活动越来越丰富，拉琴的、唱戏的、赛歌的、说书的，比比皆是。这便是享誉全国，深受江城市民喜爱的特色群众文化活动"武汉之夏"的地方特色和群众基础。

自1978年至今，"武汉之夏"已连续举办33届，从6月至9月的100余天里，遍及江城大街小巷的"武汉之夏"活动，以其丰富的内容、广泛的参与性和浓厚的娱乐性，吸引了众多江城市民参与其中，发挥出文化服务社会、服务大众的作用。

早期的"武汉之夏"以群众自娱自乐为主，活动规模小，形式简单、重娱乐性而轻艺术性。随着经济社会的发展，"武汉之夏"也随着时代的发展与时俱进，以不断创新的内容和形式，满足人民群众日益提高的文化生活需求。除了市民自娱自乐的文化活动外，武汉邮政艺术团、武汉电信艺术团、武钢文工团、星海合唱团等知名的社会艺术团队也加入到"武汉之夏"的活动中，武汉京剧院、武汉汉剧院、武汉楚剧院、武汉市说唱团等市属文艺院团也参加到"武汉之夏"的活动中，这些专业文艺院团除开展专场演出外，还按照就近的原则，派出专业老师指导辖区的群众文化活动。

每届"武汉之夏"活动均从实际出发，活动规模有大有小。"武汉之夏"的开闭幕式往往集中组织开展广场文艺演出活动，活动规模大，演出阵容强，社会影响广，突出了活动的示范性和指导性。而各个街道、社区开展的"武汉之夏"活动，则因陋就简，就地取材，活动规模较小，突出活动的娱乐性和参与性。较有特点的有露天电影、露天舞会、街头卡拉OK以及楼台对歌、"家家乐"趣味游艺、青少年之家、文化夜市等活动形式。

案例：浙江省庆元县"月山春晚"

"月山春晚"起源于1981年一个偏远山村——浙江省庆元县举水乡月山村农民们自编、自导、自演的春节联欢晚会，如今被誉为"中国最山寨的春晚"、"中国式过年之文化样本"，并入选浙江省高中语文教材。

"月山春晚"的特色包括以下几点。

一是举办时间的持续性。"月山春晚"不受环境、经费、人员等因素制约和影响，从未间断，坚持举办了30届。"月山春晚"的演出平台从最初简陋的操场到如今灯光音响设施齐全的村大会堂；表演形式从最初简单的自演自唱、自娱自乐到如今汇集歌舞、器乐演奏、小品、舞台剧等门类齐全的文艺节目。"月山春晚"从简单到精美，从简陋到完善，在月山全体村民的不懈坚持下，演了30年。

二是参与群体的广泛性。当地农民的自发性极强，村民广泛参与"月山春晚"。童叟同台演出，上至90多岁的白发老人，下至4岁孩童，村民们男女老少齐上阵，一同体验，一同快乐。一直以来，"月山春晚"的组织者、参与者和观看者都是月山村的村民群众，随着它的逐年发展壮大，组织群体从老少兼有的非专业人员发展成具有高效组织和执行水平的年轻志愿者专业团队；参与群体从几个孤单年轻的身影发展成全体村民，并吸引了月山村以外的人群参与其中。由于组织规模和表演水平逐年提升，"月山春晚"已成为一台集聚农民思想文化，不断创新发展，有着深刻内涵的高质量乡村级春晚。

三是节目内容的独特性和创新性。近年来，在月山村一批称作"月山芽儿"的青年有序组织、精心策划及文艺工作者的指导协助下，"月山春晚"的参与人群更加广泛、内容更加丰富、形式更加新颖、特色更加鲜明。广受媒体报道和赞誉的"月山春晚"品牌和王牌节目——"农装秀"和"农活秀"，展示了犁田、捉泥鳅、插秧苗、打稻谷、编草鞋、种香菇等原汁原味的农业生产场景，其创意和包装显示出极强的创新意识，是浙江农民"种文化"活动最到位的诠释和展现。此外，"月山春晚"中农民十二乐坊、"天黑赶路、天亮卖鲜"等情景剧以及根据该村国家级非物质文化遗产保护单位"如龙桥"（廊桥）爱情传说改编的舞台剧《如龙与来凤》等极富创意的特色节目，都充分体现了"月山春晚"扎根基层的草根属性。它所表现的内容和形式，所反映的主题都来自群众日常生产生活，为群众所喜闻乐见。其生活真实与艺术真实的有机融合，抒写的是人民群众生产生活中喜、怒、哀、乐的场景。将其淳厚质朴的农味，加以恰到好处的艺术设计，使群众能参与、看得懂、体验深。这些特色使"月山春晚"能持久延续，历久弥新，也使"月山春晚"走出大山，走入都市，走向全国。

【本章小结】

本章涵盖的主要内容包括：群众文化事业是公共文化服务体系的重要组成部分；公共文化服务体系建设的指导思想、目标任务、建设原则和方针政策，明确了群众文化事业的发展方向和道路，为其发展创造了良好的政策环境；公共文化服务体系下群众文化的创新是新形势下群众文化工作的迫切任务。

在认识和把握群众文化与公共文化服务的关系上，既要看到群众文化是公共文化服务体系的一个组成部分，又要认识到群众文化是公共文化服务体系中一个相对独立的子系统，有其特殊的规律。把群众文化等同于公共文化，或者用公共文化替代群众文化的认识是片面的。

公共文化服务体系大背景下的群众文化在理论和实践上的创新是当前群众文化的重要任务，本章所列举的案例是各地的群众文化工作者从本地区的实际出发创造的，具有一定的代表性和普适性，同时也有一定的特殊性。创新的精神实质，是要坚持因地制宜，充分考虑本地区群众文化建设的各项基础条件，找准本地群众文化建设的突出矛盾和关键环节，形成富有地方特色的群众文化服务模式。

【思考题】

1. 阐述群众文化与公共文化服务的关系以及其在公共文化服

务体系中的地位。

2. 有人说"群众文化已经被公共文化所替代",你认为对吗?公共文化服务体系建设对群众文化发展有哪些影响?

3. 结合你所在地区群众文化工作创新实例,谈谈群众文化创新的重要性。

【推荐阅读】

1. 陈威. 公共文化服务体系研究[M]. 深圳:深圳报业集团出版社,2006.

2. 中共中央关于深化文化体制改革、推动社会主义文化大发展大繁荣若干重大问题的决定(2011年10月18日中国共产党第十七届中央委员会第六次全体会议通过).

3. 中共中央办公厅、国务院办公厅《关于加强公共文化服务体系建设的若干意见》(2007年8月21日).

第三章 群众文化生存发展的环境

【目标与任务】

通过对本章的学习，了解影响群众文化生存发展环境要素及其与群众文化发展的关系，能够运用上述概念，分析本地区群众文化发展的环境及其对本地区群众文化发展的影响，研究符合本地区环境特点的群众文化工作机制、管理体制和服务方式。

第一节 群众文化的自然环境

自然环境（也称地理环境）是指人类赖以生存的地理和生物方面的情况。一般由天然地势、地貌、资源、气候等因素构成，它被人们所改造利用，又为人类提供文化生活的物质基础。群众文化生存在一定的自然环境里，必然受到其影响[1]。

一、自然环境对群众文化的影响

自然环境对于群众文化的影响体现在三个方面。

首先，自然环境是群众文化形式和内容的存在基础。自然是人类之本、人类之根，是人类的起点与归宿。人的发展、社会的发展必须与自然相和谐。人类的一切活动都是在一定的自然环境中进行的，人类文化的特征和差异，追根溯源，在于自然环境的不同。群众文化是人类创造的一种文化现象，因此也必然产生于

---

[1] 郑永富. 群众文化学[M]. 北京：中国国际广播出版社，1993：151.

一定的自然环境内，无可回避地受到自然环境的影响。自然环境的不同，造就了不同的民俗、民风，造就了不同的生活、生产方式，无疑也造就不同的群众文化。

其次，自然环境对群众文化的影响是间接的。自然环境直接影响人们的生产方式和生活方式，包括生产操作方式、生产工具、居住方式、饮食等，而人们在一定自然环境中形成的生产和生活方式，又影响着人们对于群众文化形式和内容的选择。

我们的祖国幅员辽阔、气象万千，东西南北，跨度很大，而且地理条件、气候条件也很复杂。有山河湖海，有平原、高原，有草原、丘陵、沙漠，人们生活在不同的地方，靠山吃山，靠水吃水，祖祖辈辈在特定的地区生活，用他们的智慧和勤劳，在改造自然或与自然形成的和谐环境中，建设着自己的家园，创造着自己的群众文化。例如：在内蒙古辽阔草原生活的蒙古族群众的"那达慕"；在西双版纳热带雨林中生活的傣族群众的"泼水节"；在东北严寒地区生活的哈尔滨市民的"冰灯艺术节"等，都是在不同自然环境下形成的具有地方特色的群众文化形式和内容。俗语说，"一方水土养育一方人"，同样，一方水土也孕育了和传承着特定的群众文化形式和内容。

最后，自然环境影响着群众文化特色的形成和鲜明化。群众文化特色是指某地域群众文化独特的个性，是某地域人们的生产方式和生活方式等情况在文化生活上的外化。草原文化、山区文化、海岛文化、水乡文化特色的形成，往往是以其地理位置和自然环境为先天条件的。安塞的腰鼓，节奏明快、鼓点急骤、动作粗犷、充满力量，体现着黄土高原群众直爽外露的性格和粗犷豪放的文化风格；"采茶舞"、"吴歌"等民间歌舞，优美、委婉，是江南风光、生产、生活以及生活在这一环境下的妇女温柔细腻性格的反映。群众文化特色的形成又在一定程度上影响着自然环境的改变。各地域群众文化特色的鲜明化，吸引众多群众参加，促使人文与自然融合，从而也在一定程度上改变着自然环境。

案例：那达慕大会——蒙古族人民一年一度的传统节日

那达慕大会是内蒙古、甘肃、青海、新疆的蒙古族人民一年一度的传统节日，有着鲜明的马背文化、草原文化的色彩。

在草原上，一家一户放牧是牧民的主要生产方式，马是其主要生产工具和交通工具，蒙古人从小就在马背上长大，对马有特殊的感情。牧民居住的毡房在草原上星星点点，相距很远，彼此联系很不容易。正是这种生产和生活方式形成了"那达慕"这种群众文化活动形式。

"那达慕"，蒙语是"娱乐"或"游戏"的意思。"那达慕"的前身是蒙古族的"祭敖包"，是蒙古民族在长期的游牧生活中，创造和流传下来的具有独特民族色彩的竞技项目和游艺、体育项目。

"那达慕"在每年七月、八月这一水草丰茂、牲畜肥壮、生机勃勃的黄金季节举行。大会期间，各地农牧民骑着马，赶着车，带着皮毛、药材等农牧产品，成群结队地汇集于大会的广场，并在会场周围的绿色草原上搭起白色蒙古包。在"那达慕"大会上，牧民们欢聚在一起，观赏开幕式、赛马、摔跤、射箭、民族歌舞，举行篝火晚会，开展娱乐、体育活动。射箭、赛马和摔跤是"那达慕"大会比赛男子三项的固定形式，它是力与美的显现、体能和智慧的较量、速度和耐力的比拼，比较全面地展示了在草原上生活的群众的综合素质。随着社会的发展，摩托车、越野汽车成为牧民的生产工具和交通工具，于是，"那达慕"大会的开幕式上又增加了摩托车方队、越野车方队。

"那达慕"是在草原自然环境下，适应蒙古族人民的生活需要而产生的，是具有广泛群众性和娱乐性的传统民俗文化活动，具有深刻的文化内涵，反映了蒙古民族的价值观和审美观。

二、自然环境与群众文化服务模式

自然环境影响着群众文化以及特色，也影响着群众文化服务的方式、方法和内容。我国各地方的自然环境不同，群众文化服务的模式也不完全一样。

建设县、乡镇、村三级群众文化服务网络，固定设施服务与流动服务相结合，是群众文化服务的普遍要求。但是，在不同地理环境下其重点和具体模式又有其特殊性。在人口密集的大城市，是以固定设施服务为重点，建设10分钟或15分钟文化圈；在平原地区村落密集的农村，是以固定设施服务为主，辅以流动服务，建设15公里文化圈；在山区和牧区，居住分散，建制村与下面的自然村距离比较远，交通不便，建立流动文化服务圈，提供流动服务成为其主要形式。

群众文化的创新，也要从本地区的自然环境出发，探索适应本地区自然环境、适应本地区人民群众生产和生活方式的群众文化服务模式。

案例：鄂尔多斯市乌审旗的"文化独贵龙"

鄂尔多斯市乌审旗的地理环境属于荒漠草原，全旗面积11 645平方公里，人口只有12.5万，下辖6个苏木镇、59个嘎查村。与新疆伊犁的山地草原、内蒙古的高原草原不同，荒漠草原的牧草比较稀疏。虽然都属于一家一户的放牧，但这里的牧民采取定居的生产生活方式，由于每户牧民需要较大面积的草场，所以牧民居住非常分散，每户相距有10公里远。牧区也建有苏木镇文化站和嘎查村文化室，可是，牧民居住地距苏木镇文化站或嘎查村文化室有几十里甚至上百里的路程，很难经常参加文化站、文化室的群众文化活动。

在这种自然环境下，乌审旗产生了一种特有的群众文化服务模式——在嘎查村文化室下面还有一个以"文化独贵龙"为中心的文化服务圈。

"独贵龙"源自蒙古语，本义是圆圈或者环形，历史上则是蒙古族人民反帝反封建斗争的一种组织形式，类似于"小组"。现如今，"独贵龙"已经被赋予了新的内涵，成为传播先进文化的基层组织。"文化独贵龙"是以文化户、民间艺人、文化能人为主体，以带动牧民开展群众文化活动，提高牧民文化素质为主要任务的自我管理、自我教育、自我服务的民间组织。有演出独贵龙、马独贵龙、服饰独贵龙、科技独贵龙、马头琴独贵龙。以每支"文化独贵龙"为中心，形成了嘎查村下面一个小的群众文化服务圈。

乌审旗大力培育"文化独贵龙"，全旗培育了53支"文化独贵龙"、62支"马头琴独贵龙"，政府给每支"文化独贵龙"每年2万元的活动经费，使其成为群众文化服务体系中的一个层级组织，在全旗形成了旗文化馆、苏木镇文化站、嘎查村文化室和"文化独贵龙"四级群众文化网络。

第二节 群众文化的社会经济发展环境

一、社会经济发展环境对于群众文化的影响

社会经济发展环境主要包括社会经济形态、社会经济发展水平和社会经济发展模式。社会经济发展为群众文化提供了人民群众的需求动力和物质条件，决定着群众文化的发展水平、运行模

式和社会地位。群众文化的发展又成为经济发展和社会进步的重要因素。

社会经济形态决定着群众文化的本质特征、基本方针和根本任务。中国特色社会主义决定了我国群众文化的社会主义本质特征。我国群众文化必须牢牢把握坚持中国特色社会主义文化发展道路、建设社会主义文化强国这一主线；坚持"为人民服务，为社会主义服务"这一基本方针，发挥人民在群众文化建设中的主体作用，群众文化发展为了人民，群众文化发展依靠人民，群众文化发展成果由人民共享；以满足人民群众基本文化需求，促进人的全面发展，培育有理想、有道德、有文化、有纪律的社会主义公民为根本任务。

社会经济形态影响着群众文化需求满足的方式和群众文化的运行模式。我国社会主义市场经济拓宽了人们满足需求的渠道，要求建立与社会主义市场经济相适应的群众文化运行模式。

社会经济发展水平决定着人民群众对群众文化需求的程度和群众文化满足这种需求的物质条件，我国全面建设小康社会进程中，人民群众的生活水平不断提高，文化需求不断增长，群众文化的投入也不断增加，群众文化设施的物质条件有了极大改善。

社会经济的发展还影响着群众文化的地位，随着社会经济的发展，我国确立了发展先进文化，提升国家"软实力"的战略，发出了建设文化强国的号召。文化（包括群众文化）的地位由此提到一个新的高度。我国社会经济的发展，推动着我国群众文化的大繁荣、大发展。

二、社会主义市场经济体制与群众文化运行机制

我国的群众文化是在计划经济体制下发展形成的，在社会主义市场经济发展进程中，群众文化的运行机制也经历了一个探索

和发展的过程，一方面，市场经济的发展给群众文化事业注入了强大的活力，促进了群众文化的发展和繁荣；另一方面，群众文化机构简单采用市场服务方式，也带来了一些负面效应，即模糊了群众文化和群众文化机构公益性的性质。

社会主义市场经济条件下的群众文化，其本质特征、基本属性、基本方针、根本任务和基本服务方式并没有改变。但是，在社会主义市场经济体制下，群众文化需求的实现途径发生了转换，市场经济的发展促进了群众文化的市场化和社会化，影响了群众文化的管理体制和运行机制的改革与创新。主要表现在群众文化从群众文化机构内部的小循环转变为社会的大循环。要求群众文化要积极探索适应社会主义市场经济要求、保障社会公平正义的服务方式。例如：引入竞争机制，对重要群众文化产品、下乡演出等重大群众文化服务项目和公益性群众文化活动，实行政府采购、项目补贴、定向资助、贷款贴息等多种市场化、社会化的运行机制。积极引导社会力量以兴办群众文化实体、赞助群众文化活动、免费提供群众文化设施等多种形式参与群众文化服务。支持境内各类文化基金会和文化投资公司参与群众文化服务。支持民办群众文化机构、民营剧团和群众业余文艺团体参与群众文化服务等，促进群众文化运行机制和服务方式的多元化、社会化。

案例：浙江省舟山市定海区"唱响定海"大型群众文化活动

"唱响定海"群众文化活动是定海区的群众文化品牌，目前已成功举办了2009年"唱响定海·全民K歌赛"和2010年"唱响定海·魅力网络才艺PK大赛"，活动突出群众的主体地位，凸显"本土性、草根性、全民性、互动性"特色，连续两年掀起本土文化秀，累计在全区15个乡镇（街道）118个社区举办赛事300余场次，14 000余人次登台献艺，50万人次畅享欢乐。

"唱响定海"群众文化活动举办两年来,着力创新思路和方法,积极探索基层文化活动新型运作模式,将市场这一要素引入活动操作过程,多渠道争取资金,特别注重鼓励社会资源参与文化建设,把群众文化活动推向大众,推向市场,逐步改变文化活动由政府大包大揽,唱"独角戏"的局面。大赛通过出让冠名权和广告位、引入产品推介等方式积极吸引舟山市新茂百货责任有限公司、重啤集团宁波大梁山啤酒有限公司、巴黎春天婚纱摄影、中国移动集团舟山市分公司等当地颇具活力的企业参与到活动的策划与组织实施中来,争取到了运作资金及宣传、演出等相应服务,在确保活动公益性质的基础上,实现政府公共财政与社会资金结合,推动社会各界进一步支持和参与基层文化活动,探索出了一条"政府搭台、群众主体、社会(企业)参与"的新型群众文化发展道路。

案例:浙江省台州市群众文化服务购买

浙江省台州市每年编制《政府年度采购公益性文化产品和服务项目目录》,对农村数字电影、文艺下乡等公益性文化项目实行政府采购,直接送到农村。2007年,台州市文化下乡项目政府采购招投标,吸引了省内外10家演出团体参加,6家中标单位为台州农民送去了喜闻乐见的节目。

案例:上海"东方系列"公共文化产品的生产和配送系统

上海由政府出面组建了一批公共文化中介组织,重点打造了"东方系列"公共文化产品的生产和配送系统。其中,东方宣教中心主要是定期制作、配送特定的公共文化产品和服务,向全市各社区和121个定点中小学配送资源。东方讲坛主要负责配送公益性讲座资源,有十大类公益性讲座服务。东方社区学校服务指导中心的社区学校为居民提供4大类、近千门课程的教学服务。东方社区信息苑直接建在社区，实行直营连锁管理模式，主要提供网络信息服务和配送，通过线上服务与线下服务相结合，开发了互联网公共服务、网上公共文化资源共享、高清数字电影播放、多媒体培训等服务功能。上海东方社区文化艺术指导中心主要负责向基层文化组织和群众文艺团队配送专业文艺指导员。

三、全面建设小康社会与群众文化的发展

根据1991年国家统计与计划、财政、卫生、教育等12个部门研究确定的小康社会16个基本检测和监测值，目前我国人民生活水平基本上达到了小康水平。在这个基础上，党的十六大提出全面建设小康社会目标，并从经济、政治、文化、可持续发展四个方面界定了全面建设小康社会的具体内容："经济更加发展、民主更加健全、科教更加进步、文化更加繁荣、社会更加和谐、人民生活更加殷实。"全面建设小康社会是群众文化大发展、大繁荣的社会经济基础。它主要体现在三个方面。

首先，在全面建设小康社会的进程中，人民群众生活水准不断提高，文化需求不断增长，这是推动群众文化大繁荣、大发展的社会基础。表现在：人民群众的收入水平提高，需求的层次提高，收入中用于满足文化需求的比例增加；群众对文化生活的质和量的要求同时迅速增长；群众对文化生活有了新追求，群众的审美趣味和审美心理发生了变化，群众文化需求呈现多元化与个性化；人民群众文化权益和文化公平意识不断增强。这些都对群众文化建设提出了更高的要求，成为推动群众文化大繁荣、大发展的需求动力，直接影响着群众文化的发展。

其次，随着我国经济实力的不断增强，政府对于文化的投入不断加大，群众文化的设施建设、活动经费、队伍建设得到有力

的支撑，这为群众文化的大繁荣与大发展奠定了雄厚的物质基础。

最后，"文化事业全面繁荣，覆盖全社会的公共文化服务体系基本建立，努力实现基本公共文化服务均等化"，成为全面建设小康社会的具体内容和奋斗目标，也成为对于群众文化新的要求和目标。群众文化应以保障文化民生、促进文化公平为宗旨，直接为广大人民群众提供文化服务，努力实现全体公民在利用文化空间、享受文化成果等方面的均等化，保障人民群众的基本文化权益，成为社会主义先进文化建设的基石。

案例：重庆市渝中区建设"十分钟文化服务圈"

渝中区是重庆的母城和中心城区，"十一五"时期，渝中区以建设"十分钟文化服务圈"，打造"中国西部文化名区"为目标，切实保障和改善文化民生，促进文化共同富裕。

渝中区"十分钟文化服务圈"建设的社会经济文化环境拥有坚实的文化基础、内在的需求基础、坚强的物质基础和统一的思想基础。

富集雄厚的文化资源。渝中历史文化资源丰富，是巴渝文化、移民文化、抗战文化、红岩文化的发源地，共有文物区205处。渝中区文化机构团体云集，区域内有文化事业单位40多家，市级艺术院团有近50%在渝中区。文化场馆设施完备，有大小场馆23处，文化广场30多处，剧院、电影院18个，全市十大标志性文化设施有7个在渝中。文化龙头企业众多，聚集了重庆日报报业集团、新华书店集团等文化龙头企业，带动发展文化企业2 760家。这些富集的文化资源为渝中区建设"十分钟文化服务圈"奠定了坚实的文化基础。

日益增长的文化需求。渝中区经济社会发展水平始终处于全市前列，人均GDP已达13 000美元，步入较为宽裕的小康阶段，文化生活不再是某部分群体独有的生活方式，文化消费也不再是单一群体的专属，而成为大众的、普遍的需求。这种日益增长的文化需求为渝中区建设"十分钟文化服务圈"提供了内在的需求基础。

日益增长的经济实力。"十一五"期间，渝中区国内生产总值翻一番，达到553亿元；区级财政收入接近翻两番，达到39.2亿元。除每年设立1000万元的宣传文化专项资金外，财政经常性收入的1%投入了文化事业。展望未来五年，伴随大拆迁转为大建设、迎来大发展，渝中建设长江上游地区现代服务业核心区和总部经济基地的目标将加快实现，GDP将步入千亿级规模，区级财政收入将迈上百亿级台阶。蓬勃发展的经济将为渝中区建设"十分钟文化服务圈"奠定坚强的物质基础。

民生导向的发展理念。渝中区坚持树立"以文塑人、以文兴业、以文立城"的思想，坚持"文化与经济共发展、文化与城市共繁荣、事业与产业共腾飞、历史与现代共辉映"的原则，坚持走民生导向的文化科学发展之路，大力推动文化大发展、大繁荣，切实保障和改善文化民生。现在，民生导向的发展理念已经深入干部群众的头脑，成为全区上下推进文化建设的共识，为促进渝中"十分钟文化服务圈"建设奠定了统一的思想基础。

高起点、高标准建成开放一大批公共文化设施。实现了区域标志性、区级示范性、地区综合性、街道公共性、社区保障性的"五级文化圈层"全覆盖，为满足市民的文化需求提供较好的物质载体。在区域标志性方面，充分利用湖广会馆、三峡博物馆等重要文化设施，并投入资金4.5亿元修复建设李子坝公园。在区级示范性方面，投资1.2亿元建成西部一流的文图大厦。在地区综合性方面，按照两个街道一个地区文化中心的思路，已建成大坪、望龙门两个地区文化中心。在街道公共性和社区保障性方面，全面完成12个街道文化站、76个社区图书室、88个文化信息资源共享工程服务点建设，覆盖率达到100%，在全市率先实现区域内基础设施网络建设全覆盖。

群众文化活动精品化、品牌化。按照"天天有活动、月月有演出、节日有庆典、人人都参与"的总体思路，组织开展丰富多彩的群众文化活动，并大力推进精品化、品牌化建设，吸引群众参与。"十一五"期间，全区培育356支骨干群众文化队伍，共组织举办各类群众文化活动16 000余场，参与人次300余万。"嘉陵之春"、"滨江之秋"、"珊瑚之夜"等街道社区性文化活动丰富多彩，深入千家万户；百家艺术讲坛、三峡大讲坛·渝中讲台、湖广会馆经典诵读会、老城墙故事会等大型文化活动精彩纷呈，尽显文化魅力；重庆半岛文化艺术节、半岛万人歌会、央视《激情广场》"爱国歌曲大家唱·重庆渝中篇"、全国城区家庭文化艺术节等文化盛宴浓墨重彩，影响巴渝内外；解放碑中央商务区广场周末音乐会已成功举办300场，人民广场全民健身活动长年不断，深受群众喜爱。

文化产业与公共文化服务协调发展。发挥宣传文化专项资金作用，积极做好指导、引导、扶持、服务工作，文化产业从小到大，2010年，渝中文化产业资产总计达到169.2亿元，实现收入259.7亿元，增加值28亿元，增加值增速高于全区国内生产总值增速0.3个百分点，占比达5.1%，成为渝中区经济支柱产业。渝中文化产业发展迅速，文艺精品大量涌现，创作了100多个文艺原创精品节目，涌现出了《我有一双翅膀》、《丹青绘出川剧魂》等一大批国家级精品力作，极大地提升了渝中区文化品质，使渝中市民拥有更多更好的文化选择。

四、社会经济全面可持续发展与群众文化地位的变化

全面可持续发展,是我国社会经济发展的特点和发展战略。政治建设、经济建设、文化建设、社会建设、生态建设五位一体发展,是全面贯彻科学发展观,实现全面、协调、可持续发展的重要方面。

在全面建设小康社会的关键时期,文化上升为推动经济发展和社会进步的关键性因素,越来越成为民族凝聚力和创造力的重要源泉,越来越成为综合国力竞争的重要因素。在坚持以经济建设为中心的同时,要自觉把文化繁荣发展作为坚持发展是硬道理、发展是党执政兴国第一要务的重要内容,作为深入贯彻落实科学发展观的一个基本要求,进一步推动文化建设与经济建设、政治建设、社会建设以及生态文明建设协调发展。

在这一背景下,群众文化的地位发生了变化。群众文化在创造良好文化环境、满足人民精神需求、丰富人民精神世界、增强人民精神力量,促进社会和谐方面发挥着重要作用。群众文化既是文化建设的重要组成部分,又是社会建设的重要组成部分。群众文化建设被纳入经济社会发展的全局,从后台走到了前台,从配角变成为主角,这使群众文化的地位更加突出和重要。

群众文化地位变化极大地推动着群众文化的发展。一方面,群众文化运行机制更加完善、更加流畅。群众文化、群众文化活动、群众文化机构、群众文化理论建设等在得到群众文化政策、资金、法律保障的基础上相辅相成,协同发展,使群众文化实现了前所未有的繁荣发展。另一方面,群众文化也面临许多新的形势、新的工作核心问题,原有的工作经验、原有的服务理念,原有的理论建树,已经不能完全跟上新形势、新任务、新目标的需

要，如何满足人民群众的文化需求，如何发挥群众文化的重要作用，如何建立群众文化的可持续发展机制，都需要新的探索和实践，都是摆在每个群众文化工作者面前的新课题。群众文化工作者要提高文化自信、增强文化自觉，紧跟形势，不断创新，把群众文化工作推进到一个新的高度。

案例：河北省霸州市"持之以恒抓文化，科学发展惠民生"

霸州市坚持以科学发展观为指导，全社会形成高度的文化自觉，有针对性地解决公共文化服务体系建设中的难点和问题，使公共文化服务体系建设步入良性可持续发展的轨道。

文化自觉社会化。表现在两个层面：一是党委政府、领导干部的自觉，立足市情，把文化传承发展作为使命和担当，主要领导亲自抓，本级财政持续投入得到保证，不断完善相关政策；二是基层群众的自觉，群众乐于参与文化活动、资助文化团体、创造文化产品，主动融入文化氛围。"两个文化自觉"成为有力推进和完善霸州公共文化服务体系建设的巨大动力源泉。

规划制定科学化。将文化名城建设作为一个独立的目标体系，制定了《霸州市文化事业发展"十一五"规划》，并专项规划了"农村、城市、历史、精品、社区、校园、体育、企业、网络、旅游"十大文化体系和博物馆、文化馆、胜芳古镇、历史文化公园、中华戏曲大观园等十大精品文化工程。

设施建设精品化。把文化阵地建设和重大文化活动的举办作为"硬指标"纳入财政预算，在总投资23亿元的文化阵地建设中，政府财政投入达到20.7亿元，占总投入的90%以上。建设了十大精品文化工程，建成15个乡镇综合文化站、266个文化信息资源共享工程网点、350个农家书屋，文化大院村村有，广播电视户户通，文化设施遍布城乡。

活动开展品牌化。依托全市丰富的文化资源和深厚的文化底蕴,推出了一系列享誉全国的文化品牌。围绕"戏曲之乡、翰墨之乡、辞赋之乡、温泉之乡和胜芳古镇"四乡一镇文化品牌建设,每两年举办一届主题鲜明的文化艺术节。以"月月唱大戏"、"周末小剧场"、"天天办展览"等品牌活动为载体,展现异彩纷呈的霸州文化。以非物质文化遗产保护为突破,挖掘传承悠久的霸州文化。

队伍发展规范化。广泛吸纳文化人才,加强文化人才培养,在全市建立起万人文化大军、千名文化骨干、百位文化明星、十个文化门类的浩荡队伍。涌现出78道花会、267个文艺社团,16 000余人参加。市财政安排专项资金,重奖文艺精品和创作精英,营造了崇文重才的良好环境。

机制保障长效化。建立"三级分包、三级联动"机制,形成了市、乡(镇)、村(街)全面推动公共文化服务体系建设的合力。制定出台了投资优惠、奖励扶持等办法,对民间文化培训机构实行免收费、给补贴。探索多元投入机制。积极吸引域内外企业投资文化设施建设。施行绩效考核机制,把公共文化服务体系建设纳入乡局级领导班子考核体系,实行定期督导、全程跟踪、年终要账,提升了工作执行力。

霸州市上下形成了人心思进、人心思齐、人心思稳的良好氛围,促进了经济建设、政治建设、文化建设、社会建设、生态建设五位一体的同步和谐发展。

第三节 群众文化的文化环境

群众文化的文化环境泛指影响和制约群众文化生成、发展的国内和国际的社会文化环境,包括历史文化传统、社会主流思想和道德观念、人们的文化素质、文化产业、外国文化的影响和国际文化交流、宗教、哲学等。文化环境的因素复杂多样,本节重点分析历史文化传统、人的素质、对外文化交流和文化产业对于群众文化的影响。

一、历史文化传统对群众文化的影响

历史文化传统是不同国家、不同民族在长期历史发展中形成的,支配着整个国家、民族的一种习惯势力和精神力量,一种集体潜意识,它支配着人们的思想和行为,影响着群众文化的生成和发展,成为群众文化生态的根基[①]。历史文化传统对群众文化的影响表现在四个方面。

(一)文化传统通过诸因素的作用,使群众文化有深厚的社会根基

传统文化因素包括:制度、风俗、道德、思想、艺术、生活方式等,也就是通常所说的文化遗产,物质和非物质文化遗产。他们和群众文化有着密不可分的关系,传统节日如春节、中秋节、端午节;传统的文化习俗风情活动,如春节放爆竹、贴春联、看社戏,端午节吃粽子、赛龙舟;传统的民间艺术,如跑旱船、踩高跷、走花会等;传统的思想道德观念,如"忠孝节义"、"重伦理"、"和为贵"等,都反映在群众文化的形式和内容之中。其中的传统文化节日是在长期传承发展中形成的中华民族的特色习俗,各民族有各民族的传统节日,汉族的春节、傣族的泼水节、白族的三月三,彝族的火把节等。这些传统节日直到今天,依然是群

---

① 郑永富. 群众文化学[M]. 北京:中国国际广播出版社,1993:157.

众文化的重要载体。这些历史传统文化流传上千年，已经成为本民族的传统、习惯和精神力量，渗透到各民族群众文化形式和内容之中，影响和制约着群众文化的生成和发展。

(二)文化传统成为影响和调节群众文化生产和发展的超稳态系统

由于文化传统具有相对的稳定性和独立性，历史发展了，时代变化了，传统文化也在发展变化，其对群众文化的影响程度也不相同，但是文化传统的潜意识依然深深地渗透到社会生活的各个方面，影响着社会心理和人们的思维，使群众文化表现为一种内在的自我制约的历史惯性运动。春节逛庙会是北京人的传统习俗，这一传统文化活动尽管在"文化大革命"中一度销声匿迹，改革开放的春风一吹，就迅速恢复，并不断发展，逛庙会依然是北京参与人数最多的一项春节活动。

(三)文化传统的消极作用

中国文化传统历经数千年，漫长的历史、封闭的社会环境等独特的社会历史条件使中国传统文化更加具有鲜明的两重性。中国的文化传统有其积极的一面，比如，"天下为公"、"国而忘家，公而忘私"、"先天下之忧而忧，后天下之乐而乐"、"天下兴亡，匹夫有责"等千古传诵的名句名言，但也不可避免地存在着糟粕和消极因素。消极的文化传统也渗透到群众文化的内容与形式之中，产生消极的影响，造成群众文化中落后文化与先进文化的冲突。因此，改造底蕴深厚的文化传统，也是群众文化需要正视的课题。

(四)建设优秀传统文化传承体系

由于群众文化与历史文化传统有着密不可分的关系，所以，群众文化在建设优秀传统文化传承体系中有着重要的地位和作用。

群众文化要抓好非物质文化遗产保护传承，使其成为群众文化活动的重要形式和内容，成为不同民族、不同地域特色群众文化的重要载体。群众文化还要深入挖掘民族传统节日文化内涵，阐发优秀传统文化思想价值，普及优秀传统文化教育，使优秀传统文化成为新时代鼓舞人民前进的精神力量。同时，也要全面认识祖国传统文化，取其精华、去其糟粕。

案例：蓝墨水上游的动人新歌——中国汨罗江国际龙舟节

汨罗是龙舟文化的发祥地。公元前278年，伟大爱国诗人屈原在汨罗江边悲壮一跃，以身殉节，沿岸百姓竞相划船打捞。为表达对屈原的无限崇敬和怀念之情，此后每年的端午节，汨罗江上鼓声震天，千舟竞发，呐喊声不绝于耳。这一习俗世代相传，演变为"龙舟竞渡"，并逐渐扩展到世界各地，孕育成深厚的龙舟文化，成为湖湘文化的重要组成部分。

2005年，岳阳市委、市政府将中断6年之久的龙舟节提上议事日程，把赛场迁移并固定在屈原投江地汨罗，当年，汨罗人在汨罗江修建了国际龙舟竞渡中心。这一年的龙舟节，汨罗江畔楚旗飘飘，楚乐悠扬，著名诗人余光中引领30余万中外观众同诵《离骚》，气势空前；古老神秘的祭龙仪式和"九子造龙舟"等一系列充满地方民俗特色的节目，凸显湘楚文化的楚风巫俗；22艘分别以"离骚"、"天问"、"橘颂"等为主题的彩船，鱼贯驶入赛场江面，引人穿越2000多年的历史时空，让人感受到古老东方湘楚文化的气息；来自新加坡、澳大利亚、菲律宾以及山东、天津、湖南的20支中外龙舟队同江竞技；龙舟文化论坛、"龙之魂"晚会、经贸洽谈等活动相继推出。一首由汨罗人自己创作的民歌《世界有条汨罗江》从此在大江南北广为流传。

2006年举办全国龙舟月启动仪式暨中国汨罗江国际龙舟节，2007年汨罗与上海天娱公司联手，精心策划了"中国农机杯"2007中国汨罗江龙舟节，2008年端午节前夕，北京奥运圣火在汨罗江畔激情传递，2009年"疯狂龙舟"大型创意龙舟赛火爆一时，并由湖南公共频道全程录播。

汨罗市委、市政府大胆探索，闯出了一条"政府主导，市场运作"，"充分挖掘节会商机，优厚回报赞助企业，实现互惠多赢"的运作机制：协议一经达成，为提高赞助商知名度的新闻发布会、签约仪式、全方位的宣传随之进行；现场广告、产品推介等立体回报随之推出，赞助金便涌入了组委会的账户。这种市场化的运作机制，收到了举办方与赞助商双赢的效果。

汨罗通过传承龙舟文化实现了"多元效益"。

①挖掘优秀龙舟传统文化的内涵，建立了"龙舟文化"传承机制。

②形成群众文化的品牌活动，丰富了群众的文化生活。

③促进了旅游经济的快速发展。2004年，汨罗全年旅游收入约2 000万元；2005年龙舟节期间，汨罗旅游收入达2 400万元；2009年达到1.5亿元。

④招商引资和经贸洽谈卓有成效。五年龙舟节期间，汨罗共签约项目342个，合同引资186.3亿元；中国农业机械有限公司（新加坡）等30家企业与国内外客商签订产销合同47个，标的87.6亿元。

⑤提高了龙舟故里应有的地位。每年的龙舟节，汨罗不仅成为世人关注之地，更是境内外媒体争相聚焦之处。在国内外产生了广泛而深远的影响，从而奠定了"龙舟之源在汨罗"的正宗地位。

案例：山东省群众艺术馆"齐风鲁韵"传习大课堂

山东是孔孟之乡、齐鲁之邦，拥有大量具有鲜明特色的民间文化。自开展非物质文化遗产保护工作以来，已建立健全四级名录保护体系。全省有联合国教科文组织认定的"人类非物质文化遗产代表作名录"5项，国家级名录项目153个，省级名录项目419个，市级名录项目1 415个，县级名录项目5 104个。

"齐风鲁韵"传习大课堂活动是以弘扬齐鲁优秀传统文化和民族精神为宗旨，以山东省非物质文化遗产项目为内容，以校内外教学示范点和群众文化服务网络为平台，以教学、演示、互动为形式的大型综合性非物质文化遗产传承系列活动。通过培训，逐步形成了具有鲜明地域特色的辅导培训活动。

为使传习活动有依托，山东省已命名9个山东省非物质文化遗产教育传承基地，7个山东省非物质文化遗产研究基地，20个山东省非物质文化遗产保护示范基地，充分发挥院校、科研机构、演出团体在传习活动中的优势和作用。同时鼓励公益文化单位、民间团体开展形式多样的非物质文化遗产传习活动，目前已建成非物质文化遗产专题博物馆、民俗博物馆和传习所49个。以此为依托，根据社会各界的需要，挑选名师，采取特色培训班、专家讲习班、交流座谈、考察学习、艺人现场教学互动、现场展演展示、出版各种书籍等多种方式，积极推进非物质文化遗产进校园、进社区，达到了很好的效果。据不完全统计，2006年开班以来，全省已成功举办各类高层论坛和传习班200余期，受众达上万人次；举办各类专业培训讲座500余次，全省18 000余人次从中受益；举办非物质文化遗产展览展演1 000余场次，直接观众近1 000万人；开展面向全省十七个地市群众文化干部的辅导培训100余期，培训人员万余人；全省共编辑出版非物质文化遗产保护方面的书籍400余册（套）；各市艺术馆、文化馆也经常性地举办非物质文化遗产项目传习班，在农村文化大院、社区文化中心开设非物质文化遗产培训班或活动小组等，有效地拓展了非物质文化遗产的传承途径，增强了传习活力。

在"齐风鲁韵"传习大课堂的影响下，建成了济南市馆驿街小学曲艺教学示范点、回民中学古琴教学示范点、经十路小学京剧教学示范点等一大批各具特色的传统民族艺术教学示范学校，此外共有417所中小学将民间艺术纳入教学内容，成为名副其实的传习"大课堂"。

2011年10月，以"保护传承、合理利用"为主题的中国首届非物质文化遗产博览会在济南举办，共有65万人次参观展览、观看演出，来自全国各地的505个项目进行了现场签约，签约额达432亿元。

2010年11月至今，"齐风鲁韵"大课堂走进澳门，山东省非物质文化遗产项目及其代表性传承人在澳门世界遗产卢家大屋进行现场展览展示活动。500余件珍贵实物的展览，40余位非遗代表性传承人和工艺美术大师的积极参与，共同为澳门民众提供了一个了解山东民族民间文化的窗口和平台。山东省还组织泰山皮影戏、诸城派古琴等代表性传承人前往法国、比利时、奥地利等国演出经典剧目（曲目），均受到当地政府和民众的欢迎。自开班以来，山东省对外文化交流活动达110多场次，有效地扩大了山东省民族民间文化在国内外的影响力。

在实行"齐风鲁韵"传习大课堂过程中，全省各市、县（区）按照统一的标准、规范录入山东省非物质文化遗产资源数据库，初步建立起适应社会发展、满足工作需要、兼顾各地实际、提供公共服务的数据库群和工作平台。数据库内存文字记录4 999.7万字，照片6.990 9万张，录音记录87 796.72个小时，摄影记录64 344.29小时，音像资料34 711盒，电子资料35 342G。建立网站和数据库，从省中心到各个市、县（区）实现信息化联网，推进了非物质文化遗产资源信息化共享，使传习活动更便捷，提高了受众人群的规模和效果。

"齐风鲁韵"传习大课堂通过以点带面、以面带体、横向贯通、纵向发展、整体提升的发展模式，逐步建立健全公共文化服务体系与非物质文化遗产传承与保护的对接，使之真正成为群众需要的、乐于接受的、完善的、方便的"文化品牌"。自2006年举办以来，经过精心打造和不断创新发展，已经形成了在社会上有着广泛影响的公益性文化活动品牌。在全国第十五届"群星奖"评选中，荣获项目类"群星奖"。

二、社会主义核心价值体系建设对群众文化的影响

（一）人的素质对群众文化的影响

群众文化作为人类的一种创造，与人的素质密切相关，人的素质是影响群众文化发展的动力因素。其中，起决定性影响作用的是人的文化素质和思想素质。

人的文化素质指导着人们对群众文化形式和内容的现实性选择。群众文化的形式和内容是人类知识经验的结晶，人们对群众文化形式和内容的选择取决于人们的审美兴趣和审美心理，群众文化活动的参与需要一定的知识和艺术技能，而知识、审美、技能都取决于人的文化素质。

人的思想素质影响着社会对群众文化的评价，制约着群众文化的价值取向。思想素质是指人的理想、道德、纪律等方面的精神修养，思想素质健康向上的群体和个人，追求真、善、美，喜爱和参与内容健康向上的群众文化活动，这是当今社会的主流。而思想素质低俗、颓废甚至道德败坏的某些个人和群体，则追求低俗、腐朽甚至反动、色情的文化。

人的素质是可以提高的。群众文化不仅反映着人们的思想、

文化素质，而且应当通过健康向上的活动、艺术辅导和培训推动人们思想、文化素质的进步；人们思想、文化素质的进步又为群众文化灌注生气，使其获得价值的依据和内容。二者相互渗透、相互依托、相互促进，推动着群众文化的发展和人们素质的稳步前进。

(二)社会主义核心价值体系建设与群众文化

社会主义核心价值体系是精神文明建设的思想基础，是社会主义文化、思想建设的核心。群众文化参与面广、深受群众喜爱，可以润物无声地提供是非、善恶、真伪、好坏的判断标准，潜移默化地影响人们的文化、思想素质；群众文化可以大张旗鼓地宣传优秀，鞭挞丑恶，是用社会主义核心价值体系引领社会思潮的有效途径。

群众文化必须把社会主义核心价值体系的精神贯彻到群众文化建设中，把以爱国主义为核心的民族精神和以改革创新为核心的时代精神，社会主义荣辱观、社会公德、职业道德、家庭美德、个人品德、中华传统美德教育融汇在丰富多彩的群众文化活动中，作为群众文化活动内容的主旋律，发挥社会主义核心价值体系对群众文化的引导作用，提高人民群众的文化鉴别能力和文化选择能力，消除群众文化中的负面消极因素，引导群众文化健康发展。

案例：浙江省"唱响文明赞歌"文化关爱老、少、边、贫地区系列活动

"唱响文明赞歌"文化关爱老、少、边、贫地区系列活动，是浙江省文化下乡、进基层活动的独特模式。

2002年9月，为推动城乡社会主义精神文明建设，省群艺馆联络省部分有较高知名度的声乐专家发起联合倡议，组建起"'唱响文明赞歌'浙江省声乐专家辅导团"，开展"唱响文明赞歌"文化

关爱老、少、边、贫地区活动。专家辅导团汇集了浙江省群众文化系统的正、副研究馆员，以及浙江省音乐家协会、省声乐协会、省合唱协会、专业院团、艺术院校的众多声乐专家组成。活动宗旨是：面向浙江省老、少、边、贫地区，大力宣传社会公德、职业道德、家庭美德，服务基层，服务乡村，服务社区，讴歌文明。普及声乐教育，发现培养人才。辅导团的专家们完全自愿参与，分文不取，只求奉献。

2002年11月起，浙江省艺术专家辅导团先后奔赴新四军总部旧址的长兴、开化、永嘉、常山等革命老区，龙游、桐庐等畲族地区，及舟山、象山等偏远的海岛、山区，走进乡村、社区、部队、学校，开展艺术专家辅导活动和示范演出活动。与当地共同举办大、中型示范演出活动计40余场，举办声乐、戏曲、小品、曲艺、书画、摄影大型讲座70余次，开展小规模的辅导培训活动400多次，被辅导者近5 000人次，观众约20万人，取得了很好的实效，受到了各地的普遍欢迎。

2004年10月，又组建了"'唱响文明赞歌'浙江省优秀歌手展演团"。该团由浙江省数年来在全国、全省声乐比赛中获得大奖的青年歌手组成。两团以各自的优势互补，提升活动的档次和品位。后来，又先后组建了"浙江省戏剧专家辅导团"、"浙江省优秀戏剧节目展演团"、"浙江省曲艺专家辅导团"、"浙江省优秀曲艺节目展演团"、"浙江省书画专家辅导团"、"浙江省摄影专家辅导团"。如今拥有8个专家辅导和展演团队，大大扩展了"'唱响文明赞歌'文化下乡"队伍的阵营，为"文化配送"和"文化育种"拓展了活动空间，丰富了活动内容，增强了活动力量，将"唱响文明赞歌"文化下乡、进社区活动打造成省群众文化的品牌项目。

"唱响文明赞歌"文化关爱老、少、边、贫地区系列活动的特色有以下几方面。

群众文化与专业文化紧密结合。团队既有来自浙江省群文系统的专家、业余演员，也有来自专业院校、文艺院团的教授、艺术家，所有团员均为全省群众文化系统的正、副研究馆员，以及全省各大艺术院团、各大艺术院校的国家一级、二级演员，正、副教授。同时，还特邀了省内部分著名作曲家、音乐理论家等其他艺术专业的专家加盟，拓展培训辅导的内容。专业文化和群众文化结合，提升了文化活动质量与效果。

示范演出和文艺辅导紧密结合。专家们每到一地，不仅演出，还对当地音乐、戏曲、小品、书画、摄影等文艺骨干和爱好者进行辅导、培训。"配送文化"与"培育文化良种"相结合，让他们成为基层文化建设的"生力军"，让文化良种在广大的基层、农村生根、开花、结果。

大型晚会与小分队演出紧密结合。大型晚会大多是结合当地的节庆活动需要，专门策划、编排，在人口集中的县城或乡镇演出。小分队演出则进村落、上渔船、下连队，能灵活机动地为偏远山区、海岛的群众演出，把文化送到百姓家门口。两种"文化下乡"模式都赢得了基层群众广泛赞誉。

常备节目与基层群文精品紧密结合。一方面，下乡的常备文艺节目能真正融入农村生活，真正引起农民的共鸣；另一方面，积极吸收当地在全国"群星奖"及全省评选中的获奖群众文化精品节目，挖掘当地特色民间文化资源，扶持农村文化新人，让基层群众文化精品登台、乡土文化人才亮相，以满足农民自演自赏、自娱自乐、自我发展的精神追求，让基层群文精品节目资源不断发挥持续效用。

动态艺术与静态艺术紧密结合。在下基层演出的同时，举行获奖群众文化书画作品和宣传图片巡展，书画专家辅导团、摄影专家辅导团吸收当地群众文化书画，摄影干部和业余骨干为基层群众送书画、写春联，给农家拍摄全家福，为农村孤寡老人拍新年照片，丰富了该项活动的节日气氛，很受基层欢迎。

三、对外开放不断扩大新形势下的群众文化

随着对外开放的不断深入，我国与各国的政治、经济、文化交流不断扩大，国际文化生态对民族文化的影响越来越明显。因此，保持群众文化与国际文化生态的平衡，推动中国群众文化走出去，就显得十分重要。

(一)外来文化对本土群众文化的影响

首先，外来文化对本土群众文化产生影响是历史的必然，是不以人的意志为转移的。外来文化对本土群众文化的影响表现在三个方面。

第一，对群众文化传统审美意识的影响。这种影响首先表现在人们的生活中，同时也波及群众文化。如中国人喜爱红色，认为它象征吉祥，传统的婚礼也以红色为基调。红色的中国结、大红灯笼、红绸舞，装点着传统的群众文化活动场面。西方人喜欢白色和蓝色，认为是纯洁、祥和的象征，西式的婚礼以白色和蓝色为基调。随着外来文化的冲击，人们的审美观念发生变化。

第二，对群众文化形式的影响。在群众文化活动形式中，大量吸收了外来因素，钢琴、小提琴、电声乐器与古筝、二胡、琵琶一起进入了社区；外国的舞蹈和中国舞蹈共同展现在群众演出的舞台上。国外的艺术形式和文化活动形式都已经不可避免地融入了我国的群众文化活动中。

第三，对群众文化内容的影响。群众文化的形式和内容是不可分割的，在采用外来艺术形式和活动形式的同时，其内容也进入了我国群众文化活动内容。

其次，在与外来文化的交汇中发展和繁荣中国群众文化也是历史的必然。人类总是在不断吸收外来文化养分来发展自己的文化的，在中外交往日益增多的今天，中华文化要想在世界上成为强势文化，必须要从了解外来文化，到接纳外来文化，最终消化、吸收外来文化精髓，"为我所用"。我国群众文化是在坚持继承和弘扬优秀民族文化传统，吸收和借鉴世界各国优秀文化成果，与外来文化的交汇整合中不断发展的，不同文化之间的碰撞、交流和交融，可以使我们的群众文化在自身发展过程中不断地汲取其他文化的先进因素，更好地促进自身的发展。"输入—吸收—整合—输出"是国际文化生态的循环规律。

（二）中国群众文化面向世界、走向世界

中国群众文化在中华文化面向世界、走向世界中担当着重要使命。中华文化之所以绵绵五千年长盛不衰、历久弥新，其内涵在于兼容并蓄和博采众长，其力量在于文化自觉和文化自信。群众文化深深扎根于中华民族传统之中，群众文化中蕴涵着许多原汁原味的文化形态，这些都是最受国外观众欢迎和喜爱的。要拓展群众文化对外交流和传播渠道，充分利用各种资源，创新群众文化"走出去"的形式和手段，吸收借鉴世界各国优秀文化成果，提升我国群众文化的影响力和竞争力，积极推动中国群众文化面向世界、走向世界。

在经济全球化的背景下，国家间的竞争不仅表现在以经济、军事为基础的硬实力竞争空前激烈，而且表现在以科技、文化为核心的软实力竞争也十分激烈。应当看到，我国文化在全球展现独有风采和魅力的时机已然成熟。我国与世界各国经济、政治联系日益密切，生产投资贸易遍布全球，为中华文化传播奠定了雄厚的物质基础，也提供了广阔的发展空间。进入21世纪以来，随着对外文化交流更加频繁，文化传播手段更加丰富，文化创新更加活跃,我国的群众文化队伍不断地走出国门,在异国大展风采。在与各国之间开展的中俄文化年、中法文化年、中意文化周等政府间的文化交流活动中,群众文化成为重要的内容。群众文化走出去,不仅传播了中华文化,也学习和吸收着世界文化的精华;在吸纳世界文化的同时,也极大地丰富了我国群众文化,扩大了群众对文化的需求面。

案例:"福永醒狮"走向世界

醒狮是我国一项独具特色的传统民间娱乐活动,代代相传,形成了灿烂的舞狮文化。深圳市宝安区"福永醒狮"有300多年的发展历史,形成了"惊、奇、险"独特的表演特点。"福永醒狮"传承人在继承传统的基础上,加入现代的舞狮风格形成自己的套路,屡获国内外大奖,渐成我国南狮的杰出代表。

通过举办全国性的醒狮赛事,以及参与国内外各种赛事交流活动,"福永醒狮"正走向世界。福永桥头醒狮团在各地演出,2008年被列为广东省非物质文化遗产,2009年随习近平同志出访比利时参加欧罗巴利亚中国艺术节,2011年10月,代表中国参加在马来西亚神山举行的国际狮王争霸赛,荣获银奖。

近年来,深圳市非物质文化遗产保护中心每年下拨保护经费4万元、福永街道每年投入扶持资金10万元、社区每年投入5万元专项资金、企业赞助5万元,专门用于狮队训练、比赛、道具制作等开支。

案例:中法建交40年,巴黎香榭丽舍涌动中国春潮

2004年1月,为庆祝中法建交40周年以及中国猴年春节,在法国举办了中国文化年。与巴黎建立友好城市关系的北京市派出了720人的队伍参加行进表演,浓郁的北京风情舞动在香榭丽

舍大街。巴黎市长德拉诺埃和当时的北京市代市长分别为参加游行的两只雄狮点睛,北京二中学生表演"红扇舞"轻松热烈,充满青春的活力。北京新秧歌队由平均年龄50多岁的北京居民组成,队员们灵巧地挥舞彩棒和彩帕,透着十足的精气神儿。杂技演员令人眼花缭乱的高车和抖空竹表演,京剧生、旦、净、末、丑演员的戏装亮相,威武的"秦兵",娇羞的"宫女",天真的卡通人物和蹦蹦跳跃的"小猴"让沿途观众叫好不迭。

据庆祝活动的法方组织者加德·魏尔估计,香榭丽舍大街庆祝活动的观众至少有20万。正如当时中国外交部部长李肇星所说:"当中式灯笼映红香榭丽舍大街,当东方五彩文化旋风在法兰西大地上飞扬,人们领略的正是中法文化和东西方文明的和谐相处和友好交融所产生的无限魅力。"

四、文化产业的发展与群众文化的发展

党的十五届五中全会第一次提出了"文化产业"的概念。在实践中,公益性文化事业与经营性文化产业的分野日渐清晰,文化产业体系基本形成。文化产业与群众文化互为环境,交互作用,循环互补,共同影响着人们的文化生活。

(一)群众文化是文化产业衍生和发展的土壤

群众文化为文化艺术产品的生产提供了丰富的材料,为文化产业队伍提供了人才资源。许多文化产业直接把民族民间艺术和民族民间艺术团队引进产业园区,与旅游结合在一起,向旅游者展示我国各民族各地区的民族民间风情,如一些民族园;有些文化产业是把民族民间艺术加以提炼、加工,形成现代舞台艺术精品,常演不衰,如杨丽萍根据云南民族歌舞加工整理成的歌舞节目《云南印象》;有些文化产业本身就是非物质文化遗产的产业化,

如各地的非物质文化遗产园。丰富的群众文化资源为文化产业的发展提供了丰富的材料。

群众文化培养了人们对文化艺术的兴趣，扩大了文化产品的市场。群众文化辅导培训和群众文化活动提高了人们的艺术素养，增强了人们的艺术欣赏能力，使人们掌握了一定的艺术技能，也就为文化产业培育了消费市场。如马头琴是蒙古族群众喜爱的乐器，鄂尔多斯市乌审旗就有马头琴制造产业，乌审旗通过举办马头琴艺术节，牧民在欣赏马头琴演奏艺术的同时，产生了对马头琴艺术的爱好；乌审旗组织文化馆（站）在全旗开展马头琴免费培训，参加培训的群众在培训班结业式上进行技艺比赛，获胜者奖励一把马头琴。通过培训，全旗培养了 6 000 名群众马头琴手，50 余支马头琴业余文艺团队，既活跃了群众的文化生活，又为马头琴产业培育了市场。

案例：实景剧《印象·刘三姐》

壮歌，是广西壮族民歌的总称，有独唱、齐唱、重唱、对唱、合唱等多种形式。壮族青年在约定的日子像赶集一样聚集赛歌，称作歌圩，农历三月三是广西壮区最盛大、最著名的歌圩。一部《刘三姐》电影让壮歌唱响祖国大地，刘三姐也成为壮族民间歌手的代表性艺术形象。

由广西维尼纶集团有限责任公司、广西文华艺术有限责任公司等投资制作的实景演出——《印象·刘三姐》就是取材于壮歌和电影《刘三姐》。方圆两公里的漓江水域成为演出场地，十二座山峰作为演出背景，广袤无际的天穹是演出的天幕，构成全世界最大的山水剧场。四季景色不同，晴雨变化不同，演出的环境和景致也不相同。有 67 名中外艺术家参与创作，600 多人参加演出。除广西锦绣漓江艺术团、张艺谋漓江艺术学校、宜州刘三姐春光彩调艺术团参加演出外，还有沿江五个村庄的渔民参演，他们白天劳作，晚饭后划着竹排来参加演出。还有来自山区的侗族小歌手和少数民族地区的姑娘，她们以原始的嗓音歌唱，朴素的动作舞蹈，在山水之间显得很美，也很真实。

这部作品于2004年3月20日正式公演。世界旅游组织官员看过演出后如此评价："这是全世界看不到的演出，从地球上任何地方买张飞机票飞来看再飞回去都值得。"演出成为世界旅游组织最佳休闲度假推荐项目。

2004年11月，以桂林山水实景演出《印象·刘三姐》为核心项目的"中国·漓江山水剧场"（原"刘三姐歌圩"）荣获国家首批"文化产业示范基地"称号。

（二）文化产业的发展促进了群众文化的繁荣

文化产业和文化市场的繁荣，满足了人民群众多样化、个性化的文化需求，使群众的审美鉴赏能力不断提高，刺激了文化需求的增长，推动了群众文化质和量的提高。如石家庄市新华区兴办的文化夜市，把最能代表该区地域文化、民俗文化和原生态文化艺术的于底舞龙、康庄跑驴、岳村秧歌、赵陵铺火流星、东三庄舞狮等非物质文化遗产项目引进广场夜市；为辖区内传统木偶、剪纸、糖画、捏面人、脸谱、刀画、彩线编织、风筝、烙画、布艺等各具特色的民间艺人提供空间；组织辖区内文化团体、民间艺术家、广场文化志愿者队伍，开展"经典电影"、"广场表演"等"文化套餐"进夜市活动。文化夜市中注入群众文化元素，不仅满足了人民群众需求，繁荣了文化市场，也提高了群众文化水平。

文化产品的创新，特别是创意性文化产品的传播，刺激着群众文化新形式和新内容的生成。文化产业的注入，使得原有的群众文化变得丰富多彩。成都非物质文化遗产博览园的博物馆内有一个儿童非物质文化遗产体验中心——"魔幻城",是一个文化与娱乐并存的空间。它以现代及未来科技中的建筑意象为载体,打造具有时尚风情的非物质文化遗产体验区,再现非物质文化遗产世界的锦绣繁华。儿童非物质文化遗产体验中心作为非物质文化遗产体验和教育的基地,融合科技展厅、卡通剧场等功能,实现非物质文化遗产立体式的参与和互动。如带有换像技术的川剧脸谱,能让群众切切实实感受一把什么叫变脸,可以由群众拨动的琴弦也处处皆是。户外露天演出,国际非物质文化遗产时尚舞蹈和世界各地的狂欢节庆都将在这里轮番上演。大大丰富了非物质文化遗产的宣传与传播手段。

文化产业和专业文化工作者参与群众文化活动,发挥着指导、辅导与骨干作用。有许多文化产业直接参与到群众文化活动中,在各地的品牌性文化艺术节上,都有文化产业或出资、或冠名支持,专业与业余文艺工作者同台演出,已经是屡见不鲜的现象,专业文艺院团送文化下乡,进基层,到工地,已经成为常态,文化产业和专业文化工作者参与群众文化活动,为群众文化带来了新的生机。

第四节 群众文化的科学技术环境

一、现代科学技术发展对群众文化的影响

科学技术是影响群众文化的一个重要因素,在信息时代,现代科学技术的发展,特别是现代传媒手段的发展和应用,对群众文化的创新和发展起到不可估量的作用。

科学技术的发展不断开拓群众文化的新领域。互联网成为文化与科技融合最广泛使用的载体,它在实体的群众文化,实体的

文化馆(站)、演出、展览、培训之外,又开拓了一个虚拟的群众文化新领域——网上文化馆、网上演出、网上展览、网上培训,它不受时间、场地、人数、距离的限制,使群众文化有了更大的沟通范围和施展影响力的时间与空间。

科学技术推动社会生产力的发展,同时也为群众文化的繁荣提供了新的技术支撑和物质基础。现代化的科学技术设备和手段广泛应用于文化馆(站)和群众文化活动,第三次全国文化馆评估标准(2011年)中,提高了对文化馆现代化设备配置的要求,把信息网络传输和数字化服务设备,电化教育和资源数字化加工设备,现代化灯光、音响等演出和展览设备作为文化馆的必备设备列入了评估标准。要求提高了,达到等级馆标准的文化馆比例也增加了,以西部地区9个省、自治区、直辖市为例,有652个地市和县级文化馆达到等级标准,占55.39%,比第二次评估增长了30.56%。2011年,全国文化馆拥有计算机25 130台,文化站拥有计算机28 690台。说明文化馆数字化、网络化设备的配置有了很大的提高。

科学技术的发展要求人们具有较高的文化知识水准,从而刺激着群众文化,强化着教化功能,为业务培训和终身教育开辟多种途径。科学技术的发展,开阔了人们的视野,对人的文化知识水准也提出了更高的要求。人们要想顺应时代发展和科技进步,就必须学习,这就为群众文化提出了新课题——强化教化功能,拓宽培训途径。现代科技为群众文化提供了电化教育和远程教育的手段。电化教学已在文化馆(站)普遍应用,远程的辅导培训也已在一些文化馆网站展开。远程教育是指使用电视及互联网等传播媒体的教学模式,它突破了时空的界限,学习者可以随时随地上网学习,还可互相交流,极大地扩展了群众文化培训的覆盖面,为更多的人民群众提供了学习的机会。

现代科学技术产品在群众文化活动中的广泛应用，丰富了群众文化的内容和形式，提高了群众文化活动的质量。数字化设备使群众文化资源记录、保存和应用更加全面，更加方便；网络技术使群众文化信息的传播更加快捷，网上的群众文化活动(展览、比赛、征文等)成为群众文化活动新的形式，成为群众业余文艺作品的发表和传播的新平台；移动传媒的普及使人们可以随时随地了解群众文化的信息，欣赏群众文化艺术作品和活动。随着现代科学技术知识的普及，特别是面向农村的农业新技术的普及，计算机三维动画、计算机音乐制作和视频作品的制作，网络文化和短信文化等都成为群众文化的新内容。科技创新使群众文化表现形式和内容更加多姿多彩，大大丰富了群众文化的表现力，提升了群众文化的发展活力。

科学技术的发展减少了人们生产和家务劳动的时间和强度，为人们享受文化生活提供了更充裕的时间和更广阔的空间。特别是现代科学技术减轻了农业生产的劳动强度，增加了产量，给农民提供了更充裕的参与群众文化的闲暇时间；家用电器的普及，减少了人们家务劳动的强度和时间；现代交通的发达和便利，缩短了人们的距离；现代通信手段的迅捷，增强了人们之间的联系和交流。现在的人们，有了更多闲暇时间，有了更广阔的空间和更方便的选择，这为群众文化的发展奠定了广泛的群众基础。

科学技术的发展，影响着人们文化观念的更新，推动了群众文化的创新。现代科学技术的新成果，正在不断影响着人们文化观念的更新，推动了群众文化的创新。科技与群众文化密切结合，使得群众文化保持了新鲜的活力。随着科学技术的进步，一个个大自然奥秘不断被揭示，原来神秘的事物，变成了常识性的东西，这使得群众文化中许多带有宗教或迷信色彩的东西不断减少或淡化，带有科学性的形式和内容的活动逐渐增多。现代社会科学的发展，又使群众文化成为哲学、历史学、民俗学、文化社会学等学科的研究对象之一，它们从不同侧面、角度，认识、评估了群众文化的价值和作用。

二、群众文化的繁荣促进科学技术进步

群众文化的繁荣能提高人们学习科学知识的积极性，促进人们智能的增长，提高群众文化对科学的感受力、领悟力、理解力和想象力。群众文化的宣传和教化作用、普及知识的作用，使大量的科技信息在群众中传播，提高了人们认识的深度和广度，群众文化中也有大量的集散性信息载体，可以通过活动达到传播的目的，群众文化活动又通过演出、图片、美术展览等载体来传播信息，讲座、辅导等活动又直接把科学知识传播给群众。群众文化的全面性、丰富性，使群众文化的信息载体流通量日益增大。更因为群众文化活动是人们最普遍、最广泛的一种文化活动，因而也是最普遍、最广泛的普及科学知识的途径。群众文化活动对于提高全民族科学文化水平有重要意义，通过群众文化的繁荣，激发全体人民学习科学技术的积极性，促进人类智能的增长。

群众文化的繁荣，促进了人们生活方式的变化，特别是文化消费的增长；而文化消费的增长又刺激了科学技术的进步。群众文化的不断繁荣使人们原来的生活方式不断改变，这种变化涵盖多个方面，包括生活方式的变化、科学技术产品的融入、求知欲的增长，而这种变化中最显著的是文化生活上的物质消费和精神消费的不断增长。这在移动传媒技术的发展中最为明显。手机开始时只是通信工具，手机文化的发展，使手机的功能不断扩展，迅速地推动着移动传媒技术的发展，手机不断更新换代。现在，人们可以用手机上网，可以读报、读书、看电影、看戏、听音乐、进行艺术欣赏、拍照、摄像、录音。文化的发展，使人产生新的需要，从而促进了科学的进步。

三、现代传媒手段的广泛应用于群众文化新领域

随着科学技术的发展，大众传媒由过去的广播、收音机发展到今天的互联网、手机网络、网络电视，它们不仅能给人民群众带来欢乐，也为传播信息、学习知识、宣传教育提供了新的载体，同时也给我国群众文化建设提出了新的课题。能否真正使互联网成为传播群众文化的新途径、群众文化服务的新平台、人民群众文化生活的新空间，关系到群众文化事业健康发展和国家文化信息安全。

2007年以来，文化部实施了全国文化信息资源共享工程，现代传媒手段的应用迅速在各级公共图书馆和文化站、文化室推广普及，也推动了文化馆的数字化建设。2007年8月21日下发的中共中央办公厅、国务院办公厅《关于加强公共文化服务体系建设的若干意见》中明确提出"提高公共文化服务的信息化、网络化水平"，"发展和传播健康向上的网络文化，使之成为传播社会主义先进文化的新途径、公共文化服务的新平台、精神文化生活的新空间"的要求。2010年文化部、财政部在示范区创建的"创建标准"中提出"数字文化馆"的概念，2011年文化部下发了"关于进一步加强公益性数字文化建设的指导意见"，把数字文化馆建设列入了规划，2011年启动了数字文化馆建设试点。

群众文化的数字化和数字文化馆的建设应当坚持统筹规划、协调发展的原则，依托全国文化信息资源共享工程，发挥文化馆文化资源和功能的特色，建设与公共图书馆、乡镇文化站、社区（村）文化室一体的，有文化馆自己特色的数字化、网络化服务体系；应坚持需求主导、应用为主的原则，建设一批丰富适用的群众文化数字资源，加强数字文化的惠民服务；应坚持规范建设，

科学管理的原则,发挥先进信息技术在群众文化数字化建设中的积极作用;应坚持共建共享、开放共赢的原则,探索社会力量参与群众文化数字化建设的机制,努力实现优秀群众文献信息资源的广泛传播和便捷使用。

群众文化的数字化服务和信息网络建设是迎接知识经济时代的战略制高点,是群众文化现代化的重要标志之一。群众文化工作者要掌握新概念、学习新本领,建设群众文化信息网络,发展数字服务和远程服务,创建丰富多彩的网络群众文化,营造清新的网络文化氛围,从根本上确立群众文化传播的战略地位,为现代群众文化增添创新优势。

【扩展阅读】 全国文化信息资源共享工程和公共电子阅览室建设计划

全国文化信息资源共享工程是利用现代信息技术,将中华优秀文化进行数字化加工整合,通过互联网、卫星、电视、手机等新兴传播媒体,依托各级公共图书馆、文化馆(站)、文化室等公共文化设施,结合全国农村党员干部现代远程教育工作、农村中小学现代远程教育工程、广播电视村村通工程等,实现先进数字文化在全国范围内共建共享。2007年以来,中央本级累计投入专项资金3亿元。到2010年底,各级财政累计投入63亿元,已建成1个国家中心,33个省级分中心,2 867个县级支中心,2.3万个乡镇基层服务点,59.7万个村基层服务点,资源总量达108TB,其中,全国文化信息资源建设管理中心的数字资源建设总量已达35.9TB,包括视频类资源55 670部(集),共29 196.24小时,服务人次超过9.6亿。

公共电子阅览室建设。为更好地满足广大人民群众特别是未成年人、进城务工人员日益增长的精神文化需求,2011年文化部、财政部决定于"十二五"期间在全国范围实施公共电子阅览室建设计划。计划到2015年,实现公共电子阅览室在全国所有乡镇和街道、社区全面覆盖。2011年,中央财政安排专项资金2亿元,主要用于中西部设备更新和补充、东部设备奖励以及服务和技术平台建设3个方面[①]。

规划"十二五"期间要建立"公共文化数字资源基础库群,包括文化民生基础库、中华优秀文化库、地方特色文化资源库、红色历史文化多媒体资源库等,到2015年,文化共享工程数字资源的建设总量要达到530TB,视频资料时长达到33万小时,资源总量不少于500个"[②]。

【本章小结】

本章从自然环境、社会经济环境、文化环境、科学技术环境四个方面,阐述了客观环境对于群众文化生存和发展的影响,特别是现实的社会经济发展环境、文化环境和现代科学技术发展对于群众文化和群众文化事业发展的影响。

认识和把握客观环境对于群众文化的影响,重点在从本地区的自然环境、社会经济发展水平、文化传统和文化交流环境的实际出发,创新群众文化的内容和形式,创新群众文化服务的模式和方法,推动群众文化事业的发展。

利用现代传媒技术发展群众文化,建设群众文化信息网络,发展数字服务和远程服务,创建丰富多彩的网络群众文化,是群众文化在信息时代的战略制高点,是现代群众文化发展的重要内

[①] 为文化改革发展提供有力支撑——近年来文化重点投入项目一瞥[N]. 中国文化报, 2012-07-13(7).

[②] 参见文化部下发的《全国文化信息资源共享工程"十二五"规划纲要》.

容和方向，是每一个群众文化工作者的责任。

【思考题】

1. 你所在地域的自然环境和文化环境的特点是什么？它们对当地群众文化的发展有什么影响？

2. 社会经济的发展要求群众文化走产业化的道路，对于这一说法你是怎么认识的？

3. 群众文化应如何适应信息网络技术的发展和现代传媒手段的广泛应用？

【推荐阅读】

1. 郑永富. 群众文化学［M］. 北京：中国国际广播出版社，1993.

2. 赵红川. 信息化发展与公共文化服务变革［EB/OL］.（2011-03-03）［2012-12-01］. http://www.cpcss.orgl-d271342568.htm.

3. 中共中央关于深化文化体制改革、推动社会主义文化大发展大繁荣若干重大问题的决定（2011年10月18日中国共产党第十七届中央委员会第六次全体会议通过）.

第四章　群众文化的形态划分

【内容提要】

通过对本章的学习，了解不同群众文化形态的含义、基本特点、作用及相互关系，理解在城乡一体化建设中不同形态群众文化的地位和作用，能够运用上述概念，分析本地区群众文化形态的特点和发展趋势及其与其他群众文化形态的关系，做好群众文化工作。

第一节　城市群众文化与社区群众文化

一、城市群众文化

（一）城市群众文化的基本概念和特征

城市群众文化是指在城市地域形成的以适应异质性非农业人口多层次文化生活消费需要的一种社会性文化[1]。

城市是周围地域的政治、经济、文化的中心，人口密集，身份复杂、居民以非农业人口为主，城市交通方便，经济繁荣，文化发达。与城市这些基本特征相适应的城市群众文化，呈现出层次性、开放性和示范性的特点。

层次性。城市群众文化的服务对象，主要成分是干部、职员、工人、教师、学生、医务人员、工商业者、外地务工人员等，有

---

[1] 郑永富. 群众文化学[M]. 北京：中国国际广播出版社，1993.

些城市还包括外国侨民，他们在职业、收入、教育水平、文化程度、文化习俗上差异大，异质化程度高，对文化生活资料的消费个性化程度高。城市的文化设施比较健全，文化市场比较发达，文化生活的方式比较多。多样化的文化需求、多种形式的文化传播手段，多层次的社会文化生活与客观时空，形成了城市群众文化的层次性特征。

　　城市群众文化要适应城市不同层次社会成员的多方面需要。城市群众文化活动不仅数量多、质量高，而且内容和形式要多样化，特别要针对不同的职业和知识层次展开有效的活动。如街头的群众文化活动是城市市民最方便、最普遍的一种活动形式，深受普通市民的欢迎。北京市的海淀区是高新技术产业区和高等院校的集中区，高知识阶层社会成员对于街头的群众文化活动不感兴趣，还经常提出意见，这就需要根据他们的文化需求，开展如"文化沙龙"等形式的群众文化活动。城市群众文化资源虽然比较丰厚，但存在着"小、散、杂"现状，难于满足城市居民多层次的文化需求，必须使城市的群众文化格局向"大整合、大利用"转变。2008年杭州市提出的"群众文化集约化、一体化运行"创新构想，增强全市各级群众文化机构的协调配合，加强全市群众文化资源要素的合理配置和资源的整合利用，从而形成三级联动、区域共建、运转有序、服务高效的群文工作组织运行机制。城市群众文化活动的开展能给城市增添浓厚的文化色彩，有不少群众文化活动成为城市的一道亮丽景观，提升了城市文化和市民生活品位，促进了城市社会成员文化素质的提高。

　　开放性。现代城市具有开放性的特点，城市不仅是本地域的文化交流中心，许多城市还成为国内外的文化交流中心。随着改革开放的进展，国内外的文化交流在西部地区许多城市也广泛开展，如内蒙古自治区的鄂尔多斯市，不仅举办鄂尔多斯国际那达慕大会，各旗还有漫瀚调艺术节、马头琴艺术节、萨拉乌苏民间艺术节等多项文化交流活动。在这种社会背景下，城市居民的道德观念、价值观念、审美情趣和文化心理等产生了深刻的变化，传统观念的束缚较小，有较强的求新心理，这就使城市群众文化具有内容丰富、时尚性强、形式繁多、更新变化快等特点。

为了适应这一特点，城市群众文化要注意三个问题。第一，大力推进城市群众文化创新。对优秀传统文化思想价值的挖掘和阐发，要维护民族文化基本元素，融进现代意识，以新的内涵来提升，新的形式来表现，运用现代科技手段来传播，以适应城市居民审美情趣的变化，使优秀传统文化成为新时代鼓舞人民前进的精神力量。第二，要坚持先进文化的前进方向。创作和推出大批内容生动健康、形式新颖多样、具有强烈吸引力和感染力的群众文化活动，使群众文化从内容和形式上充分反映时代进步的要求和人民群众的期待，始终保持先进文化的生命力和创造力，才能更好地满足城市人民群众不断变化的文化需求，提高人民群众的文化生活质量，并在纷繁芜杂的思想文化变动中发挥群众文化的引导作用。第三，加强城市群众文化的交流。现代城市群众文化呈现出区域性群众文化之间相互渗透的特征，一方面，城市群众文化需要以输出的形式向外传播，以扩大影响；另一方面，城市文化又需要从外界吸收营养，以提升品位。所以，通过各地区（城市）群众文化的相互交流和广泛结盟，相互借鉴，达到使自身增值与发展的目的，是现代城市群众文化发展的必经之路。

示范性（或代表性）。作为一种地域性群众文化，城市群众文化代表了该地区文化的总体特征。本地域优秀传统文化成果在城市群众文化中都能体现，而且是高水平的体现，成为本地域特色群众文化的代表和示范。同时，随着社会经济的发展和文化交流的扩大，城市群众文化总是最先接收到现代文化发展的信息，最先接受和运用新的文化活动形式和新的文化载体，使城市群众文化走在本地区群众文化的前列，发挥着引导和示范的作用。

（二）城乡群众文化的一体化发展

加快城乡文化一体化发展。增加农村文化服务总量，缩小城乡文化发展差距，对推进社会主义新农村建设、形成城乡经济社会发展一体化新格局具有重大意义[①]。城市群众文化在城乡文化一体化发展中发挥着重要的作用。

首先，群众文化体系的基本单元（或基本层级）是以城市为中心构成的，即以地市或县级文化馆为中心，连接乡镇综合文化站、村文化室的群众文化的基本单元。地市和县级城市的文化馆是最基层的专业性的群众文化机构，以其为中心构成的群众文化基本单元涵盖了群众文化产品的生产与供给的各个环节，是一个比较完整的服务体系。下面的乡镇（街道）文化站、村（社区）文化室，都只是群众文化服务网络的结点和终端，不构成比较完整的体系。

其次，城市人口集中，群众文化资源雄厚，群众文化活动的规模大、种类多、水平高，对于农村群众文化发展发挥着辐射和支援作用。这种作用是在城市群众文化和农村群众文化的互动与交融的过程中实现的。要建立和完善城市对农村的群众文化援助机制，如动员党政机关、企事业单位和群众团体广泛开展城乡文化共建活动，开展业务合作、人员培训、工作指导等多种形式，推动农村群众文化建设；鼓励文化馆等公益性文化单位面向农村提供网点服务、流动服务，建立流动服务平台；扶持文化企业以连锁方式加强基层和农村群众文化网点建设，支持演艺团体深入基层和农村演出；运用现代数字技术、网络技术、信息技术拓宽

---

① 中共中央关于深化文化体制改革、推动社会主义文化大发展大繁荣若干重大问题的决定（2011年10月18日中国共产党第十七届中央委员会第六次全体会议通过）。

农村基层群众文化服务空间，增强服务效果，提高服务品质。

再次，城市群众文化既要努力继承我国优秀的文化成果，又要努力创造现代化的文化成果，发挥对农村群众文化的引导与示范作用。农村有着丰富的群众文化资源，要在城市打造农村群众文化展示与传播平台，把农村的优秀群众文化产品和优秀群众业余文艺团队引进城市，既丰富城市居民的文化生活，又能使农村群众文化与城市群众文化互相学习，取长补短，共同提高，还能帮助和引导农村群众文化走进城市，走向全国甚至世界。

最后，要统筹城乡群众文化发展，发挥城市文化中心作用，以城带乡，形成城乡群众文化发展一体化新格局。要结合区位优势、群众文化资源分布及资源特色，合理规划城乡群众文化功能布局，增加农村群众文化服务总量，缩小城乡群众文化发展差距，努力提高农村群众文化服务水平。形成以城市为中心、集镇为纽带、乡村为基础，城乡依托、互利互惠、相互促进、协调发展、共同繁荣的城乡群众文化一体化发展新格局。

案例：成都市的城乡文化统筹发展

成都市是全国统筹城乡综合配套改革试验区，在公共文化服务体系示范区建设中，成都市将城乡公共文化服务建设纳入城乡统筹发展，统一部署安排和推进。

成都市把城乡群众文化一体化发展纳入"文化之都"建设的总体规划，着力打造五个"文化之城"，即"图书馆之城"、"文化广场之城"、"非物质文化遗产之城"、"博物馆之城"和"文化创意之城"。

成都市统筹推进全市的乡镇（街道）综合文化站建设。全市315个乡镇（街道）均建成了面积最小500平方米、最大2 800余平方米的综合文化站，并设有2 000平方米以上的群众文化活动广场，以及最低15万元、最高200余万元的设施设备。

成都市设立了乡镇公共文化服务经费。按照中心城区、近郊区、远郊区常住人口每人每年10元、8元、6元的标准纳入县级财政预算，市财政按照每人每年2元标准转移支付远郊市县。

成都市将村级公共服务纳入市财政预算。在已纳入市财政预算的村级社会管理和公共服务专项资金（每村/社区每年30万元），每年按照不低于10％的比例落实村（社区）综合文化活动室常年运行经费，每年每个村将落实不少于3万元。

成都市建立政府采购机制，每年采购1 000场以上近年获国家、省、市艺术奖项的精品节目和集思想性、艺术性、观赏性于一体的节目下乡演出。使"送文化"常态化、制度化。

成都市实施"百千万工程"，开设100所以上的市民文化艺术学校（辅导站），建设1 000名以上持证上岗的文化艺术骨干辅导员队伍。建立10 000人以上的文化志愿者队伍，建设宏大的基层文化人才队伍。

成都市实行"一馆一团一车"，为市属演艺团体配备了3台流动舞台演出车，为二、三圈层14个涉农区（市县）的文化馆配备了1台文化（科技）服务车，提升公共文化流动服务水平。

二、城市社区群众文化

（一）城市社区群众文化的基本概念和特征

广义的社区，是指由相当居民组成的、依赖一定资源生活其中的、具有内在活动关系和文化维系力的地域性共同体[1]。本文所讲的社区是指城市中与行政村同一等级的行政区域，在这一区

---

[1] 张宝峰. 社区管理[M]. 郑州：郑州大学出版社，2006：2.

域内，按照居民自我管理、自我教育、自我服务的原则设立基层群众性的自治组织——居委会。

城市社区群众文化是指在一个城市社区内以所有居民共同的文化认同为基础，以满足社区居民文化生活需求为目的、以文化艺术为主要内容的社会性文化，是社区文化的重要组成部分。它具有以下几个特点。

地域性。社区是一个地域性的概念，因此，社区群众文化也必然会具有鲜明的地域性特征。社区群众文化是一种在特定区域内产生和发展起来的文化，不可避免地打上该地区的烙印。当人们开始在某一共同地域中进行社会生活的时候，就会发生各种联系与互动，并在此基础上逐渐形成某种共同的文化生活方式、文化心理、价值观念、习俗风尚、审美情趣、艺术爱好，等等。而正是这些在共同的地域基础上形成的各种群众文化活动，构成了社区群众文化中最为主要的内涵。

便利性。城市社区群众文化本质上是一种家园文化，社区开展的群众文化活动就在家门口，就近与就便是其特点也是优势，社区内普通群众都能广泛参与。社区群众文化也是一个地区整合文化资源、开展群众文化活动、丰富市民业余文化生活的有效载体。

自发性。社区群众文化是以社区全体居民的参与为基础，以自助与互助相结合的社会公益活动，是在社区群众相互交往和相互作用中形成的，是社区群众共同创造的产物。自发性还意味着社区居民自主的文化选择，要强化社区群众的主人翁意识，倡导特有的健康的群众文化活动，增强社区居民的归属感，维系社区良好的人际关系，提高居民的生活质量，推动社区形成良好的社会风尚与社会秩序。

兼容性。社区群众文化以文化艺术为主体，融社区观念文化

（价值观、道德舆论、健康心态等）、社区教育、社区体育、社区科技等为一体，阵地合一、互相渗透、交融发展，满足社区群众不同层次多样化的文化需求。

(二) 城市社区群众文化的特殊作用和发展趋势

1. 城市社区群众文化的特殊功能

社区群众文化具有沟通社区人际关系，促进和谐社区建设；增强居民社区归属感，增强社区向心力；对居民价值观念和行为的导向和规范；提高居民综合素质；满足居民文化娱乐需求等特殊作用。

社区群众文化首先是满足社区居民的文化生活需求。在满足社区居民文化生活需求的同时，通过社区群众文化活动，增强邻里之间、家庭内部的和睦的氛围。现代城居高楼大厦的厅室为多，邻里之间鲜有往来；现代生活，工作节奏快而闲暇时间增多，家庭生活如果没有充实的内容，成员之间的摩擦也就在所难免。社区群众文化活动的开展，给邻里提供了相互了解的机会，也给家庭精神生活提供了新的形式和内容。人们在充满审美情趣的娱乐、休闲、体育锻炼的过程中体味着真诚、关爱、和谐的美丽和欢乐。社区群众文化可以使社区共同体在各种文化活动中加深了解、沟通关系，创造和谐、友善、互助的人际关系，营造一种家园意识，形成特有的本社区风格的文化，让居民形成我是"某社区人"的认同感、归属感和自豪感，有助于增强社区共同体的凝聚力和向心力。社区群众文化活动弘扬先进文化，倡导健康的生活方式，加强科普、保健宣传，运用丰富的文艺形式对群众进行教育，把党的方针政策送到千家万户，提高群众文化素养，发挥着居民价值观念和行为的导向和规范作用。

2. 城市社区群众文化的发展趋势

社区群众文化需求日益增长。随着我国社会经济发展，社区居民生活水平提高，闲暇时间增多，文化需求也不断增长。人们在居住条件改善、生活水平提高、闲暇时间增多后，对精神及文化生活表现出极大的渴求。主动寻求参与、积极自发组织，使社区群众文化活动呈现出人气旺盛、场面热烈、活动频繁、洋洋壮观的局面。强烈的文化渴望和需求，推动了社区群众文化活动蓬勃开展。

社区在满足居民文化需求中的作用越来越显著。随着改革的深入特别是随着社会主义市场经济体制的建立和完善，人们对企业、事业单位的依存程度弱化，逐步由"单位人"向"社会人'转变，更多的人趋向于把社区作为满足文化需求的主要场所。随着政府职能的转变，"小政府、大社会"格局正在逐步形成，党和政府对社区文化高度重视，加强社区文化建设，加大投入建设文化设施，建立社区文化活动中心、添置设备和器材、培养社区群众文化骨干、成立社区业余文艺团队、组织开展各类社区群众文化活动、开展"四进社区"活动等，一切文化惠民的措施，都在社区体现。社区成为城市居民的主要文化载体。

社区在公共文化服务体系中的地位不断提升。随着我国城市化进程的加快，社区出现了新的发展趋势。一是农民社区的发展，在社会经济发展快的地区，农村已经实现城镇化，过去的建制村已经成为农民社区；许多地区在城乡一体化建设中实施生态移民战略，转移安置山乡农民，原来几个村的农民集中住进"新村"，成为同一个社区的新市民。二是在一些经济发达地区，街道文化站的功能相对减弱，有的只有机构而没有设施，社区文化中心成为基层最主要的文化阵地，其规模较过去的街道文化站还要大，组织形式与功能还要先进。

社区群众文化的共建共享。我国城市社区文化资源存在着严重的条块分割问题，一方面，社区文化资源严重不足；另一方面，社区内单位的文化资源闲置，得不到很好的利用。社区群众文化冲破了条块管理的体制，正在形成各政府部门互相协调，社区内各单位共同参与，联合建设、资源共享的新格局。

深圳市在社区文化共建共享方面发展较快，如罗湖区以"不求所有，但为所用"的原则，协调辖区单位组织力量，广泛参与社区文化建设，走"资源共享"之路；福田区水围社区为此还专门设立了社区共建协调议事机构，负责社区共建工作的计划制订、工作实施与信息交流，以及社区资源共享的开发。宝安区宝民社区与辖区中小学校实行图书馆共建共享，既节约了场地费用等资源，又丰富了图书资料，较好地满足了居民和中小学校的文化需求。

案例：南昌市"社区文化在线"

南昌市的"社区文化在线"包括文化活动阵地在线与文化数字网络在线的双线多元化服务机制。

文化活动阵地在线，形成"一点两面三线"总分式社区文化服务圈。"一点"即群艺馆、文化馆作为服务中心，总体上承担区域性公益文化职能。"两面"即两个方面。一个方面是加强社区居民文化需求调查，每个社区设有一名文化专业干部，每天由一名辖区文化志愿者统一受理整理居民的文化活动信息，反馈服务质量数据，保证居民文化需求上线的及时性；另一个方面是协调全区域文化资源共享，建立了社区"十大"艺术门类（器乐、声乐、舞蹈、曲艺、戏剧、摄影、美术、书法、文学和民俗）人才库，收集了541名骨干艺术人才资料，有力地促进了全区文化活动队伍的日益壮大。"三线"即建立以文化馆为龙头的文化馆与业务工作部门的指导沟通渠道，业务工作部门与专业技术人员和社区文化辅导员的培训指导渠道，专业技术人员和社区文化辅导员与社区居民的文化宣传普及渠道。

文化数字网络在线，包括创建西湖数字文化信息平台，开通社区文化服务咨询电话热线、开办一批社区内网站。利用现代数字化科技手段把社区居民所需要的文化信息、文化服务内容传播到每户居民。南昌市还将各级文化馆、站、室的公益性服务的质与量实行在线公开，对文化从业人员的辅导、创作、社会评价均实现网上公示。

"社区文化在线"实现了全义务、全覆盖、全方位服务，形成了一个大社区大文化完整便捷的"惠民服务圈"。每年以"丰富文化生活、构建和谐社区"为主题，举办绳金塔庙会、社区文化艺术节、"绳金塔"杯社区故事创作演讲大赛、"绝对英雄——社区乐翻天"、"文化旅游进社区——假面篝火晚会"、"和爱万家——五一假期社区行"等群众文化活动，成为社区群众文化的展示平台。通过"社区舞台"大家唱、"家庭才艺大比拼"、"健身竞技大展示"等活动形式，广泛组织文化"进社区"。各社区因地制宜组织开展歌舞、健身、球类、棋类等社区文化活动达千余场（次）。其中举办各类大型社区文艺演出活动 1 000 多场（次），参加活动的社区居民达 60 余万人次。90%的群众认为近年来全区经济社会面貌变化明显，100%的群众对社会发展前景持乐观态度。

"文化在线"以其文化活动品牌化，居民参与全员化，网络覆盖纵深化，资源共享常态化，绩效考核数字化的"五化"特征，为社区提供了良好的文化发展环境，吸引并尽可能满足了不同文化背景、不同文化程度、不同年龄、不同性别和不同职业的社区居民的广泛参与，帮助每个社区居民广泛享受基本文化权益。

案例：云南省昆明市的"城市社区文化沟通协会"

昆明市辖 5 区、1 市、8 县及 4 个开发区，建立了 366 个社区文化室，社区文化活动室平均面积达到了 80 平方米。为推进社区文化建设，社区建立了包括驻地的党政军机关、社会团体、企事业单位、社区各阶层代表参加的城市社区文化沟通协会，充分发挥其统领、组织、自治作用，协调社区内、社区之间的文化建设，实现文化惠民、育民、乐民功能。

协会开展的社区文化活动包括以下几类。

利用文化信息资源共享工程，举办社区居民素质教育网络培训学校，邀请社区内的专家学者举办知识讲座。

建成文化低保名录库，构建文化惠民低保网络，实施文化扶贫。

定期组织社区业余文艺团队在社区广场上举办各种主题的"大家乐"文艺活动，把"大家乐"文化广场打造成为社区文化活动开展的主阵地。

通过现代媒介平台，为社区居民设立便捷的主题服务专区。例如：开通社区文化沟通网站及QQ群；整合社区内各行各业的专家资源作为咨询顾问，收集整理各类专业知识成立社区知识储备库，开通社区服务专线。创办社区手机报，每天，以手机短信形式发送社区文化活动、热点新闻、通知、公告到每个社区居民手机。

开展主题性文化沟通活动，如"社区一家亲"活动，外来务工者文化活动周，主题邻里节活动（百家宴活动、家庭藏品交流活动等）。

建立社区文化沟通协会的保障机制。

组织保障。文化沟通协会依据相关法律、规定按相关程序到民政部门审批、登记、备案。

制度保障。制定社区文化沟通协会服务标准，制定本社区的协会发展规划。

经费保障。建立和完善按项目、按比例分担的基层文化建设和运行的经费保障制度，确保社区文化沟通协会的正常运转。

人才保障。从社区内挖掘各类有专长的文化人才，加入到社区文化建设队伍中来，发动社区内或理事成员单位内有文艺特长的居民参与到社区文艺志愿者队伍中来，组成一支社区文化志愿者队伍。利用社区内编制，鼓励大学生、相关院团的文艺人才投身社区文化建设。加大对社区文化人才和文艺团队的培训力度。

激励机制。政府每年组织对全市社区文化沟通协会工作进行评比，对成绩突出的协会，给予表彰奖励。

第二节 农村群众文化、集镇群众文化与村落群众文化

一、农村群众文化

农村群众文化是指聚集在农村地域范围内的社会成员在农业生产劳动中形成的一种社会性文化[①]。

(一)农村群众文化的主要特征

农村地域的一般类型和特点，以及与此相联系的农民群众的生产、生活特点，以及审美习惯，决定了农村群众文化直观性和季节性的主要特征。

直观性，是指农村群众文化在内容和形式上保存着较多的直观性。农村居民的总体文化艺术修养相对滞后，且接受水平参差不齐，因此农村群众文化在形式和内容上要适合农民群众文化需要和审美特点，即形象化处理的直观性，使农民群众在接受某种

---

① 郑永富. 群众文化学[M]. 北京：中国国际广播出版社，1993.

文化形式和文化内容时，易于理解，可以逐步吸收、逐步消化。我国农村存在着大量的优秀传统文化，包括传统节日、民族民间艺术、民风民俗等，都具有直观性的特点，这种直观性是在历史发展中自然形成的，为广大农民群众熟悉和喜爱。因此，农村群众文化要依托传统节日、重大节庆和民族民间文化资源，组织开展群众乐于参加、便于参与的群众文化活动。还要看到，随着农村社会经济的发展，农民的艺术素质在不断提高，求知、求新的审美情趣在不断发展，产生了新的文化需求，农村群众文化也要创新，要加强农村题材群众文化产品的生产，不断提供新的内容和形式的群众文化产品和活动。但是，直观性的特点依然存在，农村群众文化活动和农村题材的作品，在内容的设计上应联系农村实际和农民普遍关心的问题；形式上应采用平实、通俗、能触发农民群众感情的艺术形式。

季节性，是指农民群众在文化活动的时间或空间的安排上，具有像农业生产那样的季节性。农业生产劳动农忙季节性的特点，决定了农村群众文化农闲季节性的特点。农村文化活动一般在农闲季节和传统节日中容易开展，农家传统节日大多在农闲时，这时候，时间空闲，空间宽阔，精力充沛，农村群众文化活动容易开展，效果也显著。季节性是贯串农村全年群众文化活动的一条线，是最能体现农村群众文化价值观认同的标志。农村的群众文化活动，"文化下乡"等文化惠民活动，特别是较大型的活动都要注意农村群众文化的"季节性"特点，安排在农闲时间进行。而在农忙期间，则应采取小型、多样、灵活的群众文化活动方式进行，如开展田间文化、大院文化、饭场文化、牧场文化等活动。

(二)加强农村群众文化建设是群众文化的重中之重

农村文化资源相对缺乏，群众文化产品和服务供给不足，群众文化活动相对贫乏，城乡群众文化发展水平差距较大，是群众文化建设的薄弱环节，农民群众文化需求与供给的矛盾更加突出。需要采取有效措施，切实加以改变。加强农村群众文化建设要注意以下几个问题。

第一，在加强农村文化基础设施建设，提高其利用率的同时，大力发展农村民办文化。积极扶持热心群众文化公益事业的农户组建文化大院、文化中心户、文化室、图书室等；大力扶持民间职业剧团和农村业余剧团的发展。

第二，农村群众文化活动要贴近群众生产生活实际，坚持业余自愿、形式多样、健康有益、便捷长效原则，丰富和活跃农民群众精神文化生活。充分利用农闲、节日和集市，组织花会、灯会、赛歌会、文艺演出、劳动技能比赛等活动。并根据时代的特点和农民群众精神文化需求的变化，不断充实活动内涵，创新活动形式。

第三，着力发展农村特色文化。加强对农村优秀民族民间文化资源的系统发掘、整理和保护。开展"民间艺术之乡"、"特色艺术之乡"活动，形成"一乡一品"、"一村一品"特色文化活动。

第四，建立城市对农村群众文化的援助机制，推动群众文化资源配置向农村倾斜。如开展文化科技卫生"三下乡"、文化对口支援活动。对重要项目和产品采取财政补贴，以政府采购的方式，直接送到农村。发挥流动文化车、文化小分队的作用，使农村流动文化服务经常化。鼓励和组织专业文化工作者到农村辅导群众文化活动。

第五，加强农村群众文化队伍建设。稳定和发展专兼职结合的农村群众文化队伍，加强教育培训，逐步提高队伍的整体素质。积极培养农民群众文化骨干，发展农村业余文艺团队，发挥他们在活跃农村群众文化方面的作用，巩固农村群众文化建设的群众基础。

案例：山西省长治市的农村群众文化建设

长治市在公共文化服务示范区建设中把农村群众文化建设作为重点突破的薄弱环节，他们的做法包括以下几点。

加强农村文化设施建设与发展农民自办文化相结合。全市132个乡和3 452个建制村全部建成文化站和文化活动室，并配备设备，解决文化站396个编制，落实3 452名村级文化管理员，制订培训计划，健全培训制度，开展培训，使其正常开展活动。开展"群众文化社会参与"研究，完成了"群众自办文化研究"的调研报告，出台了《关于进一步加强群众文化社会参与的指导意见》，推动了农民自办文化的发展。

形成了农村"文化低保"工程、特色传统群众文化活动和具有长治特色的小型群众文化活动相结合的群众文化活动体系。包括：从2007年开始实施农村"文化低保"工程，每年投入500万，为农村贫困地区送戏、送电影、送书；建立流动文化服务网络，开展流动图书、演出、展览、电影系列服务；形成了武乡县八路军文化艺术节、长治县天下都城隍祈福节、沁县北方端午节等传统大型群众文化活动；开展具有长治特色的大院文化、饭场文化、星期天文化。

案例：江西省宜春市上高县"一乡一色"、"一村一品"特色文化建设

宜春市上高县注重培植"一乡一色"、"一村一品"特色文化。目前，320国道百里文化小康走廊形成了泗溪镇农民版画、敖山镇农民书法、锦江镇农民摄影、徐家渡九峰佛教旅游文化、田心三八影社等乡镇特色文化。并以320国道为中心，向四周乡镇辐射，形成了塔下乡妇女剪纸、新界埠乡农民书法、蒙山乡农民油

画、南港乡农民藏书票、芦洲乡农民乐器、翰堂镇农民体育等特色文化带。与此同时，还着力打造了以泗溪镇杜家村的农民版画、敖山镇洋林分场的职工书法、塔下乡田北村的妇女剪纸、锦江镇石湖村的罗家文化大院、芦洲镇新桥村的农民乐器、南港镇梅沙村的农民藏书票等有文化特色的"一村一品"文化工程，真正形成了"一乡一色"、"一村一品"的特色文化格局。

在这些特色文化品牌中，上高县以上高农民摄影、泗溪农民版画、南港农民藏书票、塔下妇女剪纸等为亮点，不但形成了规模，而且硕果累累，享誉海内外。据统计，上高县已拥有农民摄影协会会员1 200余人，创作摄影作品10 000多幅，在市级以上发表、展出作品8 000多幅，获奖1 000多幅，被誉为"中国农民摄影艺术之乡"。泗溪农民版画协会会员250余人，创作版画作品2 000余幅，在市级以上发表、展出500多幅，获奖50多幅。南港农民藏书票协会会员130多人，创作藏书票达500多幅，在市级以上发表、展出作品300幅，获奖100多幅，被誉为"中国农民藏书票艺术之乡"。塔下妇女剪纸协会会员120人，创作剪纸作品500多幅，在市级以上发表、展出200多幅，获奖50多幅。

二、集镇群众文化

集镇群众文化是指介于农村和城市之间行政建制镇形成的以兼容非农业居民和农业居民的文化需求为主体，并且吸收和消化城市群众文化后的一种社会性文化[1]。

集镇又称小城镇，是具有一定人口规模并聚集着一定比例非农业活动的聚落。在我国，按有关行政规定划分，集镇分为建制

---

[1] 郑永富. 群众文化学[M]. 北京：中国国际广播出版社，1993.

镇和乡镇两种；根据集镇在一定区域所处的位置，又可以将集镇分为县城镇、中心镇和一般集镇三种类型。

(一) 综合性(或延伸性)是集镇群众文化的基本特征

综合性(或延伸性)是指集镇群众文化具有较强的综合性和社会性，体现在两个方面。一是集镇群众文化体现着城市和农村两种文化的交融和结合，形成集镇地域别具一格的群众文化。这是由集镇所处的城乡之间的地理位置、混合型人口结构和具有城乡接合的文化生活方式的特点所决定的。集镇设有最基层的群众文化机构，较之于村落群众文化功能比较健全、有一定的辐射能力，更具参与的吸引力，成为群众文化网络中的一个结点。二是集镇群众文化不仅包括各形态类型的群众文化艺术活动，还延伸到时事政治宣传、科学普及、广播、电视、电影、教育、体育等领域。集镇设置的乡镇综合文化站之所以称为"综合"，就是因为它已经不是文化馆类型的单纯的群众文化机构，而是一个综合性的文化机构。

我国集镇正处于城市化的进程中，其文化生活方式既带有农村特色，又受到城市生产和生活方式的较大影响，集镇群众的文化参与意识、对群众文化质和量的要求迅速增长。集镇城市化过程也是一个城市的观念形态、生活方式和文明规范的扩散过程，是一个农村意识、行为模式和生活方式向城市化转变的过程。城市中惯有的生活方式，此起彼伏的流行时尚不时在集镇中率先留下痕迹，而当地乡村所长期留存的风俗民情、文化习惯也在集镇社区成员的生活方式中留下了历史的烙印，集镇群众文化将吸收进来的城市文明，经过融合再创造，使城市文明"乡土化"，与当地风俗传统相结合，从而成为一种具有地区性、时代性、为群众所喜闻乐见的集镇文化。

(二)集镇群众文化在城乡文化交流中具有桥梁作用

集镇人口较多,居住比较密集,对周边乡村来说,自然是当地政治经济文化的中心;集镇较农村而言,文化较发达,设施较完善,又是农村群众的社会交往中心,因而成为现阶段城乡群众文化交流的主要场所;集镇地处城市和乡村之间,又成为沟通城乡群众文化的纽带;"文化下乡"等各项文化惠民的措施都是以集镇为结点向乡村辐射的。集镇群众文化既要满足集镇居民的文化需求,又要发挥对周边乡村的导向功能、辐射功能和示范功能,对加速我国农村群众文化建设有着特殊的作用。

我国的农村群众文化要形成以城市为中心、以集镇为结点、以村组为辐射点的群众文化服务体系的基本单元。要提高集镇群众文化设施和活动的现代化水平,以集镇为依托推动村级文化设施和群众文化的建设。

集镇文化资源相对于城市来讲还是比较贫乏,长期以来乡镇综合文化站馆舍陈旧、设备简陋、缺乏经费、文化站工作人员专干不专等问题,严重影响了集镇群众文化的发展,难以发挥其对周边乡村的辐射功能。在农村群众文化建设中,特别要加强集镇群众文化建设。"十一五"期间国家实施了"乡镇综合文化站建设工程"、"乡镇综合文化站内容建设工程"和"送书下乡工程"。中央财政投入39.48亿元,新建和扩建了2.67万个面积在300平方米以上的乡镇综合文化站;投入2.59亿元,为列入规划的乡镇综合文化站配备文化共享工程和开展文化活动必需的设备、器材、图书;投入1.2亿元,为592个国家级扶贫开发重点县、6 614个乡镇配送内容健康、实用性强、可读性强的图书1 060万册;2011年实施文化站免费开放,进一步解决了集镇群众文化活动经费问题。极大地提高了集镇文化站的服务能力。当前,要充分发挥乡镇综合文化站的功能,以集镇为中心开展丰富多彩的群众文化活动,指导和推进农村群众文化建设。如在集镇组织开展的纪念性节日活动、传统性节日活动，尤其是"集期"、"庙会"期间的群众文化活动，其参与者绝不仅仅局限于集镇居民，必然涉及集镇周边城市和乡村的人民群众。这种文化功能的辐射作用是显而易见的。这种辐射功能的发挥能促进城乡文化的融合，不仅使城市文明更通畅地向农村渗透，加速农民传统观念的更新，而且对集镇群众文化的繁荣也起到了催化剂的作用。

案例：天津市静海区乡镇文体活动中心建设

天津市静海区共辖18个乡镇，383个村街，54万人口。近年来，静海全面实施"文化兴县"战略，在实现村级文化室和农家书屋建设全覆盖的基础上，全面开展了乡镇文体活动中心建设工作。

在市财政给予720万元经费支持的基础上，区财政投入资金1600多万元用于乡镇文体活动中心建设，目前，18个乡镇都建起了设施功能齐全，集学习、娱乐、休闲、健身于一体的乡镇文体活动中心。

静海区以乡镇文体活动中心为依托，不断创新农村文化工作思路和运作方式，全面带动农村群众文化事业繁荣发展。一是面向乡村开展文化辅导和培训。中心发挥载体作用，指导村级文化活动室、农家书屋开展不同形式的文化活动；定期对乡、镇、村文化骨干进行培训，组织业务干部深入各村开展艺术辅导；同时进行送电影、图书、戏曲、书画下乡进村活动，丰富群众文化生活。二是活动丰富，特色突出。各乡镇主动发掘自身文化资源，创设各具特色的文化活动样式，一部分活动已经成为本乡镇的"文化名片"，例如：农民艺术节、器乐、声乐、戏曲、广场舞蹈、民间花会大赛、团泊洼诗会、各类书画展览等，进一步发挥了乡镇文体中心的平台优势，展示了静海区"中国民间艺术之乡"的品牌优势。三是以乡镇文体活动中心为阵地，农村基层文化队伍不断发展壮大。全区美术家协会、民间花会协会、戏剧家协会、文苑协会等8个群众文化社团，共有会员10 000余人。全区有28个市级文化特色乡镇，280多个民间花会队伍，建立起30多个民间业余剧团、艺术团、诗社，50多个乡镇书画分会、书画创作中心，涌现出1 000多名群众文化带头人。

静海区制定了《乡镇文化体育活动中心管理办法》，明确乡镇文体活动中心的工作职能与作用，促进乡镇文体活动中心的使用和管理，确保乡镇文体活动中心"建得好、管得好、用得好"。

完善评估考核制度，以静态考核与动态评价相结合的方式综合评定乡镇文体活动中心工作；开展"创先争优十佳乡镇文体活动中心主任"评选活动，制定相应的文化创新奖励措施，鼓励文体活动中心管理人员创新工作方式、活动形式，使文体活动中心真正成为农村群众文化活动的阵地。

三、村落群众文化

村落群众文化是指以自然村落的血缘关系和家庭关系为繁衍基因而产生的能够繁衍村落群体人文意识的一种社会性文化[1]。

(一)村落群众文化的特点和发展变化

中国农村自然村落的本质特征是以血缘关系为脉络的独体家庭的组合，它维系着农村劳动者在整个农业生产过程中的支撑作用。这一本质特征形成了村落群众文化的两个特点，一是与农业生产密切联系在一起；二是带有历史形成的村落家族血缘意识和世代相承的传统观念和习俗。

---

[1] 郑永富. 群众文化学[M]. 北京：中国国际广播出版社，1993.

现在，我国村落正在发生深刻的变化。一方面，由于村落血缘关系、亲属关系、家族关系的存在，村落群众文化所包含的传统观念和习俗也依然存在；另一方面，经济和社会的发展，村落的内部结构和外部形态都在不断变化，建立在现代社会意识和文化成果基础上的现代新型村落文化迅速发展，正在形成崭新的文化结构。

农业生产的现代化、社会化、市场化，社会主义新农村的建设，带来了村落人民生活方式、社会关系、文化需求和文化心理的巨大变化。村落成员外出务工造成了两种现象：留守家庭现象和民工村现象；生态移民不仅改变了村落的居住方式和条件，也使几个村落的人们混聚在一起，打破了原有的家族关系；村落的城镇化从根本上改变了原来的生活方式；社会主义新农村的文化建设，积极推动着村落精神文化的传承、复兴和发展，促进了农村传统文化与现代文化的衔接与整合，发展了农村文化的组织形式和内容。随着经济发展和生活水平的提高，新型农民表现出强烈的文化需求，渴望拥有丰富多彩的精神文化生活，参与经常性的群众文化活动。

但是，几千年来在中国自然村落中形成的血缘、亲属、家族关系，以及传统观念和习俗像一张无形的网在村落成员的观念中依然占据一席之地。村落的成员不管离开家乡多远，即使是到了海外，也要"寻根问祖"，血缘、亲属、家族关系成为村落联系海内外同仁的一条纽带。村落的优秀传统文化习俗，有不少成为非物质文化遗产，成为发展村落特色群众文化活动的基础。

案例：浙江省兰溪市诸葛村古村落文化

兰溪市诸葛村，是三国蜀汉名相诸葛亮后裔的聚居地。据历史记载，村落的整体结构是第27代裔诸葛大狮按九宫八卦设计布局的，是全国重点文物保护单位。相传农历四月十四日为诸葛亮诞辰，每年在大公堂和丞相祠堂举行隆重祭祀仪式，并延班演戏三天，届时家家张灯结彩，宾客盈门，远近商贩前来赶集。如今，演戏是在致远楼内请专业和业余剧团演出，这成为诸葛村独具特色的祭祀文化。村里有摄影组、老年书法组、活动组等文化团队7支，经常开展活动。诸葛村的民间手工艺集中展示活动，以诸葛家族文化为主体，反映了诸葛后裔开展民间传统手工艺传承保护工作的新成就，活动项目包括：孔明锁现场制作、孔明扇现场制作、民间剪纸、民间刺绣、书写诫子书等。诸葛村还举办了"全国诸葛亮学术研讨会"，来自全国各地的专家学者、诸葛亮的后裔、诸葛亮诞生地和活动地的代表一起，交流和探讨关于诸葛亮的研究成果，扩大了诸葛村的影响。

（二）村落群众文化建设

村级文化建设是农村群众文化建设的基础，是群众文化体系建设的终端和重要环节，是保障农民群众基本文化权益、促进公共文化服务均等化的着力点。

村落群众文化建设仍是当前群众文化服务网络建设中的薄弱环节，存在缺乏制度性保障、组织不健全、设施不完善、内容不丰富、投入不足、服务水平不高、社会参与不畅等问题，尚未形成良性的、可持续发展的长效机制，与农民群众文化生活的需求和社会主义新农村建设的进程还不相适应。

2010年10月，文化部在云南省召开村级文化建设座谈会，部署加强村级文化建设工作，并形成了《文化部关于加强村级文化建设的指导意见》，明确了村落群众文化工作的目标、方针、任务、措施，有力地推进村落群众文化的发展。

村落群众文化要坚持把发展村落生产力作为根本任务，把发展高尚的精神生活放在主要位置。把"文化惠民"与服务"三农"有机结合起来,按照社会主义新农村建设的总体要求,适应农村城镇化、现代化的发展趋势,实现文化建设与经济社会发展的良性互动。坚持用社会主义先进文化占领农村基层阵地,提高农民文化文明素质,促进农村社会的和谐与稳定。

加强村落文化阵地建设。不断巩固以村文化活动室为重点的,包括文化共享工程基层服务点、广播电视村村通、数字化电影放映室、村文化广场的村文化阵地,充分发挥他们的服务效能。依托村级文化阵地,把宣传党的方针、政策,引导广大农民群众移风易俗,普及法律知识和开展实用技术、市场营销和农民工就业技能培训等紧密结合起来,通过多种形式的群众文化活动,培育有文化、懂技术、会经营、善管理的新型农民。

大力发展"一村一品"特色文化。村落群众文化要把新农村文化建设和保护文化遗产、美化人居环境相结合,重视对村落优秀民间文化资源的发掘、整理和保护,培育"一村一品"具有地方特色的文化品牌。继续开展"中国民间文化艺术之乡"创建活动,培育秉承传统、技艺精湛的民间艺人和群众文化骨干,坚持发展农村文化与发展农村经济相结合,因势利导,使"一村一品"活动上规模、出效益。

依靠群众管理好村级文化阵地。村落群众文化要尊重农民群众的主体地位,让广大农民群众成为村落群众文化建设的受益者和参与者;村文化活动室等文化阵地既是农民群众就近参与文化活动的场所,又是农民群众自我管理的公共文化设施;村落的业余文艺团体,既是农民自娱自乐的组织,又是发展农村群众文化的骨干力量;发挥村级组织的自治功能,依靠村委会实现村级文化阵地和村级业余文艺团队的自我管理、自我服务。

推动公共文化资源配置向村落倾斜。加强县、乡群众文化机构对村落群众文化建设的指导和服务，通过组织村文艺调演、会演、巡演，举办农民文化节、基层文艺团队展示等形式，提升村落群众文化活动水平。组织优秀剧节目和名演员下乡演出，建立村级群众文化活动长效机制。搭建社会参与村级群众文化建设的平台，在全社会形成关心和支持村落群众文化建设的良好氛围。

案例：云南省腾冲市大村的村级文化建设

云南省提出了以"文化惠民"为出发点和落脚点的"文化乐民、文化育民、文化富民"的村级文化建设新思路，初步形成了以腾冲市大村为代表的村级文化建设的"云南模式"，有效发挥了村级文化建设对于提高农民素养、促进农村和谐、带动农业经济、密切党群关系的重要功能。

创办"农文网校"，实施"文化育民"。云南依托全国文化信息资源共享工程，整合村文化基础设施资源，利用数字化的网络平台，建成村级"文化信息资源共享工程农民文化素质教育网络培训学校"，腾冲市大村"农文网校"举办的2期培训班，参加培训的群众就有175人。

创立"村文化产业合作社"，实施"文化富民"。云南省腾冲市大村等建制村在整合当地特色文化资源的基础上，率先成立了"村文化产业合作社"，以特色文化带动乡村文化产业发展，以此实现"文化富民"的目标。"大村文化产业合作社"下设石材产业分社、刺绣产业分社、"农家乐"产业分社，面向市场运营，实行"统一组织、统一管理、统一营销"，产品远销日本、韩国和东南亚国家，已成为该村农民群众增收致富的重要渠道。

创建"农民演艺协会"，实施"文化乐民"。大村等建制村成立了"农民演艺协会"，对自发的、分散的农民业余演出队进行有组织的引导和帮助。大村9个自然村，已有8个自然村自发组建了农民业余演出队，在"农民演艺协会"的组织下，农民业余文艺演出队走村串寨交流学习、共同提高，进行定期或不定期的培训，促进了农民的创作能力和演出水平的提高，使农村文化生活更加丰富多彩。大村"农民演艺协会"还开展"星级演员"评选活动，向社会推介自己的"村星"，扩大当地的知名度。

健全组织，创新村级文化人才聘用机制。"农文网校"、"农村文化产业合作社"、"农民演艺协会"选举产生了理事会、监事会，制定了自己的章程和内部管理制度，明确了工作任务和发展方向，形成了自我管理、自我服务的机制，实现村级文化工作的常态化、规范化和制度化。创新了村级文化人才的聘用机制。大村村委会从村优秀青年农民中聘用"文化干事"，组织开展群众文化活动，负责"农文网校"的日常管理，联系协调农村文化合作社工作。从大学生村官中聘请一批"文化辅导员"负责"农文网校"的教学。还从城里聘请"文化志愿者"参与村级文化建设。

第三节 企业群众文化、校园群众文化和家庭群众文化

一、企业群众文化

（一）企业文化与企业群众文化

企业文化是企业生存、发展中所表现出来的文化现象，是企业的群体精神、文化素质、文化行为、人际关系等文化现象的总和。它与企业的政治素质、科技素质构成整个企业要素[1]。从企

---

[1] 常泊. 中国群众文化辞典[M]. 长沙. 湖南文艺出版社. 1992.

业文化的内在本质，即"内隐"而言，企业文化是指企业职工的价值观念、思想意识、道德规范和工作态度等；就企业文化的外在表现，即"外显"而言，企业文化是指企业各种文化教育、技术培训、福利安排、群众文化活动等。企业文化是企业管理的一种方式，企业文化的"柔性控制"较企业经营管理系统有形的"硬件控制"更具有激励能力和持久力，它能使由员工个人行为构成的整体企业行为产生最大的功效。

企业群众文化是企业员工共同创造的，以文化艺术活动为主要内容，反映企业精神的一种社会性文化。它是随着企业文化的产生而形成的，是企业文化的一个要素，一种文化类型，是企业文化的表现形式。企业群众文化主要内容包括：一是文化艺术活动，如企业内的文化设施，企业开展的各种文化体育活动，带有文化艺术内容的庆典活动和传统民俗风情活动，由企业员工组成的各类文化艺术团体等；二是思想教育活动，如有关价值观念、企业精神、经营原则、目标宗旨、历史传统等内容的观点宣传活动，有关科学文化、法律法规、专业技术、经济形势等文化学习活动，企业先进工作者、劳动模范的宣传学习活动等。企业群众文化集知识性、思想性、娱乐性于一体，发挥着宣传、教化、审美、健身、休闲等综合性作用。

(二)企业群众文化的功效性

企业群众文化往往把与企业根本利益紧密相关的企业文化精髓作为自身的主要内容，有目的地激发职工生产积极性，展示企业形象，提高企业知名度，提高企业经济效益和社会效益，带有很强的功效性特征。

企业群众文化具有引导企业职工，实现企业目标；激励企业职工，促进生产、工作；增强职工团结，提高企业向心力；陶冶职工情操，丰富职工文化生活等作用。因此，企业群众文化也是一种潜在的生产力,是激励企业求生存图发展的精神源泉。

企业要把员工的文化享受与企业的凝聚力结合起来,企业群众文化通过各种活动让员工在享受文化生活的同时,在潜移默化中陶冶企业职工的思想情操,增进职工间友谊,使他们凝聚成一种较大的向心力,增强企业的凝聚力,向社会展示企业的良好形象,从而提高企业的知名度。企业要把满足员工的文化需求与企业核心文化建设结合起来,从战略的高度进行企业文化建设,把企业精神融入员工文化活动的内容,在满足员工文化需求的同时塑造企业精神,推动企业健康发展。企业要把提高员工的文化素质与企业长远发展结合起来,企业群众文化不仅仅是娱乐型的,也是学习型的,通过群众文化活动提高员工的文化素质,激发其积极性、主动性和创造才能,使员工的成长与企业长远发展结合在一起。

(三)企业群众文化与文化馆(站)

企业群众文化是群众文化的一种形态,是群众文化的一个有机组成部分,文化馆(站)也承担着指导和推动企业群众文化的职能。

第一,指导企业开展群众文化工作。文化馆(站)干部要深入企业,了解企业和企业员工的文化需求,把握不同企业的文化特点,和企业工会、共青团组织建立联系,做好企业群众文化建设的参谋,帮助和指导企业开展经常性的群众文化活动。把企业内部的文化设施纳入基层群众文化设施体系。

第二,组织开展企业群众文化活动。要把企业的群众文化活动纳入社会群众文化活动体系,引导企业参与社区和村的群众文化建设,鼓励企业主办或承办社会群众文化活动,策划和组织企业之间的群众文化活动等。

第三,辅导培养企业文艺骨干。要把企业文艺骨干纳入基层群众文化骨干的培训范围，加强对企业文艺骨干的培训。帮助企业组建业余文艺团队，并对其进行培训和辅导，提高其艺术水平，组织企业业余文艺团队参加社会群众文化活动。

第四，提供企业员工群众文化服务。把企业纳入文化馆（站）的服务对象，吸引企业员工到文化馆站参加活动，建立企业流动服务点，为企业职工提供公益性服务。

第五，搭建企业文化的展示平台。在文化馆（站）搭建企业文化的展示平台，如举办企业文化展览，企业员工的文艺作品展示，企业业余文艺团队的演出等，展示企业文化的风采。

案例：飞翔的翅膀——宁波飞翔集团公司企业文化建设

坐落在慈溪市的宁波飞翔集团公司坚持企业文化建设，弘扬企业精神，推动企业向高品位发展，在全市、全省树立了良好的企业形象。

飞翔集团公司开展的群众文化活动有：一年一度的有公司员工参加的文艺大奖赛，成立"九厂学社"、"方太文学社"、"职工之家"、"职工俱乐部"、图书室、文艺创作小组、演唱小组，出版《飞翔报》，并成立企业文联，资助社会群众文化，与省艺术馆、慈溪市文化局联合举办"方太杯"青年歌手邀请赛等。

飞翔集团公司把"敬业、真诚、开拓、创新"作为企业精神。在培养企业精神过程中，以群众文化活动为载体，引导职工参与，在参与中受教育。每年春节前夕举行的文艺大奖赛，节目大都是员工自编、自导、自演的。常年开展"争做英模"评选和员工培训，外出参观学习；每月还与社会各界联合举办开展各种公益活动，如"迎国庆企业文化联谊会"、"慈溪市方太杯戏曲大奖赛"等。既推动城市社区文化，又使企业员工受到教育，增强企业的凝聚力和员工竞争意识。以环境为载体，绿化、美化厂区，建设职工图书阅览室、文体活动室等。企业文化的发展，使飞翔集团公司走上了一条经济与文化协调发展的新路子。

二、校园群众文化

(一)校园文化与校园群众文化

校园群众文化是指以加强学生素质教育、满足师生员工文化生活需要为目的，以文化艺术活动为主要内容的一种社会性文化。校园群众文化既是群众文化的一个组成部分，又是学生素质教育的重要载体。

校园文化是学校师生员工精神生活的总和，包括长期形成的校园精神、优秀传统、文化教育观念、价值标准、道德规范、文化艺术活动等，校园群众文化是校园文化的一个要素。校园群众文化是综合性的文化形态，包括校园的文化设施、校园文化艺术团队、校园群众文化活动等，一般以文学艺术为主体内容，又涉及学生文化生活的许多方面，如体育、游艺、做好人好事等。

校园群众文化的主体包括学生、教师、管理人员等，学生的文化活动是校园群众文化的核心，教师、员工在校园群众文化活动中发挥指导作用。师生共为主体，既能避免校园文化建设中学生单一主体的自发性与盲目性，也能使教师在文化活动中发现自我，表现自我，使主观能动意识得以充分发挥。

校园精神是校园群众文化的灵魂，树立鲜明的校园精神是开展校园群众文化建设的前提。学校应努力培养校园文化个性，展现校园精神风貌。

开展校园群众文化的目的，既是为了满足学校师生员工文化生活的需求，又是为了促进学生身心健康的全面发展。健康、向上、丰富的校园群众文化活动对学生品性的形成具有渗透性、持久性和选择性影响,对于提高学生的人文道德素养,拓宽同学们的视野,培养跨世纪人才具有深远意义。

(二)校园群众文化活动的开展

第一,校园群众文化要紧扣素质教育主题,与学科教育相结合,全面培养学生个性特长,培养学生的想象力和创新精神。校园群众文化与课堂的思想教育、品德生活教育、艺术教育相辅相成,是学生素质教育的重要载体。与课堂教育不同,校园群众文化具有自主性特点,学生根据自己的兴趣和特长自主选择活动类别,主动吸取知识,施展才能,有利于培养学生个性特长,展现学生的智慧和能力,培养学生的自信、热情及想象力和创新精神。如开展体育竞赛、种植活动、手抄报比赛、科技作品展示赛、美文诵读比赛、演讲、美术展演等活动,以促进学生的德、智、体、美、劳的全面发展,并在各类文化艺术活动中发现人、培养人、锻炼人、陶冶人。

第二,积极组织开展各类主题鲜明、内容丰富、形式多样的校园群众文化活动,满足师生的文化需求。校园群众文化是丰富多彩的,既有校园团队建设(合唱团、乐队、诗社、戏曲团队等),又有文化艺术活动(校园艺术节、诗会、研讨会、文艺比赛等),还有学生自发组织的活动(如英语角、诗歌角等)。校园群众文化多数为打破班级、学科、学系之间界限的大型活动,同时也存在学系、学科、班级内开展的小型活动,还有学校之间的大型群众文化活动。师生们可以通过形式多样、主题鲜明、具有丰富内涵的各类文化活动展示他们的才华和能力,陶冶他们的情操,同时获得精神享受。

第三,重视校园群众文化活动的群众性和阵地化、精品化,打造具有地域和传统文化特色的群众文化品牌。如江西省于都县的一所学校,根据本地区独特的红军长征遗迹和丰厚的长征文化土壤，打造具有长征特色的校园群众文化。学校围绕"弘扬长征精神"，成功开展了"游长征旧址、访长征人物、看长征电影、读长征故事、唱长征歌曲、诵长征诗词、研长征课题、做长征传人"为主题的八个方面系列群众文化活动，形成了特有的校园群众文化品牌。

第四，积极参与非物质文化遗产资源在校园的传承保护工作，引导学生走出校园，参加各种群众文化交流，组织学校的学生艺术团队参加文化广场演出活动，组织有艺术才能的师生指导社区群众文化活动，广泛接触社会，为社会服务，为广大学生健康成才提供广阔的舞台。如天津市非物质文化遗产保护中心利用校园阵地，开展非物质文化遗产保护传承活动，走进天津大学、南开大学举办"非物质文化遗产进校园"——天大行、南大行活动。邀请国家级非物质文化遗产项目和市级非物质文化遗产项目的传承人到校园现场手把手教同学们制作并展示全过程。

第五，校园群众文化是群众文化的一种形态，也是群众文化的一个有机组成部分，文化馆（站）也承担着指导和推动校园群众文化的职能。指导企业群众文化的各种方式也适用于校园群众文化，只是要针对不同年龄阶段的学生特点，采取不同的方式。

案例：用陶笛鸣奏校园文化

陶笛起源于数千年前的嘉兴市南湖，有竹刻、黑陶两种，是优秀的传统民间艺术，其制作工艺列入了非物质文化遗产项目。嘉兴市迈尔工艺制品有限公司是陶笛的生产企业，其出产的"风雅"陶笛被一些演奏大师选为录音师的专用乐器。

2007年，由南湖区文化馆牵头，迈尔工艺制品有限公司向凤桥镇中心小学捐赠了800只陶笛。在文化馆的指导下，学校把陶笛作为创建"传承民间艺术"的一个项目，在三至五年级开设了课程，进行普及教育，现在已有 1 000 名学生会吹奏陶笛。公司在此基础上，成立了"陶笛社"，从而培养了一群能走上舞台的"小演奏家"。"传承民间艺术"不仅提升了校园文化品位，而且极大地促进了学校的素质教育。独具特色的课程深受学生欢迎，学生学习吹奏陶笛，既传承文化，又陶冶情操，也让民间艺术伴随着孩子的成长在凤桥的土地上遍地开花。

三、家庭群众文化

(一)家庭群众文化及其发展变化

家庭群众文化是指以单个家庭构成的，或以一个家庭成员与另一个家庭成员之间在自由时间里从事的，具有群体性文化娱乐活动特征的一种社会性文化。城乡家庭群众文化的发展既有其家庭的文化传统因素，又是小康社会人民群众为满足自身文化生活需要，自发营造的一种群众文化的家庭模式。

家庭群众文化具有以下特点，一是传承性，许多民间艺术就是以家庭的方式世代传承的，如泥人世家、风筝世家、唢呐世家等；二是时代性，文化艺术家庭的形成需要家庭具有一定的文化艺术素养、艺术爱好和从事艺术活动的基础，艺术不仅是个别家庭谋生的方式，而且还是更多家庭的一种文化生活享受方式，这是进入小康社会家庭的时代要求；三是多样性，各个家庭的艺术爱好不同，文化艺术的表现方式也不同，多姿多彩。

家庭群众文化是一种历史现象。随着时代的发展，现代家庭群众文化也发生了深刻的变化。这种变化表现在以下几点。

家庭群众文化由单一转向多元化。在过去较长的时期内，家庭群众文化由于受不发达的社会物质条件的影响，大多是作为家庭谋生的手段，它的传承是纵向的，大多局限在民间艺术和个别家庭活动上。而随着社会经济发展和小康社会建设，家庭群众文化艺术从个别家庭的谋生手段，向众多家庭的文化追求和文化享受发展，其内容和形式上都与社会发展的进程日益贴近，新的文化艺术形式和技艺逐渐进入家庭，使家庭内部的文化生活更加丰富，并朝着多元化方向发展。

家庭群众文化由低层次转向高层次。一方面，现代化传媒设备进入普通家庭，家庭成员利用移动传媒可以随时随地检索信息，进行艺术欣赏，从事网络娱乐活动，扩大了家庭成员的视野和学习文化知识的渠道；另一方面，现代传媒教育手段，文化馆（站）的免费培训、社会艺术教育的发展，为家庭成员学习文化艺术技能提供了方便。越来越多的家庭成员对家庭群众文化的兴趣爱好，逐渐从一般的娱乐性需要转变到知识性的需要，以不断提高自己的文化艺术素养和技能，来满足自己文化生活的需要，也促使家庭群众文化向高层次发展。

家庭群众文化从观赏性活动为主转向参与性活动为主。移动传媒使艺术欣赏变得更加方便和快捷，越来越多的家庭成员不再满足于一般的视听效果的享受。他们的欣赏意识逐渐转向能够充分表现自己个性的群众文化活动。闲暇时间的增加和文化术素质的提高，更使他们产生了直接从事文化艺术活动和文化艺术创造的愿望，这对城乡家庭群体主动参与群众文化活动起到了极大的促进作用。

家庭群众文化的规模由单家独户转向社会。社会交往的需要，以及展现自己家庭风貌的需要，使得家庭内部形成的群众文化活动向创造性、竞技性、社交性、表演性、自娱性的社会性文化活动发展，家庭群众文化的规模向家庭与家庭之间、家庭与社区之间扩展。家庭群众文化成为社区和村群众文化的一个重要组成部分。

(二)繁荣现代家庭群众文化

现代家庭群众文化是城市社区和村落群众文化的细胞，家庭群众文化能够寓教于乐，使家庭成员在自娱自乐、活跃家庭文化生活的过程中，达到自我教育、塑造家庭美德的目的，也能在共同参与的过程中，加强家庭的凝聚力和稳定性，对于和谐社会的建设发挥重要基础作用。同时，发展家庭群众文化对促进社区和村落群众文化建设有重要的作用。一方面，要使社区和村落群众文化渗透到家庭，发展特色文化家庭，促进家庭群众文化的健康发展；另一方面，社区和村落群众文化要搭建家庭群众文化展示的平台，促进家庭群众文化参与社区和村落文化活动，带动社区、村落群众文化的发展。

繁荣家庭群众文化，发展特色家庭群众文化，是群众文化工作，特别是社区和村落群众文化工作的一项重要内容。

第一，文化部门要把发展特色家庭群众文化纳入群众文化发展的总体规划，把发展文化户作为群众文化网络的一个组成部分，给予扶助和支持。北京市在奥运期间给特色文化家庭投入设备，浙江省余姚市为全市200户特色村落文化中心户配备乐器和活动设备，支持家庭群众文化的发展。

第二，文化馆（站）要提供家庭群众文化服务。包括利用馆舍提供家庭群众文化的活动场地；加强对家庭特色文化的辅导培训，提高其素质和技艺水平；为家庭特色文化提供展示的平台等。

第三，组织丰富多彩的家庭群众文化活动。如家庭才艺比赛、文化户才艺展示、优秀家庭艺术团队演出等。引导家庭群众文化参与社区、村的群众文化活动，为社会提供服务。

第四，典型示范，促进整体发展。特色文化家庭的形成有一个过程，要选择一些有基础有热心公益事业的家庭重点进行培育和辅导，使其成为地区家庭群众文化的典范，通过对特色文化家庭的命名、表彰、展示，增加其荣誉感和责任感，用以推动家庭群众文化的整体发展。宁波市泗门镇举办过一场别开生面的音乐会——家庭民间乐器大赛，许多文化示范户一家三代共同演出，扩大了家庭群众文化的感召力和影响力，形成浓厚的家庭文化建设氛围。

【本章小结】

本章涵盖的主要内容包括：城市、农村、集镇、社区、村落、家庭、企业、校园等不同形态群众文化的概念、基本特征、作用、发展趋势及与其他群众文化形态的关系，在城乡一体化建设中城市群众文化与农村群众文化的关系，城市（或农村）群众文化与企业、校园、家庭群众文化的关系，并列举部分省市群众文化的案例加以说明。

不同形态的群众文化都是群众文化事业的有机组成部分，都应纳入群众文化工作的范围，都属于群众文化服务的对象。要在城乡文化一体化发展的总体格局中推动城市、农村、社区、集镇、村落，以及企业、校园、家庭群众文化的发展。文化馆（站）等群众文化机构要把各种形态的群众文化纳入自己的服务范围，发挥群众文化中心的作用。

【思考题】

1. 结合实际，谈谈在城乡一体化建设中城市群众文化与农村群众文化的关系。

2. 结合实际，谈谈城市（或农村）群众文化与企业、校园、家庭群众文化的关系。

3. 在城市化进程中，农村、集镇、村落群众文化有哪些发展变化？

【推荐阅读】

1. 郑永富. 群众文化学[M]. 北京：中国国际广播出版社，1993.

2. 浙江省文化厅. 新农村文化建设试用教材[M]. 北京：五洲传播出版社，2009.

3. 常泊. 中国群众文化辞典[M]. 长沙：湖南文艺出版社，1992.

4. 罗争玉. 文化事业的改革与发展[M]. 北京：人民出版社. 2007.

5. 成都市文化馆. 公共文化馆作为与发展研究[M]. 成都：四川大学出版社，2009.

第五章 群众文化事业

【目标与任务】

通过对本章的学习，了解群众文化事业、群众文化工作、群众文化服务机构、群众文化队伍的基本概念、基本性质、基本构成和基本特征，理解群众文化工作的基本原则、群众文化事业和群众文化服务机构发展改革的基本方向。能够运用上述概念，分析研究本地区群众文化事业和群众文化机构改革发展的对策，推动本地区的群众文化工作。

第一节 群众文化事业

一、群众文化事业的概念

群众文化事业是指群众文化活动，以及为开展群众文化工作，组织、辅导和研究群众文化活动而设置的组织机构和文化设施，它是开展群众文化工作和群众文化活动的物质条件和组织保证。在我国，群众文化事业已发展成为当代文化的几种主要形态之一，是社会主义精神文明建设的重要标志之一。

文化事业是具有中国特色的称谓，群众文化事业更是我国一种独特的社会文化现象。我国群众文化事业的产生和发展有着特定的背景。开展群众文化活动是中国共产党在第一次国内革命战争时期形成的传统。新中国成立后，在计划经济体制下，为开展群众文化活动，我国开始建立由国家核拨经费的文化馆和文化站，按照国家关于编制管理的规定,文化馆(站)属于事业编制,从而产生了群众文化事业的概念。随着我国社会主义政治、经济等各方面的长足发展,群众文化也逐渐明确了目标、宗旨和发展方向,建立了完整的系统,具备了相当规模,从而发展形成群众文化事业。群众文化事业的形成是群众文化走向成熟的标志。

作为文化形态的群众文化事业,它包括群众文化活动、成果以及机构、组织、设施、工作、队伍、理论、方针政策等各种要素。其中,群众文化活动及其成果是群众文化事业的核心要素,群众文化方针政策和理论是指导群众文化活动和群众文化工作机构的基本原则,规定了群众文化活动的目的、宗旨和发展方向;群众文化的机构、组织、设施、队伍则为群众文化活动的开展提供多层次、多方面的保障。群众文化事业的各要素之间相辅相成,互为补充。

二、群众文化事业的性质

我国的群众文化事业是公益性的文化事业,是公共文化服务的重要组成部分,带有社会福利性质。

群众文化事业的公益性包括两个方面,一是提供公益性文化产品,包括公益性的群众文化活动;二是提供公益性服务,即群众文化服务。群众文化事业是以整个社会为对象,社会的每一个成员都可以无偿或优惠获得用以满足自己基本文化需求的群众文化活动和群众文化服务。

作为公益性的群众文化事业需要国家的政策法规保护,需要建立完善的遍及城乡的服务网络,需要雄厚、持久、巨大的财力支撑,需要独立的、公正的运作,需要提供大量免费或优惠的群众文化活动和服务,只有政府作为群众文化事业的主体才能实现。所以,群众文化事业是政府兴办的文化事业,发展群众文化事业是政府的责任。

由于国有文化资源的有限性与群众文化需求的多样性和无限性的矛盾，在政府加大对群众文化事业投入的同时，也要鼓励社会参与群众文化事业，兴办群众文化机构、从事群众文化服务；群众文化事业是群众自己的事业，人民群众既是群众文化事业发展的受益者，也是群众文化事业建设的参与者，要鼓励人民群众参与群众文化事业。只有调动政府、社会、群众三个方面的积极性，才能更好地推进群众文化事业的发展。

我国的群众文化事业具有相对独立的文化价值、组织机构、物质基础、理论体系、文化队伍和文化制度，在社会经济发展中发挥着越来越重要的作用。群众文化事业的发展是群众文化实现的保障，只有坚持发展群众文化事业，才能保护与实现人民群众基本文化权益，体现社会主义文化的优越性，为全面建设小康社会、实现社会和谐提供重要保障。

三、群众文化事业的专业化、科学化、现代化

近年来，群众文化事业的发展呈现良好的态势，群众文化设施明显改善，群众文化事业的投入逐步增加，群众文化活动蓬勃开展，群众文化服务创新不断取得新的成果。但是，由于各种原因，群众文化事业发展还存在着发展不平衡、投入不足，设施利用率不高、服务水平和能力不强，基层群众文化队伍人员结构不合理、专业素质整体偏低，管理和运行机制不科学，活力不强，数字化服务设施不齐备、数字化服务水平较低等问题。必须遵循新的历史使命，努力实现群众文化事业的专业化、科学化、现代化。

（一）群众文化事业专业化

人民群众文化需求的增长，文化消费方式的变化，群众文

活动质和量的提高,都要求不断提高群众文化事业的专业化水平。这里所提及的专业化主要是群众文化专职队伍的专业化。

群众文化有自身的发展规律,是一个专门的学科。群众文化专业技术人才与其他文化团体中专业技术人才不同,除了自身要具有专业素养和技能外,最重要的是要能够组织基层群众文化活动,辅导没有受过专业艺术训练的基层群众进行艺术创作和文化艺术活动。群众文化专业技术人才不止是"专才",更要"一专多能"。

群众文化事业的发展需要有一支专业从事群众文化的、具有群众文化所需要的专业技能的高素质的队伍。群众文化专职队伍素质决定着群众文化活动的水平,影响着群众文化设施的利用率,影响着群众业余文艺团队的发展,从而影响着群众文化服务的水平。

群众文化专职队伍的专业化要解决四个问题:第一是群众文化人才培养的专业化,在大学开设群众文化专业,专门培养群众文化专业人才;第二是探索建立群众文化专业人员的专业技能标准,实施群众文化专业人员的职业资格准入制度;第三是加强对现有群众文化专业人员的培训,更新知识和技能,提高服务本领;第四是重点解决文化站"专干不专"的问题。文化站从业人员的"专干不专"包括两个问题:一是兼职过多,没有专门从事文化站工作;二是缺乏专业技能,专业人员比例过低。2011年全国乡镇综合文化站从业人员95 728人,其中专职人员52 718人,占55%;专业技术人员20 869人,占21.8%。

(二)群众文化事业科学化

现代社会,群众文化与经济、政治、文化产业、公共文化服务等相互交融,与科技的结合日益紧密,要以科学发展观为统领,研究新形势下群众文化事业发展的新要求,实现群众文化事业的科学化。

　　群众文化事业的科学化包括设施建设的科学设计，设施应用的科学管理和评价体系的科学构建。在群众文化设施的建设中，要根据服务人口和功能要求科学布局和确定建设规模，按照功能优先和方便群众利用为原则科学设计，避免单纯追求规模、外观的政绩工程。要开展对于文化馆(站)建筑设计的研究，使其成为群众文化学的一门学科。群众文化管理的科学化，包括科学划分各级政府对群众文化事业的管理职能，建立政府对群众文化的宏观管理和人财物保障体系；科学设计群众文化事业的组织管理体制和机制，实现群众文化资源的共享共建；加强文化设施的管理，改革内部的管理机制，如实施目标管理、竞争上岗等。硬件设施只有得到科学管理和有效运用，才能转化为群众文化服务的能力和水平。群众文化事业评价体系的科学构建，主要包括评价体系的科学化、指标选取的科学化和指标量化的科学化。评价体系包括评估的内容(如服务资源、服务效能、服务效益、服务监督与反馈等)，也包括评估的形式，如文化馆(站)服务标准(规范)、评估标准、政府评估、第三方评估等。评价指标的选取，既要包括群众文化服务提供者的工作内容，又要包括被服务群体的内容，如群众文化活动的群众参与率、群众收益率和群众满意度等。指标量化是将群众文化服务的评价指标数量化，以直观、系统、可比的指标来衡量群众文化事业的发展水平。

　　(三)群众文化事业现代化

　　社会经济的发展决定着群众文化事业的发展。我国现代化建设的发展，为群众文化事业发展注入了新的活力，同时也对群众文化产品、基础设施、资源建设和服务手段等提出了新的要求，即要实现群众文化事业的现代化。

　　群众文化产品的现代化，要在群众文化活动和群众文化产品中融入时代精神，树立品牌意识和精品意识，倡导创新精神，推出一批贴近时代、贴近生活、贴近实际、深受群众喜爱的优秀作品和品牌活动，特别是有影响力、知名度的国际性、全国性的群众文化品牌，以品牌的影响力、辐射力和凝聚力带动和促进人民群众参与文化活动。加强群众文化基础设施的现代化建设，装备和完善现代化设备设施，包括现代化的演出设备、数字化服务设备、数字化资源加工设备。采用现代化科技手段，拓宽群众文化的内容和形式，运用互联网和现代传媒手段，提升、扩大和延伸群众文化服务，推动文化资源数字化、信息化、网络化，建设群众文化服务平台和资源共享工程平台。

案例：上海东方社区文化艺术指导中心的"社区文化指导员派送体系"

上海东方社区文化艺术指导中心通过政府"买单"、社区"点菜"的"派送"形式，建设社区艺术指导人才的派送平台，让优质的文化指导资源走进社区，走向基层。2011年9月，实现了已建的全市185家社区的全覆盖，并建立起科学的管理机制和新型的派送体系。

上海东方社区文化艺术指导中心在指导员派送工作上进行了以下几方面的探索。

院团推荐和社区招募相结合，保障指导员的来源丰富与优质。社区文化指导员主要来自于专业院团推荐和面向社会招募。现在，全市经推荐或报名担任文化指导员岗位的有2 518人，经过培训或资格认证并进入"指导中心"社区文化指导员人才库的指导员2 335人，指导员队伍主要由四部分构成：专业院团推荐，艺术类专业院校教师和大二以上（含大二）的学生，社会各界有志于基层文艺工作的、有时间保证的、能够胜任社区文化活动策划、组织、辅导、培训以及创作指导工作的专业艺术人才,全市各区县文化馆(站)推荐的在职群众文化业务骨干。对于专业院团、院校师生、社会招募的指导员,指导中心采取按需直接派送社区辅导的方式,并给予一定的辅导补贴;对于群众文化系统内的指导员,主要是由各区县文化馆(站)安排到本地区基层社区开展指导工作,市里不承担经费补贴。

专业培训、资格认证,确保指导员辅导的资质要求。"指导中心"对符合准入条件的人员都将进行上岗前的资格认证培训。资格认证培训分两种:一是由市文广局颁证的培训;二是由市职业能力考试院颁证的社区文化指导员资格认证培训。为此,指导中心组织专家编写了上海市社会艺术教育(群众文化指导)专业技术水平认证专用教材《上海社区文化艺术指导和管理》,同时制定了相应的《资格认证暂行办法》。目前,持有市文广局颁发的社区文化指导员证书的行业人员达2 335人,其中有578人获得上海职业能力考试院认证。

建立网上派送的管理平台和社区文化指导员数据库。指导中心在2010年建立了数字化派送服务系统。通过网络信息平台,开展指导员的网上招募、报名、认证,建立指导员人才网络数据库,经过网上推介,供社区文化活动中心按需自主选择,更加便捷、高效地实现直达社区终端的"一站式"派送服务。目前,指导中心网站人才资料库内共有音乐、戏剧、戏曲、美术、摄影、书法、舞蹈、曲艺八大艺术门类共2 335名指导员的详细简历,包括年龄、职称、艺术经历、获奖情况及辅导情况等介绍。社区活动中心可以通过"工作平台"登录网站、查看指导员人才库,在网上完成指导员个人信息浏览、指导员预约、授课记录反馈等操作流程。从2010年6月1日起正式运行,截至2011年9月30日,综合浏览量达31万,目前该系统已覆盖上海市18个区县的已建成的社区文化活动中心，全市社区接受实体派送辅导的人数达 1 499 528 人次。

完善指导员派送运行的科学管理机制，建立新型的派送体系。

完善管理制度。"指导中心"编纂了《上海市社区文化指导员工作指导手册》，拟订了《上海市东方社区文艺指导员派送与管理办法（草案）》、《上海市东方社区文艺指导员岗位说明书》、《上海市东方社区文艺指导员津贴发放指导》、《指导员的招募办法》等一系列规范性文件，基本确定了指导员的准入条件、培训要求、派送流程（见图）、岗位职责以及指导员的权利义务等内容，为有序地推进指导员派送工作奠定了基础。

开展社区需求调研。每年年初"指导中心"针对社区文化发展情况、市民文化审美需求以及社区文化活动中心实际工作要求等方面进行了专门调研，通过发放调查问卷、召开座谈会、听取区县文化（广）局和街镇领导以及活动中心负责人的需求意见，制订一年的派送计划，以此合理配置资源，推进派送工作。

拓宽派送方法。为了弥补专业院团的指导员以个体形式下社区辅导的数量不足，满足更多社区居民的文化需求，"指导中心"还与院团签约，让院团设置专题的艺术课程，以院团的专业人员为师资主体，组成团队，以"市民艺术大课堂"的形式，对社区居民进行音乐、舞蹈、京剧、越剧、沪剧、滑稽、杂技等艺术知识的辅导、讲解和普及。2009 年以来 16 个专业院团共为上海市各社区文化活动中心选送了近 300 场音乐、舞蹈及戏剧、戏曲等内容的"市民艺术大课堂"讲座，以团队的形式派送指导员 9 400 人次，社区受众逾 10 万人次。

加强社区文化指导员的管理与监督。为了确保社区文艺指导工作的质量和水平，及时了解文化指导员在基层辅导的情况，"指导中心"同步建立了派送监督机制。由社区文化活动中心每月对指导员辅导情况进行考核，考核内容为道德修养、服务意识、专业技能、教学能力、日常考勤、教学态度等方面，考核结果通过网络反馈给"指导中心"，作为发放补贴的依据。同时，"指导中心"委托社区所在区文化馆根据本区实际情况，派专人不定期地对指导员辅导情况进行抽查，监督指导员辅导情况。另外，"指导中心"还定期召开社区活动中心主任座谈会、社区文艺团队学员座谈会、指导员座谈会，掌握各方反馈信息。根据对反馈信息的综合统计，社区对指导员的总满意率高达95%。

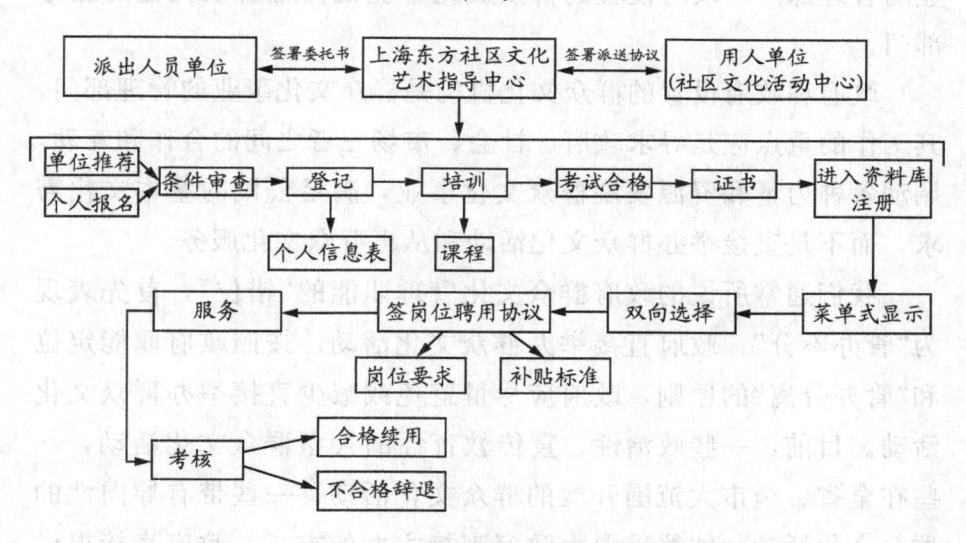

图 5-1　上海市东方社区文化艺术指导中心工作流程图

第二节　群众文化工作

一、群众文化工作的概念

群众文化工作是指群众文化有关部门和工作人员，所从事的领导、指导、管理、辅导、研究群众文化活动的工作。它是群众文化需要在社会化满足过程中的中介性活动，是群众文化事业中不可或缺的重要一环。

群众文化工作的主要职能是推动群众文化活动和群众文化事业的健康发展，满足人民群众的基本文化需求。

由于群众文化机构的职能、任务不同，其群众文化工作的内容和性质也不相同，政府设置的群众文化管理机构是群众文化事业的管理部门，政府设置的群众文化事业机构是群众文化的服务部门。

政府和政府设置的群众文化机构是群众文化事业的管理部门，其工作的重点应是寻求政府、社会、市场三者之间的合作和互动，调动各种力量和资源发展群众文化事业，满足公民的基本文化需求，而不是直接举办群众文化活动和从事群众文化服务。

我们通常所说的政府群众文化管理职能的"错位"，首先表现为"管办不分"，政府直接举办群众文化活动。按照政府职能定位和"管办分离"的原则，政府应尽量避免或减少直接举办群众文化活动。目前，一些政治性、宣传教育性的大型群众文化活动，一些在全省、全市大范围开展的群众文化活动，一些带有导向性的群众文化活动，往往采取由政府直接主办的方式。政府直接提供公共文化服务产品和服务的形式依然存在。但是，从发展上看，这样的活动，应逐渐采取市场化、社会化的运作方式。

"错位"还表现为政府群众文化管理重点的错位。一是社会群众文化管理的缺位，政府把工作的重点放在对政府设置的群众文化机构的管理上；二是制度和机制建设的缺位，政府把群众文化工作重点放在了对具体事务的管理上。

政府管理要把工作的重点放到全社会，把群众文化从文化部门内部的小循环转变为社会的大循环。政府作为群众文化事业的主管部门，首先要承担好其宏观管理职能，包括：确定群众文化事业的发展战略，提出群众文化事业发展的宗旨、原则和目标；制定和实施群众文化事业发展规划；制定群众文化事业的政策和法规；建立群众文化事业的保障机制，对群众文化机构进行监管和绩效评估；维护文化安全等。政府应将一些具体事务的管理工作交给中介机构、服务机构或行业组织。

二、群众文化工作的基本方针政策

群众文化工作能否与群众文化事业发展的要求相契合，关键在于执行群众文化工作方针、政策的程度和水平。群众文化工作的基本方针政策是在马克思主义指引下，根据群众文化发展规律制定的。它随着群众文化实践的发展而发展。群众文化工作的基本方针政策包括以下几方面。

(一)坚持"二为"方向和"双百方针"

"二为"方向即指为人民服务、为社会主义服务。为人民服务，就是为除一小撮敌对分子以外的全体人民群众服务；为社会主义服务，就是为社会主义的经济、政治、军事、文化等各项事业的需要服务，在今天，就是为社会主义现代化建设的伟大事业服务。"为人民服务、为社会主义服务"概括了社会主义时期群众文化工作的总任务和根本目的，完整地反映了社会主义时代对群众文化的历史要求，而且符合群众文化的客观规律。

"双百"方针，即指"百花齐放、百家争鸣"的方针。在群众文化工作中贯彻"双百"方针，是提倡在群众文化、群众文艺创作和群众文化理论研究中有独立思考和辩论的自由，有创作和批评的自由，有发表自己意见、坚持自己意见和保留自己意见的自由，是提倡建立在科学基础上的学术论争。同时，提倡群众文化工作者要学习马克思列宁主义，学习党的方针政策，要以马克思列宁主义的科学理论和党的方针政策作为群众文化工作的指导。贯彻"双百"方针，有利于群众文化活动和群众文化服务的创新，使群众文化工作与时俱进，不断发展；有利于群众文化的多元化、多样化发展，满足人民群众日益增长的多层次、多方面、多样化的文化需求；有利于群众文化形成尊重艺术个性、保护艺术风格、彰显艺术追求的良好环境；有利于引导群众文化工作者施展聪明才智、发挥个人的创造精神，以大胆的创新和创造打造群众文化的精品力作，从而推动群众文化大发展、大繁荣。

（二）坚持以人为本，保障和实现人民群众的基本文化权益

群众文化事业的主体是人民群众，其服务的对象也是人民群众。群众文化事业的发展目标是促进人的全面发展，这里的人既包括群众文化事业的服务对象，也包括群众文化事业机构、组织中的人员。

发展群众文化事业"以人为本"，就是把作为群众文化事业服务对象的人的发展当作事业的出发点和落脚点，不断满足人民群众的基本文化需求，尊重和保障人民群众的基本文化权益，让人民群众享受文化成果、参与群众文化活动、开展群众文化创造，促进人的全面发展。这些体现了党全心全意为人民服务的根本宗旨和以人为本的发展理念。

发展群众文化事业"以人为本"，还必须促进群众文化事业从业人员的发展。群众文化事业从业人员素质和服务能力的提高，对于群众文化事业发展目标的实现起着重要的作用。在发展群众文化事业，满足人民群众基本文化需求的同时，使群众文化事业的从业人员得到同步发展，二者相互促进，是群众文化事业发展的客观要求。

(三)坚持继承、弘扬优秀民族文化传统，吸收和借鉴世界各国优秀文化成果

发展群众文化，必须坚持继承、弘扬优秀民族文化传统。优秀传统文化凝聚着中华民族自强不息的精神追求和历久弥新的精神财富，是发展社会主义先进文化的深厚基础，是建设中华民族共有精神家园的重要支撑。群众文化与优秀传统文化有着密切的联系，要全面认识祖国传统文化，取其精华、去其糟粕，古为今用、推陈出新，坚持保护利用与普及弘扬并重，加强对优秀传统文化思想价值的挖掘和阐发，维护民族文化基本元素，使优秀传统文化成为新时代鼓舞人民前进的精神力量。

发展群众文化，必须吸收和借鉴世界各国的优秀文化成果。在尊重外来文化的基础上，坚持"以我为主，为我所用"的原则，博采各国文化之长，特别要善于吸收发达国家那些为现代化所需要的又适合我国国情的优秀文化成果。

随着改革开放的逐步深入，我国文化与外国文化交流的渠道不断扩展，群众文化应充分利用各种资源，将外国优秀文化"请进来"，带着中华优秀传统文化"走出去"，在积极吸收借鉴世界各国优秀文化成果的同时，推动中华文化走向世界。

(四)坚持普及与提高相结合

群众文化的群众性可以说是全民性的，普及是其重要的特性。群众文化工作的重点是在覆盖面上要把先进文化推广到全体群众中去，尽可能达到最广的面和最多的人员。

普及不等于低质量、低水平。随着人民群众文化艺术素质的提高，人民对于群众文化产品和活动的质量要求也不断提高。群众文化工作要坚持普及与提高相结合的原则，要努力提高群众文化活动的水平，为人民群众提供高质量、高水平、普及性的群众文化产品和服务。

群众文化工作的普及与提高还体现在普及性和骨干性相结合上。群众文化要培养、辅导基层文艺骨干，提高其文艺专业技能和素养，并通过他们把群众文化推广到更广大的人群中，提高整体群众文化的水平。

(五)坚持树立新的文化发展观

文化引领时代风气，是最需要创新的领域。我国文化领域正在发生广泛而深刻的变革，群众文化的发展既具备许多有利条件，也面临一系列新情况、新问题。我国群众文化发展同经济社会发展和人民日益增长的精神文化需求还不完全匹配，与公共文化服务体系建设的要求还不完全适应。新的文化发展观要求把群众文化创新作为群众文化发展的战略基点和前进动力，积极推进群众文化与经济、科技融合发展，大力提高我国群众文化自主创新的能力。

群众文化的主体是人民群众，群众文化创新，必然离不开人民群众的实践智慧和自由选择。要适应社会生活的新变化，进一步完善政策、拓展渠道、丰富载体，充分挖掘运用各方面的文化资源，畅通人民群众投身文化建设的渠道，使群众真正成为群众文化繁荣发展的主角。要积极鼓励群众的创新创造，支持群众自我教育、自办文化，开展多层次、多形式的群众性文化活动。精心培育植根群众、服务群众的文化载体和文化样式。及时总结来自群众、生动鲜活的文化创新经验，推广群众文化优秀成果。要大力营造良好社会氛围，千方百计保护好、发挥好群众参与群众文化创新的热情，进一步解放文化生产力，让蕴藏于人民中的文化创造活力竞相迸发、充分涌流。

(六)坚持把社会效益放在首位

群众文化事业是公益性事业，以满足人民群众基本文化需求为目的，而不是以为国家积累资金为直接目的。群众文化的社会效益要符合社会主义意识形态要求，体现社会主义核心价值，为经济社会发展提供思想保证和精神动力，保障和实现人民群众的基本文化权益，提供贴近实际、贴近生活、贴近群众的优秀群众文化产品，从而提高群众文化活动带来的非经济性效果和利益。

在群众文化服务模式从"以文补文"转变为"免费服务"以后，坚持把社会效益放在首位要注意三点：一是在群众文化事业机构的部分"有偿服务"和文化经营项目，以及市场化运作的群众文化活动中，要坚持把社会效益放在首位；二是要有投入产出观念，以最小的投入，实现最大的社会效益；三是要提高群众文化设施的服务功能，使有限的文化资源得到充分利用，提高设施运行的社会效益。

（七）坚持以基层为重点，推动城乡群众文化事业的协调发展

目前，我国群众文化事业的发展现状仍不均衡，城市发展较好，农村相对滞后，东部发达地区相对较好，中西部落后地区相对滞后，特别是一些边远地区的人民群众连基本文化权益都未能享受。因此，为了满足人民群众的基本文化需求，使所有人民都能够享受到群众文化服务，必须坚持以基层为重点，推动城乡群众文化事业的协调发展。尤其，要向农村基层倾斜，向中西部地区、革命老区、民族地区、边疆地区和贫困地区倾斜，切实改善这些地方基础设施条件，实现群众文化服务的均等化，更好地满足全体人民的基本文化需求。推动城乡群众文化事业的协调发展，缩小城乡文化发展差距，对推进社会主义新农村建设、形成城乡经济社会发展一体化新格局具有重大意义。

第三节　群众文化服务机构

一、群众文化服务机构的概念与类型

群众文化服务机构是指国家政府、群众团体或集体为开展群

众文化工作而建立的公益性事业单位，是国家提供群众文化服务的主要形式，是群众文化服务体系的主要组成部分。

群众文化服务机构分为两大类：一类是由政府文化部门设置的群众文化事业机构；另一类是由人民团体、产业部门和军队设置的群众文化事业机构。

政府文化部门设置的群众文化事业机构包括：群众艺术馆、文化馆、文化站。政府文化部门设置的群众文化事业机构的服务对象，是本辖区内的全体居民（也可组织跨辖区的文化活动），工作任务由国家规定。它们的工作内容是综合性的，并且上削下丰，越靠近基层则工作内容越广泛。

我国政府设置的群众文化机构构成了五级群众文化网络：即省（群众艺术馆或文化馆）级、地市（群众艺术馆或文化馆）级、区县（文化馆）级、乡镇（街道）级（综合性文化站）四级群众文化机构，以及社区村（文化室）级群众文化服务设施。

人民团体、产业部门和军队设置的群众文化事业机构包括：工会系统的文化宫、俱乐部；共青团系统的青年宫；教育系统的少年宫、少年之家；产业部门设置的教工之家、海员之家等；军队的连队俱乐部；老干部局系统的老干部活动中心，等等。这些机构设置，由主办单位按照需要和条件而定，在本系统中不构成完整的群众文化事业机构网络；其服务对象具有定向性，即本机构所指向的是辖区内的一部分群众。它们同政府系统的群众文化事业机构之间，一般是横向协作的关系。

【扩展阅读】 教育和工、青、妇系统群众文化服务机构基本情况

教育系统：青少年综合实践基地328个，校外活动中心2 045个，少年宫325个，乡村校外活动站194个，其他校外活动场所

如科技馆、美术馆、少年之家等青少年校外活动场所 101 个。工作人员总数为 44 569 人。

工会系统：全国各地现建有工人文化宫（俱乐部）约 1 302 个。其中，省级 32 个，地市级 360 个，区县级 910 个，职工 28 839 人。

共青团系统：青少年宫 639 个，其中省级 12 个，地级 207 个，县级 420 个。职工约 6 万余人。

妇联系统：县级以上妇女儿童活动中心共有 1 200 多个，具有独立法人资格的 614 个，其中国家级中心 2 个，省级中心 30 个，地市级中心 213 个，县级中心 369 个[①]。

二、群众文化事业机构的基本特征与职能

(一)群众文化事业机构的基本特征

政府兴办的群众文化事业机构是公益性文化单位，是公共文化服务的骨干。这一性质和职能决定了它在群众文化体系中的主导地位和主导作用，决定了它的工作性质的服务性，以及它在工作内容上的普及性与综合性。

主导性。是指群众文化事业机构在群众文化体系中的地位和作用的主导性特征。群众文化具有多方面的倾向性，表现不同群体或个体对于群众文化不同内容和形式的追求。对于一般的由于不健康的审美情趣、风俗习惯等原因出现的一些低级、庸俗、迷信、消极的群众文化现象，不能用行政的、法律的手段去解决。群众文化事业机构则可以通过示范性群众文化活动、辅导培训去

---

① 文化部. 关于推动工人文化宫、青少年宫、妇女儿童活动中心和科技馆等免费开放调研报告[R]. 2011.

提高人们的审美能力，引导人们接受健康向上的群众文化活动。群众文化事业机构主导性的发挥，要求其要明确自己的群众文化工作目标，把握好群众文化工作的方向，发挥自己的优势，用社会主义先进文化占领群众文化的阵地，使其成为群众文化活动的主流。

服务性。是指群众文化事业机构工作性质的服务性特征。服务性体现在两个方面。一是为人民服务。要以保障公民基本文化权益，满足人民群众基本文化需求为出发点，要从群众的需要出发去开展活动，要面向全体群众开展服务，要以人民群众的满意作为衡量服务的标准，要让群众参与群众文化事业机构的管理。二是为国家的经济建设、精神文明建设、政治建设和社会建设服务。包括宣传党和国家的各项方针政策，围绕中心工作开展主题性群众文化活动、专题性演出和群众文艺创作等。两个服务是高度一致的，密不可分的。

普及性和综合性。是指群众文化事业机构在工作内容上的普及性和综合性特征。主导性和服务性是公共文化服务机构的普遍性特征，而普及性和综合性是群众文化事业机构特殊性特征，是它与公共图书馆、博物馆等其他文化事业单位明显的区别。群众文化事业机构的服务以文学艺术为主要内容，以全体人民群众为服务对象，这就决定了它的服务必然具有普及性质，要适合普通群众的兴趣和爱好，适应普通群众文化艺术素质，满足普通群众的基本文化需求。群众文化机构的工作内容既要普及，也要提高，重点在普及，提高是在普及基础上的提高，普及是在群众文化需求普遍提高基础上的普及，提高（如提高群众文化骨干的艺术水平）是为了更好地普及。群众文化需求是多样化的、多层次的，群众文化事业机构的工作内容也是综合性的。它的工作内容涉及面广泛，不仅涉及文学艺术的各个门类，还延伸到体育、科技、法律等各个领域；它的服务方式多种多样，有群众文化的艺术鉴赏服务，有群众文化活动的参与服务，有群众艺术素质和技能的培训服务，有群众文艺创作的服务，有群众文化活动的指导服务等。

（二）群众文化事业机构的基本职能

宣传教育，开展活动，普及知识，满足需求，保护遗产，理论研究是群众文化服务机构的基本职能。

组织开展群众文化活动是群众文化事业机构区别于其他文化事业单位的独特职能，也是群众文化事业机构的中心工作内容。开展群众文化活动，是满足群众文化需求的主要方式，也是宣传教育、普及知识、非物质文化遗产保护的载体。群众文化事业机构要利用设施阵地和社会这两个"大舞台"，通过各种群众文化活动来开展宣传教育活动，"寓教于乐"，宣传政府的路线、方针和政策，正确引导社会舆论和需求，潜移默化地影响和改造人们的精神世界，提高人们的思想素质水平。以组织与辅导的方式开展综合性的群众文艺活动，普及文化艺术知识和技能，培育群众文化骨干，开展群众文艺创作。

非物质文化遗产是群众文化活动的重要形式和内容。要把非物质文化遗产搜集、整理、保护工作，非物质文化遗产的展示，非物质文化遗产的传承有机地结合起来，使其成为群众文化活动的重要内容。

国家办的群众文化事业机构是群众文化的专门机构，它拥有庞大的群众文化专业工作者队伍，拥有大批群众文化实践专家和理论专家。因此，逐步建立健全群众文化理论体系，促进群众文化的发展，已历史性地成为群众文化事业机构的一项重要任务。

三、群众文化事业机构的工作原则

(一)方向性原则

为人民服务、为社会主义服务是群众文化事业机构的生命线,也是它自身发展的内在要求。把"为人民服务、为社会主义服务"作为群众文化事业机构的方向性工作原则,就要求它在工作中时时刻刻地、全心全意地把广大人民群众作为服务对象,要求它从群众的利益出发,千方百计地去满足他们的文化需求,使社会主义时代的人民群众真正成为群众文化活动的主人;也要求它在服务内容上着力于表现人民群众的愿望和他们所从事的社会主义事业,着力于表现时代生活和时代精神。此外,还要求它所开展的各项文娱活动要有助于人们陶冶情操,提高精神境界,使人们更加精神振奋地投入社会主义现代化建设。

(二)目标性原则

群众文化事业机构要以保障公民基本文化权益、满足人民群众基本文化需求为目标,以"百花齐放、百家争鸣"方针为基本内容。群众文化事业机构应该有自己的特色活动和品牌活动,但是,特色和品牌活动是建立在满足人民群众基本文化需求基础上的,是建立在综合性文化服务基础上的。群众文化事业机构要根据群众不同的文化需求,促进不同形式和内容的群众文化活动的开展,"百花齐放",让拥有各种文艺爱好的群众都能在这里得到文化生活的享受,培育多样化的群众文艺骨干,促进群众在文化创造和文化欣赏中获得充分的民主和平等。

(三)政策性原则

包括坚持古为今用、洋为中用和推陈出新;坚持普及与提高相统一;坚持教育与娱乐相结合;坚持把社会效益放在首位;坚持业余自愿、丰富多样、健康有益、勤俭节约。"业余自愿、丰富多样、健康有益、勤俭节约"是现阶段开展群众文化工作和活动所要坚持的基本原则。业余自愿，体现了群众文化活动的基本特点。丰富多样，才能满足广大群众的文化需求，并且体现"百花齐放"的方针。健康有益，是指所开展的一切群众文化活动都要对群众身心健康有益。勤俭节约，反映了现阶段经济状况的要求，开展群众文化活动要适应群众的经济水平，不造成群众的负担。

四、群众文化事业机构建设与改革

"突出公益属性、强化服务功能、增强发展活力"[1]是对公益性事业单位改革总的要求。改革的目的是促进文化的繁荣，更好地满足人民群众的基本文化需求。

"突出公益属性"是群众文化事业机构改革的前提。改革不是要改变群众文化事业机构的公益属性，不是走产业化或产业化与事业化相结合的道路，而是保持和突出其公益属性。文化馆（站）的"以文补文"服务模式已经存在20多年，形成了一整套与之相适应的制度和机制，强调改革要"突出公益属性"对于文化馆（站）有着特殊的重要性。2011年1月27日，文化部、财政部下发了《关于推进全国美术馆、公共图书馆、文化馆（站）免费开放工作的意见》，是突出文化馆（站）公益属性，推进文化馆（站）服务模式改革的重大举措。目前，免费服务已经扩大到工人文化宫（俱乐部）等群众文化服务机构。"免费开放"带来了新的挑战与机遇，群众文化事业机构应在"免费服务"模式下创新基本服务内容、改善服务方式，有效提升群众文化服务能力和水平，增强发展的活力，不断满足广大人民群众对群众文化的新期待、新需求。

---

[1] 中共中央关于深化文化体制改革、推动社会主义文化大发展大繁荣若干重大问题的决定（2011年10月18日中国共产党第十七届中央委员会第六次全体会议通过）。

(一)建立群众文化事业机构基本文化服务的经费保障机制

"免费开放"是在公共财政支撑的服务模式,"突出公益属性、强化服务功能"首先要增加投入。加大投入不仅是加大对硬件设施建设的资金投入(这是必要的),还要加大对运行经费的投入,同时保障群众文化事业机构的建设和运行。加大投入不仅是资金的投入,更重要的是建立群众文化事业机构基本文化服务的经费保障机制。"免费开放"建立了中央财政与地方财政共担的经费保障机制,以及文化馆(站)免费开放经费补助的量化标准,这一模式还需要进一步完善。首先是改革"专项经费"的投入方式,将群众文化事业机构的"主要公共文化产品和服务项目、公益性文化活动纳入公共财政经常性支出预算"[①]。改革按照群众文化服务机构行政级别制定经费投入标准的方法,建立省、地、县级文化馆基本文化服务项目的经费保障机制和乡镇综合文化站人均经费保障机制,按照实际服务内容和服务人口确定经费投入标准。完善街道文化站和社区、村公共文化服务经费保障机制。

(二)全面推进群众文化事业单位人事、收入分配、社会保障制度改革

深化群众文化事业机构内部人事和内部收入分配制度改革,全面实行聘用制度和岗位管理制度,加强财务管理和经济核算,建立健全竞争、激励、约束机制,努力提高群众文化服务能力和水平。

在"以文补文"服务模式下"收费项目有提成",形成了价值取向的激励机制。在"免费开放"服务模式下,随着文化事业单位绩效工资的逐步实施,如何建立与"免费服务"相适应的工作评价、

---

① 中共中央关于深化文化体制改革、推动社会主义文化大发展大繁荣若干重大问题的决定(2011年10月18日中国共产党第十七届中央委员会第六次全体会议通过)。

绩效考核机制，成为内部管理改革的新课题。许多文化馆在这方面进行了成功的探索，如北京市群众艺术馆的"演讲竞争上岗"，北京市朝阳区文化馆的"项目负责制"，河南省郑州市文化馆的"目标量化考核机制"等。另外，建立群众文化专业技术人才吸纳、培养机制，也是人事制度改革的一个重要课题。

(三)建立健全群众文化机构服务公示制度

服务公示制度是强化服务功能，提高群众文化事业机构服务与管理水平的一项措施。"服务公示"首先扩大了宣传，方便了群众，可以使更多群众了解服务的项目、时间，提前一周或一个月选择安排自己参加的群众文化活动和服务项目，提高群众的参与率，提高"免费服务"的社会效益。更重要的是"服务公示"使群众文化事业机构的服务透明化、承诺化，"服务公示"是群众文化事业机构对社会公开的服务承诺，通过"服务公示"把自己的服务置于广大群众监督之下。

要规范服务公示的内容，公示的内容不仅是开放时间，还包括项目和具体活动时间、地点、人数要求，组织者或教师，组织者或教师的介绍等。公示时间应提前一个月。公示方法包括公告牌，发放活动材料，网上公示，建立公共文化服务的导航平台等。还应在窗口接待、场所引导、资料提供以及内容讲解等方面下工夫，努力创造良好的服务环境，增强吸引力，让人民群众乐于走进群众文化事业机构，参与群众文化活动。

(四)群众文化事业机构服务的规范化

制定文化馆(站)服务标准(服务规范)，开展文化馆(站)的评估定级活动，推进文化馆(站)服务的规范化和均等化。服务标准是文化馆(站)最基本的服务要求，是最低服务指标；评估定级是对文化馆(站)服务和管理水平的评价。在群众文化服务标准和评估标准的制定上，应坚持由群众评判，把人民群众是否满意作为服务到位与否的准则。群众意见是一把最好的尺子，最能衡量文化馆（站）服务工作的长短优劣。

五、社会性群众文化服务组织

社会性群众文化组织包括群众文化的协调组织，社会办群众文化机构和群众性的群众文化组织。

群众文化协调机构是在政府统一领导下或由政府各部门组成或由辖区各有关单位组成的机构，其主要职能是组织协调好本地区的重大群众文化活动，协商解决群众文化工作中的重大问题。群众文化活动涉及面广，需要协调各方面的力量共同管理。

社会办群众文化机构是由社会资金兴办的各类公益性群众文化机构。国家"十一五"文化发展规划纲要明确指出：支持民办公益性文化机构的发展；鼓励社会力量捐助和兴办公益性文化事业；积极引导社会力量提供公共文化服务；机关、企业、学校的文化设施要尽可能地向社会开放，积极开展文化服务。

群众性群众文化组织是由群众自发组织的群众文化组织，包括群众业余剧团、团体、协会等，一般采取自愿组合的形式，由群众自己管理。社会性群众文化组织是支持群众文化事业发展的重要辅助力量，其发展还需要相关政策的扶持。

案例：北京市朝阳区文化馆的"项目负责制"

朝阳区文化馆把群众基本文化需求转化为文化馆服务"项目"，建立"群众需求项目化"的管理机制；实施"统一协调、区域管理、项目负责、指标控制"的"项目负责制"管理办法，实行岗位分类、全员聘任、公开选拔、竞争上岗，按岗定酬、优劳优酬。

2011—2012年，全馆设置共五大类，48个项目，120个岗位。

● "国家公共文化服务体系示范区"调研。

岗位职能：协助完成调研，完成文字材料报送工作。

任务标准：按照"国家公共文化服务体系示范区"要求，协助主管领导完成"政府公共文化服务主体地位研究"课题调研，做好课题会务等工作；完成"公共文化服务建设机制和统筹协调机制市级高级研修班"课题组织工作；完成各类文字材料的编写报送。信息报送全年不少于350条次。

岗位职数：负责人1名，成员1名。

● "社区一家亲"活动。

岗位职能：巩固全国群众文化活动品牌。

任务标准：围绕"庆祝中国共产党建党90周年"的工作重点，提供公共文化服务；加大社区文化建设；加强文艺作品创作，做好优秀原创节目推荐展演工作；关注残疾人、外来务工人员等弱势群体的文化权益保障；管理朝阳区集邮协会活动。

岗位职数：负责人1名，成员1名。

● 社区电影管理。

岗位职能：加强对农村数字影厅和流动放映的管理服务，做好影片配送服务，定期检查基层放映状况，完成数字电影的政府折子工程。

任务标准：做好全区数字影厅、流动放映的设施设备和队伍的管理，督促完成流动放映2 150场和固定影厅4 120场的折子工程放映任务；举办"建党90周年优秀国产影片献映"活动；将"创建文明城区"工作纳入基层放映宣传重点，开展文明放映周活动；巩固"民工影院"品牌。

岗位职数：负责人1名，成员2名。

第四节 群众文化队伍

一、群众文化专业队伍

群众文化专业队伍,从广义上讲,包括政府文化主管部门的群众文化行政工作人员和群众文化服务机构的工作人员;这里所说的群众文化专业队伍,是从狭义上讲的,专指群众文化服务机构的群众文化业务工作人员。

群众文化专业人员的工作特点是:群众文化工作涉及面广,综合性强。从事群众文化工作不仅要接触不同职业、不同层次的群众,还会涉及不同的艺术门类;群众文化活动参与人员多,安全要求高,组织协调工作量大;活动、辅导是其主要工作,需要直接面对群众进行宣传、指导。

对群众文化专业人员的基本要求可以概括为"两个素质,三种能力"。两个素质是:具有较高的政治思想素质,能自觉践行社会主义核心价值体系,有强烈社会责任感,热爱群众文化事业和公益性服务事业;具有较高的艺术素质和技能,具有较广博的知识和较强的专业技术能力,掌握较为先进的专业技术知识,在培训和辅导中能真正为参与者答疑解惑。群众文化专业人员应接受过相关专业技术教育并取得相关学历,没有学历,但实际专业技术能力特别突出的人员,也要通过在职教育等方式,取得相关专业技术教育学历。

三种能力是指开展群众文化工作所需要的三种特殊能力要求,是群众文化专业人员和一般文化团体对专业文艺工作者的要求不同的地方。群众文化专业人员不但要具备较高的专业素养,同时还应具备以下三种能力。一是较强的学习能力。群众文化专业人员不能仅仅是某一门类艺术的专业人员,而应是"一专多能"的专业人员。群众文化专业人员面对的是群众多样化的文化艺术需求,群众文化工作人员除本身专业外,还应学习其他艺术专业,涉猎各类科学文化知识。尤其是基层文化机构,人员编制相对较少,要求群众文化工作人员必须是"一专多能",才能适应群众的需求。二是较强的组织协调能力。群众文化专业人员既从事艺术创作,又进行艺术表演,不少群众文化专业人员有很高的艺术水平,他们的作品和演出可以在专业性比赛中获奖。但是,群众文化专业人员的主要职责和主要能力不是自己创作和演出,而是组织群众参与文化活动和文艺创作。作为群众文化活动的组织者,除自身具有较高的艺术素质和技能外,还必须有较强的组织能力,包括制订活动方案、组织人民群众开展活动、指挥和协调活动中各方的行动以保证活动的顺利进行、对突发状况的应变和总结经验教训的能力等。一个群众文化活动能否成功举办,跟群众文化工作人员的组织协调能力息息相关。三是较强的语言表达传授能力。语言是沟通的桥梁,而群众文化工作需要面对广泛的群众,他们职业不同,文化水平不同、基础参差不齐,接受能力有高有低,无论是培训、辅导还是开展其他文化活动,较强的语言表达传授能力都能帮助群众文化工作人员事半功倍地完成其工作任务。

二、群众文化骨干队伍

群众文化骨干是指在群众文化活动中自然形成的,并在群众文化活动中起着组织、辅导和管理作用的中坚分子。包括各种业余文艺组织的领导骨干和活动骨干,职业、半职业民间艺人等。

(一)群众文化骨干的类型

群众文化骨干包括技艺专长型、热心组织型和结合型三种类型。技艺专长型骨干有比较高的艺术水平和艺术技能,起辅导以及组织、管理的作用；热心组织型骨干以社交能力和组织文化活动的能力见长，其文化艺术水平虽不是出类拔萃的或者是没有文化艺术特长，但有较强烈的文化艺术爱好，以积极、善于组织和管理而成为群众文化骨干；有技艺专长又热心组织管理的骨干，则属于结合型（或称全能型）骨干。

(二)群众文化骨干应具备的素质

群众文化骨干应具有以下素质。一是具有较好的思想素质，勇于进取、自强不息、立志奉献。群众文化骨干需要在业余时间义务地为群众文化活动进行组织、辅导、管理工作，如果在品行上无法成为他人的楷模，参与群众文化活动的其他人员必定不愿接受骨干的辅导和管理。二是具有一定的文化艺术素质，在一定的成员范围内，骨干的技艺水平应是最高层次的，有能力辅导别人，在某方面具有权威性的发言权和影响力。三是具有一定的组织才能，群众文化骨干要在群众文化活动中担当组织者、辅导者和管理者的角色，要对成员之间的关系进行协调，要同社会各界进行文化活动所必要的联系，就须有一定的社交活动和组织管理的能力。

(三)群众文化骨干形成的特点

群众文化骨干的形成具有自然性与自愿性特点。群众文化骨干产生的基础是群众文化活动。人们在群众文化活动中相互交往，相互了解，当其中有人在思想素质、文艺素质、社会品质等方面达到一定的水平层次而超越其他人时，就在一定的时间和影响范围内，自然地成了相关群众文化活动中的"领头羊"。可见，这种骨干人物不是社会政权组织任命的，不是骨干自封、自吹或其他外部力量干预而扮演的角色，而是由于在一定范围内得到了公众认可，或是受到其他文化艺术爱好者的拥戴而自然形成的。与自然性相联系的是群众文化骨干义务工作的自愿性。他们从事群众文化活动的组织、辅导和管理等工作,是在业余时间进行的义务工作,是出于为满足自身的精神文化需要与实现所追求的目的而自觉、自愿进行的工作。

群众文化骨干的形成具有相对性与可变性的特点。有些骨干的地位可以保持数年甚至一生,有些骨干则属昙花一现。一是因为群众文化骨干进行的文化活动是业余性质的,一般是出于他们的志趣和爱好,若兴趣爱好发生转移,骨干对自己的骨干地位也就放弃了;二是客观条件的变化,如职业的变动、工作或家庭情况的变化、年龄的增长,等等,都可能影响到骨干能否继续尽义务;三是骨干条件的变化。在一个文化区域内,群众的思想素质、技艺水平和社会交际能力等骨干构成的条件因素会产生变化,进步较快的人在某些方面超过了原先的骨干,就有可能形成新的"领袖人物",骨干地位就发生了转移。

(四)群众文化骨干队伍的作用

辐射功能。群众文化骨干是群众文化活动的"带头羊",是群众文化事业机构与广大群众密切联系的桥梁和纽带。群众文化事业机构通过他们辅导群众,组织群众文化活动,建立群众业余文艺团队,并向周围群众辐射,从而促进文化艺术的普及与群众文化活动的开展。

聚合功能。群众文化骨干是群众文化活动和群众业余文艺团队的组织者。群众文化骨干所具备的思想、艺术素质和组织指挥的才能,对其周围的文艺爱好者甚至其他群众产生着极强的吸引力,易于聚合成各种形式和规模的具有不同特色的文化群体,构成一支支群众业余文艺团队。在有高层次骨干、骨干群的地方,有关门类的群众文化活动和群众业余文艺团队必定是比较活跃的。

导向功能。群众文化骨干是群众文化的引领者。群众文化骨干由于具有高于一般群众的思想文化修养和辨别是非、美丑的能力，往往在一定范围内因为德高望重、技艺超群而取得其他活动主体的信任。因而，艺术骨干的世界观、价值观和艺术爱好对周围群众具有一定的熏陶和感化作用。群众文化事业机构有一批具有较高思想和艺术素质的骨干群体，能够按照社会和时代的要求自觉地完成其导向作用，这就能更好地引导当地群众文化活动沿着健康的轨道发展。

承递功能。群众文化骨干是群众文化发展的支撑者和传人。在漫长的群众文化发展历史中，群众文化骨干肩负着历史赋予的继承、发展、下传的重任，一代代群众文化骨干，通过口授、身传等方式，承递了民族传统的群众文化艺术，使各民族各地区形成鲜明的民族文化特色和浓郁的地方艺术风格。在当今与未来，虽然存在完整的学校教育系统发挥着群众文化的承传教育作用，但许多优秀文化遗产仍需靠骨干挖掘整理，许多文化艺术活动形式主要靠骨干推陈出新。

创新功能。群众文化骨干在群众文化的传承中有着重要的创新作用。作为群众文化骨干的群众个体，必定受当时的经济、社会、民族、地域、自然等因素的制约，他要以相适应的文化活动形式和内容来表现特定时期的社会生活，使群众文化与所处的时代合拍。因而，必然要对传统的文化活动形式进行选择、改造、补充和发展，不断丰富文化活动内容。这样，就形成了群众文化骨干的创新机制，发挥了它的创新功能。

(五) 群众文化骨干队伍建设

群众文化骨干队伍的建设是群众文化工作的重要内容，也是群众文化事业机构的重要职能业务。在社会主义群众文化工作中，要增强群众文化骨干队伍建设的自觉性，有意识地培养、引导群众文化骨干在群众文化活动中担任重要的角色。群众文化骨干队伍的建设应遵循系统性、经常性、确定性原则。

系统性原则。群众文化骨干队伍建设的系统性包含三个方面。一是各艺术门类骨干的系统性，骨干专业门类要齐全。群众文化骨干包括文学、音乐、舞蹈、绘画、戏剧、曲艺、摄影、书法等文艺创作和表演活动方面的骨干。对于一个乡镇（街道）和社区（村）来讲，不必要求艺术骨干的门类齐全，应当有特色、有重点，即重点建设与乡、村特色群众文化发展相对应的群众文化骨干。对于一个县以上地区来说，各门类的骨干都是需要的，应建立一支门类较为齐全的群众文化骨干队伍，促使群众文化活动全面发展。二是群众文化骨干队伍建设工作的系统化。群众文化骨干队伍建设应制订发展计划，建立群众文化骨干"艺术档案"和人才库，建立群众文化骨干的发现和培养机制，研究群众文化骨干发展规律，制定群众文化骨干的有关政策和激励机制。山东省肥城市实施的"把优秀的文化爱好者培养成文化骨干，把优秀的文化骨干培养成公共文化辅导员，把优秀的辅导员培养成弘扬社会主义核心价值体系的文化服务志愿者"，就是一个群众文化骨干队伍建设的系统工程。三是群众文化骨干培训的系统化。要把群众文化骨干的培训纳入群众文化骨干队伍的培训计划，按照了解群众文化基本规律，提高两个素质和三种能力的要求，制定群众文化骨干的培训大纲，系统性地进行培训。天津市群众艺术馆"千村百站"农村文艺骨干培训工程，就是群众文化骨干队伍系统化培训的典型事例。

经常性原则。群众文化骨干队伍的建设是一件经常性的工作，应列为群众文化事业机构的日常工作内容，并贯穿于各项群众文化工作之中。要在群众文化活动中发现和培养骨干，要在群众文艺比赛和群众文艺创作中发现和培养骨干，要在指导和辅导基层群众文化中发现和培养骨干，要在指导企业、校园群众文化工作时发现和培养骨干。要尊重和相信骨干，充分发挥他们参与集体文化活动的积极性和主动性，为他们搭建活动的平台，让他们在文化实践中锻炼成长。

稳定性原则。稳定性包括：要保持骨干队伍的稳定性，培养对象的相对稳定性，骨干队伍建设计划和有关政策的稳定性。稳定性原则还要求建立不同年龄梯次的群众文化骨干队伍，特别是少年儿童文艺骨干，尽早为少年儿童的文化天赋的发挥创造条件，可以培养他们对文化艺术活动的兴趣，为群众文化骨干队伍培养后备力量。"福建艺术扶贫工程"就是从农村儿童抓起的群众文化骨干建设实例。

案例：山东省肥城市"县级城市公共文化服务志愿者递进培养工程"

山东省肥城市实施"把优秀的文化爱好者培养成文化骨干，把优秀的文化骨干培养成公共文化辅导员，把优秀的辅导员培养成弘扬社会主义核心价值体系的文化服务志愿者"为主要内容的公共文化服务志愿者递进培养工程。其特点是，把群众文化骨干、群众文化辅导员、文化志愿者三个队伍的建设有机地结合在一起。其目标是，壮大文化志愿者队伍，力争通过3~5年的努力，使县域内所有社区、村居全部配备2~3名思想觉悟高、业务素质强、具有组织协调能力、传播先进文化的公共文化服务志愿者。具体做法包括以下几方面。

开展调查。对文化爱好者进行了摸底排查，并通过歌手大赛、票友大赛、"桃乡大舞台"等活动发现文化人才，对3 200多名文化爱好者逐一登记，建立业余文化人才库。

健全组织。成立公共文化服务志愿者俱乐部，负责全市公共文化服务志愿者队伍的注册登记、日常管理、活动规划和协调运作。

开展培训。采取集中培训与具体指导相结合的方式，下发菜单式培训目录，让文化骨干根据自身需求，参加不同专业的培训。2009年以来，举办培训班24期，对2 600多名文化骨干进行了培训辅导，培育了700多名文化辅导员和400多名文化服务志愿者。

建立考核督导机制。将基层文化队伍建设列入民生实事，成立了领导小组，出台了实施方案，明确了责任主体和工作进度，月汇报、季检查，严格督导。

建立经费保障机制。2009年以来，市财政每年拿出100万元用于文化队伍建设，市、乡、村先后投入460多万元，用于"递进培养工程"的器材配备，并组织开展各类学习培训活动。

建立表彰激励机制。按照职业、特长和业务能力对公共文化辅导员评定星级，引导他们自愿报名成为公共文化服务志愿者；开展了公共文化服务志愿者标志评选，推出了彰显志愿精神、体现肥城特色的文化志愿者标志；每年对公共文化服务志愿者进行评比，表彰奖励，推出十佳"优秀文化服务志愿者"、十佳"优秀业余文化团队"；建立起志愿服务与社会认同相对接的考评机制，鼓励机关、学校和企事业单位在同等条件下优先录取和聘用优秀志愿者。

文化志愿者充分发挥农村文化建设中的带头作用，牵头组织各类文艺队伍，全市正常开展活动的民间业余文艺队伍达200多个，包括歌舞文艺队伍160多个、庄户剧团40多个。推动了群众文化活动的开展。如今，在农村文化广场、文化角，随处可见健身操、戏曲演唱等文化志愿者自发组织的文化活动。

案例：曾昭兰和她的艺术团队

优秀的群众文化骨干能带动街区群众参与打造优质的群众文化活动团队。

曾昭兰是天津市友谊路街市民学校服装模特班教师，也是该街银光服装服饰表演团团长。她退休后组建了银光服装表演队，广泛吸纳社区爱好者加入，运用教学与实践相结合的方式，先后培养300余人。她根据团员自身特点，结合现代舞蹈特色编排表演方式，并不断在表演内容上创新改革。《中国百年婚礼》、《情满海河》等表演屡获国家级和市级奖项。为抗击"非典"排演的《祝福天使》、为抗震救灾排演的《中国民族魂》等在社区巡回演出中取得了积极的社会反响。表演团还多次赴马来西亚、韩国、法国等地进行文化交流，中外媒体予以关注，曾昭兰也赢得了"中国老年形象大使"的赞誉。

三、群众文化志愿者队伍

群众文化志愿者是自愿贡献个人时间、精力和专业技能，在不计物质报酬的前提下为开展群众文化活动、推动群众文化事业而提供服务的人员。群众文化志愿者没有年龄限制，任何人不论年龄大小，只要具备参加志愿服务的基本条件，皆可自愿参与不同层次及能力要求的志愿服务。

群众文化志愿者应具有志愿者精神，自愿地、不计报酬地参与推动社会进步、促进人类自身全面发展的社会公益事业，即做到奉献、友爱、互助、进步。

群众文化志愿者参与群众文化服务可以按三种类型划分。按参与服务的类型划分，有群众文化活动服务和群众文化事业机构服务。群众文化活动服务指志愿者在群众文化活动中协助组织者管理、协调、维护、完善整个活动过程，以保证群众文化活动顺利进行；群众文化事业机构服务指志愿者自愿在群众文化事业机构中承担志愿服务岗位，为群众文化事业机构开展各项群众文化活动提供时间、精力或技术支持。

按提供服务的内容划分，有时间型服务和技能型服务。时间型服务指群众文化志愿者无论是否具有特殊文化技能，只要愿意奉献个人的时间就可以从事群众文化志愿者服务；技能型服务指群众文化志愿者须具备一项或多项文化技能，并利用其所具备的技能开展群众文化志愿服务。

按服务时间划分，有定时性服务、定期性服务及临时性服务。定时性服务指志愿者能够在日常生活中抽出某一固定时间（如每星期三的上午9：00—11：00），连续参与群众文化志愿服务，服务时间相对稳定，服务时间是间隔的，不连续的但周期较长；定期性服务指志愿者自愿按照与群众文化事业机构约定的时间，不间断地参与群众文化志愿服务，如某项重大群众文化活动，从开始到结束的期间内均从事志愿服务；临时性服务指志愿者自愿参与群众文化服务机构举办的各类临时性活动，并为活动提供志愿服务。

群众文化志愿者参与群众文化服务的动机大致分为三类：第一类是自我取向，依个人的文化爱好参与志愿服务，获取个人内在的满足感；第二类是人际取向，其目的是参与群众文化活动和群众文化群体，结识朋友，获得他人的肯定；第三类是情境取向，是为了回应社会责任，并获得社会的认可。

群众文化志愿者目前已经成为群众文化事业中的重要力量，群众文化志愿者队伍建设要抓好服务项目推介，使志愿者深入了解服务内容；建立健全志愿服务制度和管理办法，使志愿者顺利、高效地开展工作；开展志愿者业务技能培训，使其在服务中不断提升个人文化艺术素质，具备该项目或岗位所需要的服务知识和能力；要注重报道志愿者服务，使更多大众了解这一服务，并愿意参与进来，要使志愿者在履行社会责任的同时获得社会认可。

案例：北京市群众艺术馆"文化志愿者服务体系建设"

北京文化志愿者服务体系从 2008 年开始建设，目前已形成了以北京市文化志愿者服务中心为龙头，以全市 16 个区县 18 个分中心为基础，广泛吸纳各行各业的文化志愿者队伍，开展了一系列公共文化服务。在全国第十五届"群星奖"评选活动中，"北京市文化志愿者体系建设"获得项目类"群星奖"。

北京市文化志愿者队伍组建和管理一般经过宣传招募、考核、输入备案、培训、选派、激励等工作流程。文化志愿者从参与群体属性上分为个人型和团体型。从专业技能和人员结构上大致分为四类：专家型、专业型、特长型、支持型。经过 4 年建设，目前基本形成了全市性的文化志愿者队伍和相应的管理体系，已发展了 8 300 余名文化志愿者及 10 个志愿者团队，共开展了 72 个服务项目，包含艺术演出、辅导培训、大型活动保障、展览展示等四大类，近 4 万人次参与文化志愿服务，近 200 万名各界群众享受服务成果。

北京市文化志愿者服务中心大力扶持各分中心文化志愿服务项目的开展和品牌建设，确定了艺术演出、辅导培训、大型活动保障、展览展示四大服务方向。2010 年，与各分中心负责人签订了《北京文化志愿者示范品牌项目委托书》，重点扶持推出了 4 个示范性志愿服务品牌项目，包括密云县的"暖心工程"、怀柔区的"基层文化辅导站"、延庆县的"走进绿色文化空间"工程和房山区的"5285 工程"。

北京市文化志愿者服务中心不断提高文化志愿服务的水平，对文化志愿者和文化志愿服务工作管理干部进行培训，5 000 余人次参加了培训。搭建文化志愿者信息服务平台，形成及时、共享的交互式网络管理机制。文化志愿者信息数据库和网站目前已经建成并投入使用，成为及时发布信息、加强成员联系、展现文化志愿者风采和志愿服务工作实绩的阵地。

案例：活跃在社区的文化志愿者刘淑芹

北京市密云县果园街道季庄社区文化志愿协会会长刘淑芹是一位退休的音乐老师。在居委会的支持下，她先后在檀城、果园北区、季庄等多个社区组建舞蹈、合唱、曲艺、绘画、手工制作等6支群众业余文艺团队，先后编排了舞蹈、演唱、相声、小品等60多个文艺节目，参加了市、县各种演出和展览100余场，多个节目已成为基层文化建设的品牌，带动了社区群众参与文化活动的热情。

她为了克服社区文化设施以及资金不足等困难，拿出近5万元退休金购买服装、道具、照相机、摄像机、音箱等器材，并亲手制作100多件道具。个人累计志愿服务时间超过1万小时，还培养了200多名社区文化志愿者骨干，文化活动的足迹遍布全县36个社区，使越来越多的居民和志愿者参与到社区文化活动和服务中。

四、群众文化群体

群众文化群体是指群众文化爱好者通过一定的社会关系自愿结合进行文化活动的集合体。它包括了四个要素。首先，它是由群众文化爱好者所组成的。共同的艺术爱好和兴趣，共同的文化需求和参与意识是群众文化群体形成的基础。群体中的群众文化骨干，是群体形成的必备条件。其次，它是通过一定社会关系组合而成的。这种社会关系基于成员共同的兴趣爱好和共同的文化需求。这个群体自然地、暂时地聚集在一起，不一定有固定的组织形式和联系方式。再次，它是自愿的结合体。群体没有强制的要求，成员完全凭自己的意愿集合在一起，可以自愿参加，也可以自由退出。最后，它是进行文化活动的集合体。它是以群众文化活动为唯一目而聚集在一起的，有组织而又相对松散的群体。

(一)群众文化群体的类型

从组合方式上划分，群众文化群体有四种类型。一是自由组合、自然形成的群众文化群体，这是一般常见的组合方式。是由几个群众文化骨干有意识地牵头，聚集一批兴趣相同的群众文化爱好者，开展活动，在活动中逐渐扩大队伍，有了固定的活动时间、地点和内容，以及约定俗成的制度，逐步形成趋向一致的价值观念、活动目的和相互联系，有的群体有自己的名称，但没有形成明确的组织章程和机构。北京景山的群众文化群体就属于这种类型。二是有社会组织、机构、团体倡导，并提供一定条件，以一些群众文化骨干为核心形成的群体。包括文化馆（站）等群众文化机构、企事业单位、机关学校、工会共青团、居（村）委会出面组织的群众文化群体，一般有群体的名称，但没有形成明确的组织章程和机构。三是上述两种类型的群众文化群体在发展中逐步形成较稳定的联系和组织，制定了群体的章程制度和机构，但没有正式登记成为正式的社会组织。如云南省腾冲县大村的"农民演艺协会"和一些群众业余艺术剧团、社团和协会。四是群众文化群体经过长期发展，形成了稳定的联系和组织，正式在民政部门登记注册，从群众文化群体转变为社会群众组织。

从艺术门类上划分，有文学、戏剧、曲艺、绘画、音乐、舞蹈、摄影、美术等各艺术门类的群众文化群体。各艺术门类的细化分支都可自成群体。

从活动频率上划分为，有常年活动、定期活动和不定期活动的群众文化群体。

从活动性质上划分为，有创造型、求知型、康乐型等群众文化群体。创造型的群众文化群体，从事的是创造性的文化活动。如文艺创作、文化理论研究等。这类群体成员的素质较高，具有更高层次的理想和追求。求知型的群众文化群体，是以学习、掌握文化、科学、知识，提高自身文化修养为目的，这类群体大都在各级学校和工厂企业中，成员多为上进心强的青少年。康乐型的群众文化群体，则以休闲、娱乐为价值取向，这类群体由中老年组成，特别是离开工作岗位的老年人，他们通过参与群众文化活动来充实晚年生活。

(二)群众文化群体的特点

群众文化群体产生和发展与一定的社会生产和生活状况紧密关联，与人们的文化生活权利和群众文化的发展状况紧密关联，与人们的个体素质紧密关联。它具有两组特点。

自发性和易散性特点。群众文化群体的产生不排除当地文化部门或其他有关方面的倡议、扶持、帮助与辅导、管理，但不存在隶属关系，都是以相同兴趣、爱好、追求等文化生活需要为引力，以感情共鸣为纽带，自发、自主、自愿地组成，其成员有较大的自主性。与此同时，正由于群体的自发性，使得组织结构较为松散，一旦参与受众的兴趣、需求、环境等发生变化，尤其是骨干的退出，这一群体就极易解散。

内聚性以及心理相容性、从众性特点。群众文化群体中自然形成的领袖人物，由于素质较高、善于团结、协调能力较强等原因，在群体中拥有一种自然影响力。这种影响力的作用，可形成比较显著的内聚力。领袖人物在群体中发挥着核心作用，使群体成员之间，有较多的共同语言、较强的信任感和归属感。内聚性还说明了群众文化群体的成员是在心理相容的基础上自愿结合的。他们互相依托，互相关心，感情真挚。因此，成员的从众行为倾向性较强，信念和行为有较高的一致性，易于产生群体性行为。

(三)群众文化群体的社会效应

群体对于成员个体的育人效应和教化效应。通过群体活动，人们的思想意识相互影响，通过对自我存在的思考，会激发人们在生活理想、人生追求等更高的层次上形成精神的关联。这样，在一个正气占主流地位的群众文化群体中，必定会形成携手共进的氛围和良好循环。人们在群众文化群体的文化活动中切磋技艺、互帮互助、共求上进，既得到娱乐休息，又丰富了知识；既提高审美能力和技能，又陶冶情操，从而使群体活动具有育人效应和教化效应。

群体对于群众文化发展具有辐射、聚合和导向作用。由于群众文化群体中骨干人物的辐射、聚合、导向等功能的作用，使得整个群体对群众文化发展都具有极强的辐射、聚合和导向的效力。从而不仅促使社会的群众文化活动由分散、自流的状态逐步转变为自觉、有序的状态，而且增强了群众文化自身承递与创新的能力。因此，在任何时候和任何地方，这种群体越多，群众文化活动就越普及、越深入；这种群体越活跃，群众文化就越有生气、越有活力。

群众文化群体是群众文化机构开展群众文化工作的依靠对象，如戏剧活动是一种群体性活动，没有群体组织就无从开展。群众文化群体的骨干分子，是群众文化活动的支撑者。群众文化活动的开展靠他们去筹划、组织，丰厚的民族民间文化传统和遗产靠他们去继承、弘扬，群众文化活动的内容和形式，靠他们去探索、发展，继往开来的文化活动人才靠他们引导、培养。群众以满足自身精神文化需求而聚合成文化群体，其群体在各种运转中又产生出推动整个群众文化发展的动力。

(四)群众文化群体建设

群众文化群体建设是群众文化工作的重要内容，也是群众文化事业机构的重要职能。群众文化群体建设应遵循大力倡导,积极引导,培养向导,热情辅导的原则。

大力倡导。要提倡、鼓励、支持一切积极的群众文化群体,促其发展。群众文化群体是人们在权利与自由的范围内对文化活动的一种自然的选择,它是社会生活的一个有机组成部分,是不以人的意志为转移的客观现象。因此,群众文化群体的建设既不能采取行政命令的方法,也不能放任自流,任其自由发展,应大力提倡和鼓励。提倡和鼓励不是空泛的宣传和号召,而应当有具体的政策和措施。应确定群众文化群体建设的方针、政策、计划和目标。在本书的许多案例中都把群众业余文艺团队建设纳入了公共文化服务体系建设的总体计划,纳入了群众文化活动的内容,有计划、有目标地推进群众文化群体的建设,如成都市龙泉驿区的"百人农村特色乐器队伍"建设,河北省霸州市的"队伍发展规范化"等。甘肃省金昌市在示范区建设中还提出了群众文化群体建设的目标:群众业余文艺团队人数占全市总人口的5‰,每个村、社区业余文艺队伍不少于2支。

积极引导的目的是克服群众文化群体可能出现的消极面,指引它走高雅、健康的文化生活之路。群众文化生活领域同时存在着有序与混乱、高雅与低俗、文明与愚昧、新生与腐朽等文化现象,这些现象也会反映到群体的活动中来。特别是处于青少年时期的群体成员,易被一些思潮所左右,被群体的自主性引入歧途。所以,对群众文化群体的引导是十分必要的。积极引导,不仅要通过因势利导的宣传教育和组织群体参与相关的文化活动来实现,更重要的是要建立完善的群众文化群体建设的长效机制,包括群众文化业余团队的管理机制,扶助机制,奖励机制等。如云南省腾冲县大村的"农民演艺协会"自我管理机制,鄂尔多斯市乌审旗的"文化独贵龙"扶持政策,宁夏回族自治区银川市等地区的群众业余文艺团队的星级评定机制等。

培养向导是指要注重培养群众文化群体中的核心人物。这些带头人的意志和行为,对于群体的努力方向和进取目标有决定性的引导作用。他们是所属成员心理需求在某一层次上的集中反映者,也是所属成员爱好、志趣、利益的主导者。因此,要把群众文化骨干的培养与群众文化群体的建设紧密结合起来,通过培育群众文化骨干来推动群众文化群体的建设与发展,发挥群众文化骨干对群众文化群体中其他成员的引导和辐射作用,使群体朝着正确、健康的方向发展。

热情辅导。要把对群众文化群体的辅导纳入群众文化队伍培训的计划,有计划、有步骤地开展对于群众文化群体的普遍辅导。文化部制定的"十二五"期间《全国基层文化队伍培训工作方案》把群众文化群体的培训纳入了方案,并提出明确要求:用5年时间,对现有24.27万县乡专职文化队伍和391万左右的业余文化队伍(包括基层文化指导员、大学生村官等)进行系统培训,使专兼职结合的基层文化队伍素质显著提高,公共文化服务能力明显增强。对群众文化群体的辅导,包括帮助和指导。辅导内容不只是指点如何组织文化活动,还要在文化活动的专门知识技能、方法等方面进行教授。辅导的方法应当因地制宜,从群体的实际情况和辅导者的具体情况出发,帮助他们各展其能。

案例:银川市社会民间文艺团队"星级"评定

为进一步加强银川市社会民间文艺团队的管理,充分发挥其在公共文化服务体系建设中的作用,促进全市群众文化事业的大繁荣、大发展,银川市开展了争创星级社会民间文艺团队的工作。制定了《银川市社会民间文艺团队(星级团队)考核细则》,明确了星级团队的人数、管理、制度、活动等指标。2011年,经过自评申报、实地察看、群众测评、综合评定等环节，共评出三星级团队 3 个，二星级团队 5 个，一星级团队 10 个，优秀团队 6 个，并给予表彰奖励。获奖团队包括宁夏老干部活动中心艺术团、建设银行系统的银翔艺术团、长信乡的长欣文艺协会、街道的银梦艺术团、银平苑社区的秦腔艺术团等。这些星级团队都是成立多年，比较稳定，有管理制度和组织章程的团队。它们常年活动、有自己创编的节目，并经常参加公共文化服务的演出，有较好业绩。银川市把参加银川市组织的大型群众文化活动与文艺团队的星级评定挂钩，推动社会民间艺术团队加强自身建设，争星创优。

【本章小结】

群众文化事业和群众文化工作涉及面很广，本章只是介绍了一些基本知识，群众文化事业和群众文化工作的主要内容属于群众文化实务，在《群众文化实务》教材中有详细的论述。本章涵盖的主要内容有：群众文化事业的概念、性质和群众文化事业的专业化、科学化、现代化，群众文化工作的概念和基本方针政策，群众文化服务机构的类型、特征、职能与群众文化事业机构的改革，群众文化专业队伍、群众文化骨干队伍、群众文化志愿者队伍、群众文化群体的概念、特点、作用与建设等。重点阐述了在公共文化服务体系建设新形势下的新特点、新认识和新实践。群众文化工作者要把握新形势下群众文化事业发展、群众文化工作和群众文化队伍建设的新情况、新要求，学习在这些方面的新经验，推动群众文化事业的发展。

【思考题】

1. 应如何认识群众文化事业的专业化、科学化、现代化？

2. 群众文化工作应遵循的基本方针是什么？

3. 结合实际，谈谈你对群众文化服务机构改革的认识。

【推荐阅读】

1. 郑永富. 群众文化学[M]. 北京：中国国际广播出版社，1993.

2. 浙江省文化厅. 新农村文化建设试用教材[M]. 北京：五洲传播出版社，2009.

3. 常沿. 中国群众文化辞典[M]. 长沙：湖南文艺出版社，1992.

4. 中共中央关于深化文化体制改革、推动社会主义文化大发展大繁荣若干重大问题的决定（2011年10月18日中国共产党第十七届中央委员会第六次全体会议通过）.

5. 林红，黄霞芬. 群文视野——宁波市群众文化论文集[M]. 北京：中国文史出版社，2011.

第六章 群众文化活动

【目标与任务】

通过对本章的学习，了解群众文化活动的基本概念、特征、结构和活动原则，理解群众文化活动的基本规律。能够运用上述概念，分析研究和开展本地区的群众文化活动。

第一节 群众文化活动在群众文化体系中的核心地位

一、群众文化活动的概念和地位

群众文化活动是指人们在职业外为满足自身精神文化生活需要而采取的文化行为，是群众文化功能、价值的承载体。

我国的群众文化是由群众文化活动、群众文化事业、群众文化工作、群众文化群体、群众文化理论等要素构成的一个完整的体系。在构成群众文化体系的诸要素中，群众文化活动是核心要素，处于核心地位。

人民群众的基本文化需求，包括文化艺术的鉴赏、文化活动的参与、文化艺术的学习，以及文学艺术创作等，这些都是通过丰富多彩的群众文化活动来满足的。发挥群众文化宣传教化、普及知识、团结凝聚等功能，培育"四有"新人，也是通过群众文化活动来实现的。

群众文化活动的存在和发展，决定着其他处于次要和服从地位的要素的存在和发展。在群众文化"四基建设"——基本阵地、基本队伍、基本活动内容、基本活动方式的建设中,"基本活动内容"和"基本活动方式"建设是核心,"基本阵地建设"旨在建设群众文化活动的阵地(文化馆、站),解决开展群众文化活动的物质载体问题,是人民群众开展群众文化活动的物质保障;"基本队伍建设"旨在培养和提高群众文化活动组织者和骨干的能力,是群众文化活动发展的人才保障。基本阵地和基本队伍建设的成果,要在群众文化活动中来体现。

群众文化的本质,就是由取得支配地位的群众活动的内容中的主要方面所规定的。在我国,群众文化活动应当坚持社会主义先进文化的前进方向,以科学发展为主题,以建设社会主义核心价值体系为主要内容。群众文化活动可以也应当利用传统和外国的活动形式,吸收传统和外国的内容,但必须取其精华,去其糟粕,推陈出新,保证群众文化的社会主义本质。

群众文化工作的重心是组织开展群众文化活动。广泛开展群众性的文化活动,为社会主义文化事业整体发展奠定坚实的基础,倡导文明健康的生活方式,提高人民群众的文化生活质量,是群众文化工作的主要任务。

二、群众文化活动的发展与群众文化体系的形成

从宏观上分析,我国群众文化发展的历史,我国群众文化体系的发育、形成、成熟的过程,都是以群众文化活动的发展为内在动因的。群众文化需求催生了群众文化活动,群众文化活动为群众文化群体的产生奠定了基础,根据群众文化活动发展的要求,开展群众文化工作、设置群众文化设施和机构、建设群众文化队伍,制定群众文化的方针政策,从而形成了群众文化事业。群众文化活动的开展需要群众文化理论的指导,也孕育和形成了群众文化的科学理论。群众文化活动的发展推动着群众文化诸要素的

发展，最终形成了群众文化体系。

从微观上分析，一种群众文化现象的产生也是以群众文化需求为依据，从群众文化活动开始的。活动的发展形成了群众文化群体，群体的发展产生群众文化的团队和阵地，文化馆（站）通过对其的扶持使其成为群众文化工作和群众文化事业的一个组成部分，并在群众文化事业发展中发挥着作用。天津越友会的诞生和发展就是一个很好的实例。

在文化大发展大繁荣的今天，人民群众的文化需求不断增长，群众文化活动的内容和形式也在不断发生变化，人民群众对群众文化活动质和量的要求也在不断提高，群众文化活动在不断创新，群众文化工作者要用新的群众文化活动来满足群众日益增长的文化活动需求，群众自身也在创造和发展新的群众文化活动内容和形式，推动群众文化事业进入全面创新的发展时期。

案例：天津越友会

在天津市有一批越剧的爱好者（越剧票友），最开始时就是几位票友聚在一起经常活动，随着活动的开展，越来越多的越剧票友加入其中，队伍不断壮大，从而形成越剧票友群体，产生了建立越剧票友社团的要求。1995年经市文广局批准、市社团管理局登记注册，成立了天津市第一家越剧社团组织——天津市越友会。15年来，他们架起了普及、传播越剧的桥梁，培养了新生代青年越剧迷，发展了百余名能登台演出的会员，排练了多部大戏和一批折子戏，经常深入社区和一些剧院公演，多次举办赈灾募义演，带动了多家越剧票房相继成立，推动了群众性演唱越剧的文化活动，填补了天津市没有专业越剧团的空白，为天津市群众文化事业的发展作出了贡献。

第二节 群众文化活动的构成与特征

一、群众文化活动的内容和形式

群众文化活动的内容，是指群众文化活动形式所表现的实质和意义；群众文化活动的形式，是指群众文化活动的内容得以表现的形态。群众文化活动的内容与形式的关系是辩证统一的关系。

群众文化活动是以文学艺术为主要形式的，文学艺术作品通过艺术形象反映客观现实生活，客观地反映社会生活是群众文化活动内容的主要组成部分。文学艺术活动包含着人的智力、审美、健身等因素，渗透着活动者思想情趣和审美评价的主观性，文学艺术作品反映了社会生活的客观性和人们文学艺术活动的主观性的统一，构成了群众文化活动的主要内容。文学艺术属于意识形态，具有一定的思想内容，群众文化活动同样具有一定的思想内容。群众文化活动还包括一些以娱乐、健身为主要内容的活动。

群众文化活动形式包括群众文化活动得以传达的物质手段，如网络群众文化活动、电视群众文化活动等；群众文化活动的文学艺术的形式，如歌舞、曲艺、戏剧、器乐等；群众文化活动的组织形式，如展览、比赛、庙会等。

群众文化活动的内容起着主导和决定的作用，形式由内容决定并为内容服务。群众文化活动的形式又能给内容以积极的影响，与内容相适应的、完美的形式能使内容得以充分表达，从而达到较好的活动效果。群众文化活动的形式是各民族在长期的群众文化实践中形成和发展的；活动形式的创新又促使活动内容更为丰富和新颖。群众文化活动的形式也有相对的独立性，不同的形式可表达相同或相似的内容，相同的形式也可表达不同的内容。

二、群众文化活动的类别

群众文化活动内容丰富、形式多样,群众文化活的类别也有多种划分方式。本节所讲的是三种主要的类别划分方式——活动样式、活动类别和活动总类。

(一)群众文化活动的样式

群众文化活动的样式,是指按不同文化艺术门类区分的基本活动组成种类。例如:群众文学活动、群众戏剧活动、群众音乐活动、群众舞蹈活动、群众美术活动等。

每种群众文化活动样式都具有相对的独立性,以其相对稳定的活动形式存在着。它们都以独特的形式和方式来表现群众文化活动的内容,同时也都以不同的形式和方式成为客体作用于群众文化活动的主体。从文化艺术门类层次上划分的群众文化活动样式,既包括这个门类的群众文化活动的过程,也包括与这个门类的活动成果有关的其他活动。

(二)群众文化活动的类型

群众文化活动的类型指以共同的活动形态特征所形成的群众文化活动类别。如创作活动、表演活动、展览活动、观赏活动、培训活动等。它是比活动样式更高层次的群众文化活动形态。

对群众文化活动类型的划分,是从其外部活动形态的共性上区别的一种分类方法。从其所包含的活动量(规模和参与人数)来说,有大型和小型之分,无论大小都是同类特征的活动组成的一个集合体。各种类型之间存在着相互作用、相互联结、相互依赖的内部联系;有的活动同时具有多种类型的特点,如农村题材小戏的创作活动就包括了小戏的演出活动和演出中观众的欣赏活动。

(三)群众文化活动总类

活动类型更高的层次,是群众文化活动的总类。它是按活动主体在活动中的角色地位的不同来区分的，大体上划分为接受性群众文化活动和表现性群众文化活动两大类。活动总类是指活动类型的归属，阅览活动、观赏活动、培训活动等归属于主体接受性活动；创作活动、表演活动、展览活动、健身活动等归属于主体表现性活动。

接受性群众文化活动是群众的艺术鉴赏性活动。群众作为活动的受体从活动客体上获得愉悦和审美享受，去认识客观世界。表现性群众文化活动是群众参与性活动，群众通过自身的文化艺术活动和文艺创作，来表现自己的思想情感、智慧和价值。

接受性和表现性两大类群众文化活动是紧密地联系在一起的。接受中可提高表现能力，表现中可接受新的知识技巧。有些活动中主体的接受角色和表现角色可能反复变换；有些活动把接受与表现紧紧交织起来；有的活动同时具有接受和表现两种性质。

三、群众文化活动的基本特征

群众文化活动具有存在上的广泛性。存在的广泛性体现在三个方面：从时间上看，群众文化活动过去、现在、未来都是人们不可缺少的一种精神生活内容；从空间上看，每个地区、每个民族、每个单位都有着一定的群众文化活动；从包含的内容上看，群众文化涉及诸如经济活动、政治活动、教育活动、宗教活动、军事活动、科学研究活动、人类情感活动等社会活动的各个方面。

群众文化活动具有时间上的闲暇性。群众文化活动在劳动生产之余的闲暇时间进行，闲暇是人们正常生活的重要组成部分；闲暇活动是人心理平衡、生理调节的必需活动；闲暇文化娱乐活动是人的个性多样性发展和创造潜力充分发掘的重要途径。社会的发展使人们的闲暇时间越来越多，群众文化活动的重要性也越来越突出。

群众文化活动具有目的上的功利性。人们参加群众文化活动的目的是期望通过群众文化活动获取一定的功效和利益。对于人民群众来说，参加群众文化活动，都自觉地带着娱乐审美、提高文化素养、消遣休息、美化生活等目的。可以说，任何人都是从精神需要出发并抱有一定的动机目的去展开群众文化活动的。

群众文化活动具有效应上的双向性。由于人们参与群众文化活动的目的是多种多样的，人们参与群众文化活动的目的与活动结果也是不完全一致的，这就带来了群众文化效应上的双向性，即群众文化活动可以产生正作用与副作用两种效应。一般来说，内容健康的群众文化活动所产生的是正作用、即正效应；内容不健康的群众文化活动所产生的是副作用，即负效应。

群众文化活动具有内容上的丰富性。群众文化的内容所涉及的方面广、种类多，是群众文化活动内容的量的特点。群众文化的群众性与群众文化的多功能性，决定了群众文化活动内容的丰富性。群众文化在其内容上几乎涉及人类文化需求的所有方面，各种形态的社会客观现实生活，都可以直接或间接地从中得以表现。

群众文化活动具有形式上的多样性。群众文化内容表现出形态样式繁多的特点，它包含群众文化活动的类型、文化艺术的种类、群众文化的内容组织结构和外部形态。

案例：天津市北辰区"天穆杯"全国小品比赛活动

天津市北辰区"天穆杯"全国小品比赛活动从1989年到2010年已经成功举办了13届。活动的内容以"新农村、新文化、新风貌"为主题，以农村题材为主要内容，反映农民生活，展现新农村、新农民的时代风貌。活动选取了"小品"这种小型、灵活、深受群众喜爱的艺术形式，采取了全国范围的比赛展演形式，展演活动通过剧场演出、广场演出由北辰电视台进行现场直播，颁奖晚会在天津卫视、文艺频道、公共频道播出，使老百姓不出家门就能欣赏到高水平的节目。此外，主办方制作了展演节目光盘、编印展演大型画册并作为文化交流宣传品对外赠送，使得内涵丰富、底蕴深厚的"天穆杯"小品展演活动的外延不断扩大。

"天穆杯"小品比赛活动是一个综合性的群众文化活动，从活动样式上属于群众戏剧活动。从活动类型上，把创作、表演、观赏、培训紧密结合在一起，开展小品的创作和演出培训，培育小品创作、演出队伍，推动群众小品创作和演出。"天穆杯"小品展演活动既是展现群众艺术才能的舞台，又为北辰区群众提供了艺术鉴赏平台。

"天穆杯"小品展演活动为全国农村小品创作搭建了平台，对全国农村题材小品的创作起到了非常好的推动作用。2006 年第十一届"天穆杯"小品大赛，在全国范围内组织剧本征集活动，共征集作品 315 件，209 件获创作奖，82 件获表演奖。"天穆杯"小品大赛的作品多次在全国群众文化赛事中取得优异成绩。《南墙根》获全国第四届电视小品比赛优秀奖，《老人坡》获全国"曹禺杯"剧本文学创作三等奖，复排的《路口》荣登中央电视台 1996 年春节晚会，《风车》获全国第 11 届"群星奖"金奖。

第三节　群众文化活动的原则与规律

一、群众文化活动的基本原则

群众文化活动要把满足广大人民群众的需求作为根本立足点和出发点。群众文化活动贯彻这一原则要注意三点。一是要了解群众需求，根据群众的需求开展活动，把群众需求变为活动项目。二是建立群众对于群众文化活动的选择机制，群众的文化需求是多种多样的，群众文化活动的组织者不可能完全满足群众个体的多样化需求，就需要建立选择机制，由群众选择参与自己需要的群众文化活动。三是建立群众文化活动的群众评价机制，一项活动的效果如何，应由群众去评价，根据群众的评价意见去改进和提高。

群众文化活动要坚持"业余、自愿、小型、多样、节约"的原则。群众文化活动的参加者主要是人民群众，他们的文化活动应该在业余时间进行。违背了"业余"原则，必然妨碍生产，损害群众的利益，遭到群众的抵制和反对。群众文化活动应当有更多的群众参加，使更多的群众受益，但这是建立在群众参与活动的自主性上的。群众文化活动要不断提高活动质量，增强吸引力，让广大人民群众自愿参与到丰富的群众文化活动中。"小型"是与"业余"相适应的，又是受"业余"制约的，群众文化活动只能在业余时间进行，而业余时间是有限的，在业余时间开展小型活动，比较切实可行。"小型"又是与"多样"相联系的，"小型"容易"多样"，符合群众对文化活动多种多样的需要和爱好。提倡"小型"不排除在有条件的地方，于农闲期间和节假日适当组织一些中型或大型活动。群众文化活动还应该注意"节约"，要讲求投入产出，用最小的投入，获取活动的最大效益。

群众文化活动的重点应放在基层和农村。基层特别是农村，文化资源相对缺乏，基层文化站活动能力较低，是群众文化活动的薄弱环节，又是群众文化发展的基础。应把群众文化活动的重点放在基层和农村，建立基层和农村的群众文化活动机制，使基层和农村的群众文化活动常态化。

二、群众文化活动的基本规律

群众文化活动有着自身的规律性，群众文化活动的组织者应当了解群众文化活动的规律，遵循群众文化活动规律。群众文化活动的特点和原则，都是群众文化活动规律的体现。群众文化活动的基本规律有以下几点。

(一)群众文化需求与群众文化活动相互制约的规律

群众文化需求决定着群众文化活动的发展，群众文化活动刺激了群众文化需求质和量的增长，不断激发出新的文化需求；群众文化需求和群众文化活动相互作用，形成良性循环，从而促进群众文化活动发展水平的上升。

首先，群众文化活动主体在需要和动机作用下产生群众文化活动，而需要随其活动的实现获得一定期望程度的满足之后，接着又会产生新的群众文化需要。新的群众文化需要不仅是表现为对质的再次需求，而且是对质的需求的提高。从宏观上说，群众文化活动的发展是社会物质文明和精神文明发展的结果；而从微观上说，在群众文化活动中不断激发出来的新的需要，是推动群众文化活动不断发展的直接动力。其次，群众文化活动的一次次进行，可以使群众不断提高群众文化活动的能力，提高了的活动能力又会作用于群众，产生新的文化需要以及动机、兴趣，刺激着群众文化活动水平的上升，形成良性循环。

(二)群众文化活动与政治、经济、社会、文化发展相互制约的规律

这是指群众文化活动与宏观社会环境的关系。政治、经济、社会、文化构成了群众文化活动的外部社会环境，影响和制约着群众文化活动的发展；同时，政治、经济、社会、文化的发展又为群众文化活动的发展创造了良好的客观条件。政治、经济社会

制度决定着群众文化活动的性质,社会物质生活水平决定着群众文化活动的水平。

群众文化活动已不仅仅是单纯的精神范畴的情感表达和自我宣扬,它已融入政治、经济、社会、生活各个领域,对内凝聚了力量,鼓舞了斗志,激发了群体的热情和智慧,形成了无形的生产力;对外树立了形象,展现了风貌,成为人们关注的焦点和亮点,为文化生产力的拓展和延伸创造了条件。起到了政治释放器、经济助推器、社会调和器的作用,在政治、经济、社会生活各个领域产生了广泛而深刻的影响。

(三)群众文化活动与活动客观条件相互制约的规律

这是从微观上讲的群众文化活动与活动的客观条件的关系。开展群众文化活动特别是大型活动需要一定的客观条件,包括资金、技术设备、人才、场地、交通工具等,这些客观条件制约着群众文化活动的开展。一方面,开展群众文化活动必须考虑客观条件,选择与客观条件相适应的形式、规模、范围,不能不顾客观条件盲目追求活动的规模、效果;另一方面,群众文化活动的开展又可以改善活动的客观条件,创造客观条件。有一些群众文化活动开始时受客观条件制约,只是文化馆开展的小范围、小规模的活动,后来影响扩大,受到政府和社会关注,客观条件改善,发展成为全市、全省,甚至全国性的群众文化活动。北京朝阳区文化馆的"社区一家亲"活动,最初只是由文化馆举办一些简单的文艺演出。由于活动深受社区群众欢迎,影响逐步扩大,受到政府关注,活动发展成为由朝阳区委宣传部、区精神文明办、区社工委、区农委和区文化委五家单位联合主办的全区性的活动,每年有700余场的演出、展览、培训、比赛、作品征集、生活体验等活动,参与人数达200万人次。

三、群众文化活动的发展趋势

群众文化活动的主题更加鲜明。群众文化活动越来越具有鲜明的主题，弘扬主旋律，讴歌新风尚，激发热爱祖国、热爱社会主义的真挚情感。在中国共产党成立九十周年的大背景下，从山区到海岛，从城市到乡村，从首都北京到全国各地，开展了上千项庆祝中国共产党成立九十周年的群众文化活动，表达了人们对党的生日的衷心祝福。其中，以唱红歌代表的红色文化成为一种潮流，红歌以其时代性、励志性、向上性深受青年人喜爱。

群众文化活动的常态化和制度化。群众文化活动遍布城乡、长年不断，有的已经形成制度。如长沙市的群众文艺百团汇演，每年举办大大小小的演出 12 000 余场，辐射全市 180 多个街道（乡镇）、400 多个社区，惠及 600 多万人民群众，已经形成常态化机制，被群众誉为"永不落幕的舞台"。

群众文化活动特色与品牌逐步形成。群众文化活动与传统民俗文化、地域文化相融合，形成了斑斓多姿、特色鲜明的群众文化活动，有的已经成为品牌活动。以天津市为例，仅全国性的群众文化品牌活动就有"和平杯"中国京剧票友邀请赛、"天穆杯"全国小品展演、"文化杯"群众文学评奖活动、"北仓杯"环渤海地区青年歌手电视大赛四项。这些活动都已经举办了十余届，享誉全国。

群众文化活动的社会化。群众文化活动走出群众文化事业内的小循环，走向社会、市场的大循环，扩大活动范围，提高活动质量，增强活动效益。如天津市现有 40 多家民营剧团，一年演出场次 3 200 场，刘荣升京剧团，哈哈笑、众友、名流等相声艺术团深受观众的喜爱。2010 年，由市文化广播影视局、市群艺馆、今晚传媒集团和达仁堂京万红药业公司组成联合体，建立天津民营剧团产业孵化基地。市群艺馆所属的群星剧院，作为全市民营剧团演出的固定场所，更名为"今晚大舞台"。达仁堂京万红药业公司提供专项资金，支持民营剧团为群众提供公益性演出，形成了由企业、民营剧团、群众文化服务机构联合开展群众艺术鉴赏服务的格局。

群众文化活动的网络化。群众文化活动资源正转向数字化，人们可以利用网络观赏群众文化活动；通过网上艺术比赛、网上展览等，开展网络群众文化活动。很多省、市文化馆在各自的网站上开辟了很多代表自己特色的栏目，有的介绍民族民间文化、品牌活动，开展网络比赛，宣传非物质文化遗产项目等；有的开展网上展览、网上艺术培训等活动；有的已经形成网上的群众文化活动品牌。如浙江省群众艺术馆的群众文化网站首页开辟了数字远程辅导点播平台，群众在家里就能参加文化艺术培训。

案例：上海市嘉定区"百姓文化系列"基层群众文化活动

嘉定区以全民参与为抓手，充分尊重基层群众的创造才能，建立了以政府引导、群众参与为特征的"百姓文化系列"群众文化活动模式。

创建基层群众身边的"百姓说唱团"。组建区、镇两级说唱团，成员都是有一定表演经验的演员和文艺爱好者。区文化馆作为配送枢纽，提供节目推荐单，由各街镇根据区域百姓的口味和喜好，选择节目与团队。"百姓说唱团"，每年下乡演出600余场，观众超过74万余人次。

创建基层群众家里的"百姓书社"。"百姓书社"建在一些喜爱读书、愿意提供场地并能进行日常开放管理的农户家里，无偿地为周围的邻居提供借阅服务。"百姓书社"的图书和报刊由图书馆进行统一配送，每三个月更新一次。目前共建成35个"百姓书社"。

创建基层群众喜看的"百姓影院"。以农村数字电影放映为平台，在各村、居委会建立放映室，村民自己点单，每周放映一次或两次数字电影。目前共建成144家农村数字电影放映点。

创建基层群众爱听的"百姓讲坛"。包括嘉定区图书馆"嘉图百姓讲座"，嘉定人民广播电台播出的"嘉定故事"，"百姓宣讲团"，深入基层讲座。

创建融洽基层社区的"百姓文化睦邻点"。睦邻点由居民自愿报名做发起人和参加者，自主确定主题和内容。到2010年底，已建成167个。平均每200多户人家就有一个"睦邻点"，每天都有2 000多位居民参加"睦邻点"组织的各种活动。如"快乐睦邻点"、"曲艺之家"、"宠物沙龙"、"爱心编织社"、"新上海人"、"归侨连心点"等，成为孕育新型社区群众文化的沃土。

创建温暖外来务工人员心灵的"文化家园"。嘉定区外来务工人员超过了当地总人口的65%。嘉定区专门建造了7个总建筑面积约35万平方米，可同时容纳7万余人的"新嘉定人家园"，廉租给外来务工人员居住，并且配套建设"文化家园"，常年免费向外来人员开放。定期举办外来务工人员卡拉OK比赛、演讲征文比赛、才艺表演、读书月、露天电影周等专项活动，还定期送戏、送演出进工地、进社区。"文化家园"成为外来务工人员的精神家园。

案例：湖南省长沙市"百团汇演"

湖南省长沙市每年组织群众文艺百团汇演。汇演期间，举办演出12 000余场，辐射全市180多个街道（乡镇）、400多个社区，惠及600多万人民群众，被群众誉为"自己享用的大餐"、"永不落幕的舞台"。活动使长沙市群众文艺团队得到迅猛发展，由2006年的不到100支增加到目前的870多支；常年参加群众文艺团队的群众迅速增加，由 2007 年初的 1 万多人增长到目前的 8 万多人。人员构成不断优化，由以老年人为主发展到老、中、青、幼并存，工人、农民、老师、学生、机关干部和进城务工人员各行各业全民参与。经过层层选拔和常年演出，群众文艺团队的策划、创作和表演水平都有了明显提升，有的甚至可以与专业团队媲美，为长沙赢得了许多国内外艺术大赛的殊荣。同时，长沙的 9 个区县（市）依托"百团汇演"这一平台，打造出各具特色的群众文化品牌，如好戏"月月演"、"和谐天心"、"湘江韵律"、"七彩星沙"、"周末我登台"、"相约斑马湖"、"滨江剧场"、"才艺擂台"、"和谐一家亲"、"关爱农民工"等。因此，群众文化活动形式的创新促使群众文化活动内容丰富，并得到群众文化群体的广泛参与，形成良性循环。

【本章小结】

群众文化活动在群众文化体系中的核心地位，群众文化活动的策划、组织是群众文化工作的主要内容，这部分内容将在《群众文化实务》、《群众文化活动的策划与组织》两本教材中具体讲述，本章只是介绍了有关群众文化活动的基本知识。

本章涵盖的主要内容有：群众文化活动的地位，群众文化活动的基本概念、特征、结构、类型和活动原则；群众文化活动的基本规律和群众文化活动的发展趋势等。应当说在 20 世纪 80 年代和 90 年代初所形成的群众文化活动的基本理论在今天也是适用的，但是在新形势下群众文化活动有了新的特点和新的发展趋势，本章在介绍群众文化活动的基本知识的同时，也分析了群众文化活动新的特点和新的要求。

【思考题】

1. 为什么说群众文化活动在群众文化体系中处于核心地位？
2. 举例说明群众文化活动有哪几种类型？
3. 结合实际，谈谈你对群众文化活动发展趋势的认识。

【推荐阅读】

1. 郑永富．群众文化学［M］．北京：中国国际广播出版社，1993．
2. 郑永富．群众文化管理学［M］．杭州：浙江人民出版社，1994．
3. 常泊．中国群众文化辞典［M］．长沙：湖南文艺出版社，1992．
4. 中共中央关于深化文化体制改革、推动社会主义文化大发展大繁荣若干重大问题的决定（2011年10月18日中国共产党第十七届中央委员会第六次全体会议通过）．
5. 林红，黄霞芬．群文视野——宁波市群众文化论文集［M］．北京：中国文史出版社，2011．

第七章 中国群众文化事业的政策法规与理论建设

【目标与任务】

通过对本章的学习，了解我国群众文化的有关政策法规，以及我国群众文化理论的形成与发展，理解群众文化政策法规和群众文化理论对于群众文化发展的重要作用。能够运用上述概念，依法保障群众文化事业和规范群众文化工作，开展群众文化的政策法规和理论建设。

第一节 中国关于发展群众文化事业的政策法规

一、关于群众文化的基本法律与政策

（一）《宪法》是我国群众文化事业发展的基本法律依据

《中华人民共和国宪法》是我国群众文化事业发展的基本法律依据。《宪法》明确规定了有关文化活动、文化创造、文化行政、文化服务对象、文化意识形态，文化服务性质、范畴、设施建设等，形成了比较完善的有关文化方面的最高法律体系。

《宪法》第二十二条规定，国家发展为人民服务、为社会主义服务的文学艺术事业、新闻广播电视事业、出版发行事业、图书馆、博物馆、文化馆和其他文化事业，开展群众性的文化活动。这一条是群众文化事业发展及其设施建设的基本法律依据：第一，把群众文化事业最核心的要素（群众文化活动）和群众文化服务网

络构成的主要机构(文化馆)写进了《宪法》；第二，明确了发展文化馆事业，开展群众性文化活动是国家的职责；第三，明确了文化馆属于事业机构；第四，明确了群众文化和文化馆事业的服务对象、服务性质和服务宗旨——"为人民服务、为社会主义服务"。

《宪法》第二章"公民权利义务"第四十七条规定，中华人民共和国公民有进行科学研究、文学艺术创作和其他文化活动的自由。国家对于从事教育、科学、技术、文学、艺术和其他文化事业的公民的有益于人民的创造性工作，给予鼓励和帮助。这一条规定了公民的文化权利，以及国家对从事文化馆事业人员的工作要求(有益于人民和创造性)和政策(鼓励和帮助)。有益于人民和创造性是《宪法》对于文化馆和文化馆工作人员工作的基本规定和基本要求。

同时，宪法还规定了各级政府文化管理的职能。

(二)新形势下群众文化的基本政策

2011年10月18日中国共产党第十七届中央委员会第六次全体会议通过的《中共中央关于深化文化体制改革推动社会主义文化大发展大繁荣若干重大问题的决定》(下文简称《决定》)，是新形势下推进群众文化事业改革发展的基本政策依据。

2000年，党的十五届五中全会第一次提出了文化产业的概念。2002年，党的十六大明确提出"要积极发展文化事业和文化产业"，在实践中，公益性文化事业与经营性文化产业的分野日渐清晰。2005年，党的十六届五中全会提出要"加大政府对文化的投入，逐步形成覆盖全社会的比较完备的公共文化服务体系"，初步提出建设公共文化服务体系的目标。2007年6月，胡锦涛同志主持中央政治局会议，专门研究公共文化服务体系建设，明确提出了我国公共文化服务体系建设的目标任务是：按照结构合理、发展平衡、网络健全、运行有效、惠及全民的原则，以政府为主导、以公益性文化单位为骨干，鼓励全社会积极参与，努力建设以公共文化产品生产供给、设施网络、资金人才技术保障、组织支撑和运行评估为基本框架的覆盖全社会的公共文化服务体系。2007年8月21日中共中央办公厅、国务院办公厅《关于加强公共文化服务体系建设的若干意见》提出了关于公共文化服务的指导思想、目标任务，以及一系列方针政策。

《决定》全面总结了党领导文化建设的成就和经验，深刻分析了文化建设面临的新形势和新任务，阐明了中国特色社会主义文化发展道路，确立了建设社会主义文化强国的宏伟目标，提出了新形势下推进文化体制改革的指导思想、重要方针、目标任务和政策举措，是当前和今后一个时期推进我国文化改革和发展的行动纲领，也是群众文化事业发展的行动纲领，具有长远的指导意义。

《决定》把人们对于文化建设（包括群众文化建设）重要性和迫切性的认识提到一个新的高度，增强了群众文化事业建设的自觉性，激励着群众文化工作者增强责任感和紧迫感，解放思想，转变观念，抓住机遇，乘势而上，在全面建设小康社会进程中、在科学发展道路上奋力开创社会主义群众文化建设新局面。

《决定》明确了我国文化改革发展（包括群众文化改革发展）的指导思想和目标任务。

高举中国特色社会主义伟大旗帜，以马克思列宁主义、毛泽东思想、邓小平理论和"三个代表"重要思想为指导，深入贯彻落实科学发展观，坚持社会主义先进文化前进方向，以科学发展为主题，以建设社会主义核心价值体系为根本任务，以满足人民精神文化需求为出发点和落脚点，以改革创新为动力，发展面向现代化、面向世界、面向未来的，民族的、科学的、大众的社会主义文化，培养高度的文化自觉和文化自信，提高全民族文明素质，增强国家文化软实力,弘扬中华文化,努力建设社会主义文化强国。这段话,是我们推进文化改革发展的指导思想,也是发展中国特色社会主义群众文化的指导思想。

《决定》提出的2020年文化改革发展奋斗目标,也涵盖了群众文化的发展目标:社会主义核心价值体系建设深入推进,良好思想道德风尚进一步弘扬,公民素质明显提高;适应人民需要的文化产品更加丰富,精品力作不断涌现;文化事业全面繁荣,覆盖全社会的公共文化服务体系基本建立,努力实现基本公共文化服务均等化;文化产业成为国民经济支柱性产业,整体实力和国际竞争力显著增强,公有制为主体、多种所有制共同发展的文化产业格局全面形成;文化管理体制和文化产品生产经营机制充满活力、富有效率,以民族文化为主体、吸收外来有益文化、推动中华文化走向世界的文化开放格局进一步完善;高素质文化人才队伍发展壮大,文化繁荣发展的人才保障更加有力。

《决定》提出了文化改革发展的一系列重要方针,也是群众文化发展的指导方针,包括:推进社会主义核心价值体系建设;全面贯彻"二为"方向和"双百"方针;大力发展公益性文化事业,保障人民基本文化权益;进一步深化改革开放,加快构建有利于文化繁荣发展的体制机制;建设宏大文化人才队伍,为社会主义文化大发展大繁荣提供有力的人才支撑等。

《决定》提出的"公益性文化事业发展必须在构建公共文化服务体系、发展现代传播体系、建设优秀传统文化传承体系、加快城乡文化一体化发展四个方面取得突破"的要求,是当前和今后一段时期内群众文化发展的主要任务和重点工作。

满足人民基本文化需求是社会主义群众文化建设的基本任务。群众文化要以公共财政为支撑,以公益性群众文化单位为骨干,以全体人民为服务对象,以保障人民群众看电视、听广播、读书看报、进行公共文化鉴赏、参与公共文化活动等基本文化权益为主要内容，完善覆盖城乡、结构合理、功能健全、实用高效的群众文化服务体系。

发展群众文化数字服务，加快构建技术先进、传输快捷、覆盖广泛的现代群众文化传播体系，提高社会主义先进文化辐射力和影响力，是群众文化的一项紧迫任务。

群众文化在优秀传统文化传承体系中有着重要的地位，要在加强对优秀传统文化思想价值的挖掘和阐发，非物质文化遗产保护传承，开展优秀传统文化活动，发展繁荣少数民族群众文化事业等方面发挥重要作用。

群众文化发展要按照"城乡文化一体化发展"要求，以农村和后发展地区为重点，加强县级文化馆、乡镇综合文化站、村文化室建设，深入实施文化惠民工程，增加农村文化服务总量，缩小城乡文化发展差距，推进社会主义新农村建设。

二、关于群众文化事业机构的法规

现有的群众文化事业机构的法规主要包括行政法规、规章和标准。《公共文化体育设施条例》是群众文化服务机构应遵循的行政法规，《文化馆管理办法》、《乡镇综合文化站管理办法》是《公共文化体育设施条例》具体化的部门规章，有关部门联合颁布的《文化馆建设用地指标》、《文化馆建设标准》、《乡镇综合文化站建设标准》是文化馆（站）建设应遵循的标准。

(一)《公共文化体育设施条例》

为了促进公共文化体育设施的建设，加强对公共文化体育设施的管理和保护，充分发挥公共文化体育设施的功能，繁荣文化体育事业，满足人民群众开展文化体育活动的基本需求，国务院2003年8月1日颁布施行《公共文化体育设施条例》（下文简称《条例》)。《条例》关于文化馆(站)的规定包括文化馆(站)的性质、建设和规划、服务与管理以及保护四方面的内容。

《条例》明确规定：文化馆(站)和图书馆、博物馆等一样,属于公共文化体育设施,确立了文化馆(站)公共文化服务的基本属性和基本职责。

《条例》关于文化馆(站)建设与规划的规定有：将文化馆(站)设施建设纳入国民经济和社会发展计划、纳入当地国民经济和社会发展计划。文化馆(站)数量、种类、规模以及布局,应当根据国民经济和社会发展水平、人口结构、环境条件以及文化体育事业发展的需要,统筹兼顾,优化配置,并符合国家关于城乡公共文化体育设施用地定额指标的规定。文化馆(站)的选址、设计,应当满足人口集中、交通便利、实用、安全、科学、美观等要求,并采取无障碍措施,方便残疾人使用。其建设预留地由县级以上相关部门纳入土地利用总体规划和城乡规划,并依照法定程序审批,其建设用地以划拨方式取得。任何单位或者个人不得侵占或者改变其用途。新建、改建、扩建居民住宅区,应当按照国家有关规定规划和建设相应的文化体育设施。

《条例》对文化馆(站)服务和管理的规定包括：文化馆(站)应当完善服务条件,建立、健全服务规范,开展相关服务,向公众开放,并向公众公示其服务内容和开放时间。需要收取费用的服务,收费项目和标准应当经县级以上人民政府有关部门批准,并对学生、老年人、残疾人等免费或者优惠开放。文化馆(站)应当建立、健全安全管理制度,依法配备安全保护设施、人员,保证公共文化体育设施的完好,确保公众安全。文化馆(站)的各项收入,应当用于公共文化体育设施的维护、管理和事业发展。

《条例》关于文化馆(站)的管理和保护的规定包括：文化馆(站)因城乡建设确需拆除或者改变功能、用途的,由地方人民政府组织专家论证，征得上一级人民政府文化行政主管部门同意，报上一级人民政府批准。并依法择地重建，且一般不得小于原有规模。迁建所需费用由造成迁建的单位承担。

（条例）还规定了鼓励企业、事业单位、社会团体和个人等社会力量举办公共文化体育设施。鼓励通过自愿捐赠等方式建立公共文化体育设施社会基金，鼓励依法向社会公益性机构捐赠财产，鼓励机关、学校等单位内部的文化体育设施向公众开放的条款。

（二）《群众艺术馆、文化馆管理办法》和修订

文化部1992年5月27日颁布实施了《群众艺术馆、文化馆管理办法》（下文简称《办法》），对于群众艺术馆（文化馆）的设置、性质、任务和管理等予以详细规定。2011年，文化部根据《公共文化体育设施条例》和文化馆发展的要求，对管理办法进行了修改。主要的修改包括以下几个方面。

关于文化馆设置的规定：县和县级以上各级地方人民政府应按照行政区域分级设立文化馆。各级群众艺术馆、文化馆应逐步统一名称，统一标志。

关于文化馆性质的规定没有改变：文化馆是国家设立的全民所有制文化事业机构，是群众进行文化艺术活动的场所。

关于文化馆任务的规定作了较大的修改。根据新的形势要求，规定了文化馆的四项基本职能和十项任务。文化馆的基本职能是：组织群众文化活动、普及文化艺术知识、辅导基层文化骨干、开展社会教育培训。文化馆的主要任务是：组织开展文艺演出、展览、讲座等群众性文化艺术活动，成为基层群众文化活动中心；受政府和文化行政部门委托，承担政府交办的文化下乡、开展社会教育培训等公益性文化服务工作；组织配送和传输公共文化资源，深入基层开展流动服务，保证公共文化资源进村入户；辅导、培训基层群众文化队伍，成为基层群众文化队伍的培训中心；组织、辅导和研究群众文艺创作，促进优秀群众文艺作品的创作和推广；开展群众文化政策理论研究，为当地公共文化服务制度设计和区域文化发展提供政策建议和决策咨询；协助文化行政部门开展非物质文化遗产保护相关工作；开展群众文化数字资源建设，开设公益性电子阅览室，有针对性地开展数字文化信息服务；指导本地区老年文化、老年教育、少儿文化工作；在主管部门指导下开展与国外（以及我国港、澳、台地区）的文化交流。

关于文化馆的服务与管理作了重大的修改和进一步完善。文化馆应当向公众免费开放，并免费提供基本文化服务。文化馆的开放时间应当与当地群众的工作、学习时间适当错开；国家法定节假日和学校寒暑假期间，应当适当延长开放时间。文化馆应完善内部管理制度，建立、健全服务规范，并根据其功能、特点向公众开放。文化馆应在醒目位置标明服务内容、开放时间和注意事项。文化馆应当建立、健全安全管理制度，依法配备安全保护设备、人员，保证文化馆设施完好，确保公众安全。文化馆提供基本服务以外文化艺术服务的，可以适当收取成本费，但对老年人、残疾人、未成年人应当免费或者优惠。

修改稿增加了关于文化馆的人员和经费保障的条款，包括：依据文化馆性质、工作任务、所在地区经济、文化、人口状况等因素，确定文化馆编制数额。文化馆应当配备与其工作职责相适应的专业技术人员和管理人员，省、市和县级文化馆的文化艺术专业技术人员占全馆人员的比例分别不得少于65％、70％、75％。文化馆实行职业资格制度，实行聘用制和岗位目标管理责任制。建立文化馆队伍定期培训制度。文化馆是全额拨款的公益性事业单位。其建设、维修、管理资金和人员经费、日常公用经费、群众文化活动等基本服务经费，应当列入当地政府基本建设投资计划和财政预算。

关于文化馆的规划与建设主要是强调：符合《文化馆建设用地指标》和《文化馆建设标准》的要求。

(三)《乡镇综合文化站管理办法》

文化部2009年10月1日颁布、施行《乡镇综合文化站管理办法》（下文简称《文化站管理办法》），是指导文化站各项工作的基本依据。其内容主要包括：乡镇综合文化站建设的基本原则，规划和建设，职能与服务，人员和经费保障，检查与监督五个方面。

关于乡镇综合文化站的性质、职能的规定：乡镇综合文化站是由县级或乡镇人民政府设立的公益性文化机构，其基本职能是社会服务、指导基层和协助管理农村文化市场。文化站的主要任务有：举办各类展览、讲座，普及科学文化知识，传递经济信息。根据当地群众的需求和设施、场地条件，组织开展文体活动和广播、电影放映活动；指导村文化室（文化大院、俱乐部等）和农民自办文化组织建设，辅导和培训群众文艺骨干；协助县级文化馆、图书馆等文化单位配送公共文化资源，开展流动文化服务，保证公共文化资源进村入户；在县级图书馆的指导下，开办图书室，开展群众读书读报活动，为当地群众提供图书报刊借阅服务；建成全国文化信息资源共享工程基层服务点，开展数字文化信息服务；在县级文化行政部门的指导下，搜集、整理非物质文化遗产，开展非物质文化遗产的普查、展示、宣传活动，指导传承人开展传习活动；协助县级文化行政部门开展文物保护的宣传工作；受县级文化行政部门的委托，协助做好农村文化市场管理及监督工作。

文化站管理的规定：文化站应完善内部管理制度，建立、健全服务规范，并根据其功能、特点向公众开放，保障其设施用于开展文明、健康的文化体育活动。文化站应在醒目位置标明服务内容、开放时间和注意事项。

关于文化站的人员和经费的规定：文化站实行聘用制和岗位目标管理责任制，应配备专职人员进行管理，实行职业资格制度，文化站站长应具有大专以上学历或具备相当于大专以上的文化程度。文化行政部门负责对文化站从业人员进行定期培训。文化站的建设、维修、日常运转和业务活动所需经费，应列入县乡人民政府基本建设投资计划和财政预算。鼓励企业、社会团体、个人捐赠或资助文化站。

（四）文化馆（站）建设标准

2011年自然资源部、住房和城乡建设部、文化部联合颁布了《文化馆建设用地指标》，2012年，国家改革和发展委员会、住房和城乡建设部、文化部联合发布了《文化馆建设标准》、《乡镇综合文化站建设标准》。这些是新时期文化馆（站）建设应遵循的标准，是文化馆（站）建设项目科学决策和合理确定项目建设水平的全国统一标准；是审批核准文化馆（站）建设项目的依据；是有关部门审查文化馆（站）建设项目初步设计和监督检查工程项目建设全过程的尺度。

这三个标准根据公共文化服务体系建设的原则，提出了对文化馆（站）的建设原则、建设内容、建设规模和依据、选址以及建筑的新的要求，并作了具体规定，确立了文化馆（站）建设指标体系，标志着文化馆（站）建设的科学化、规范化和标准化。这三个标准体现的文化馆（站）建设的新原则和新要求主要有以下几点。

①文化馆（站）的建设应以人为本、功能优先、因地制宜、合理布局，经济适用、节能环保。这是针对文化馆（站）建设中片面追求政绩工程、标志化建筑的倾向提出的。

②以服务人口而非按行政级别确定文化馆（站）规模原则。文化馆（站）的建筑规模应依据服务人口数量确定，同时要兼顾当地城镇经济社会发展水平、社会需求以及各馆（站）的特色，并具体

规定了与服务人口相对应的文化馆(站)建设面积指标。这一规定,体现了公共文化服务以人为本及均等化的原则。

③关于合理布局的原则。文化馆(站)的选址应符合所在地的城市规划、镇规划或相关专项规划,选择在城镇文化中心或人口集中、交通便利、便于开展群众性文化活动的地区;同时满足工程地质及水文地质条件,符合安全、卫生和环保标准;宜结合城镇广场、公园绿地等公共活动空间综合布置。

④关于文化馆(站)建设内容的规定。针对文化馆(站)建设中的"重建筑、轻场地"、"重建筑、轻设施",文化馆(站)建成后没有活动场地和"空壳化"的现象,做了三个方面的规定。规定文化馆(站)的建设内容包括:房屋建筑、室外场地及建筑设备。文化馆的房屋建筑包括:群众活动用房、业务用房、管理用房和辅助用房。乡镇综合文化站的房屋建筑包括:文化体育活动用房,书刊阅览用房,教育培训用房,网络信息服务用房,管理与辅助用房。并对各项功能用房的用途作了具体说明,在附录里规定了不同规模文化馆(站)的功能用房设置表。文化馆(站)室外场地包括:开展群众文化艺术与信息交流活动的室外活动场地、美化环境的绿地、休憩场地、道路及停车场地等。还规定了文化馆(站)的建筑设备和专用设备种类。

⑤按照服务第一原则,规定了各类功能用房使用面积的控制指标,要求用于公共文化服务的用房使用面积应占全部使用面积的75%～80%,使文化馆(站)确实成为群众进行群众文化活动的场所,防止文化馆(站)的机关化。

⑥确立了文化馆(站)建设的指标体系,包括服务人口与建筑规模指标,用地面积指标,室外活动场地面积指标、建筑密度和容积率指标等。

表 7-1　文化馆建筑面积指标①

类型	服务人口（万人）	建筑面积（平方米）	适用范围
大型馆	≥250	≥8000	大城市
大型馆	50~250	6000~8000	大城市
中型馆	20~50	4000~6000	中等城市
中型馆	≥30	4000~6000	市辖区
小型馆	5~20	2000~4000	小城市
小型馆	5~30	2000~4000	市辖区或独立组团
小型馆	<5	800~2000	城关镇

注：省、市、县文化馆服务人口以其所在城镇常住人口进行核算，其他文化馆服务人口以其服务范围内的常住人口进行核算；处于两个数值区间的，采用直线内插法确定建筑面积；小于 2 000 平方米的文化馆应与其他相关文化设施联合建设。

表 7-2　乡镇综合文化站建筑面积指标②

类型	服务人口（万人）	建筑面积（平方米）
大型站	5~10	800~2000
中型站	3~5	500~800
小型站	1~3	300~500
小型站	1 以下	300

注：1. 表中服务人口处于两个数值区间的，采用直线内插法确定其建筑面积指标。

2. 表中服务人口是指乡镇辖区的常住人口（户籍人口和居住半年以上的暂住人口）。

3. 服务人口在 10 万以上的，参照《文化馆建设标准》中服务人口 5 万以上的市辖区文化馆建筑面积指标确定。

4. 建筑面积指标所包含的项目应符合表 7-1。

---

① 国家改革和发展委员会，住宅与城乡建设部，文化部. 文化馆建设标准[S]. 2012.

② 国家改革和发展委员会，住宅与城乡建设部，文化部. 乡镇综合文化站建设标准[S]. 2012.

第二节　中国群众文化的政策法规建设

一、群众文化政策法规体系的建设

群众文化政策，是党和国家为实现一定时期的群众文化发展目标而制定的群众文化活动指南，是调整群众文化关系的基本准则。群众文化法规是体现统治阶级意志，由有立法权的机关依照法定程序制定，由国家强制力保证执行的群众文化活动行为规范的总称。

群众文化政策法规要调整的社会关系是：调整政府与群众文化事业的关系，使政府能够为群众文化事业的生存和发展提供必要的条件；调整各系统、各部门的各类群众文化服务机构之间的关系，加强协作，建立资源共享、联合服务体系；调整群众文化服务机构的内部关系，规范管理与服务；调整公共文化服务机构与服务对象的关系，规范各自的权利和义务。

有关群众文化的政策法规可以分为三种。

第一种是分散在各类法规中的有关群众文化和群众文化服务机构的条款。这类法律、法规相对分散。涉及群众文化的法律、法规有《中华人民共和国著作权法》、《非物质文化遗产保护法》以及文化市场的一些管理条例，如《出版管理条例》、《电影管理条例》、《营业性演出管理条例》等。这些是群众文化和群众文化机构在从事相关活动时应当遵循的政策、法规。

第二种是分散包含在有关精神文明建设、文化建设、公共文化服务体系建设的政策和法规中的群众文化政策和法规，可以看作群众文化服务应遵循的基本政策和法规。如2005年12月中共中央、国务院下发的《关于深化文化体制改革的若干意见》，2010

年9月中宣部、中组部、中央编办、国家发改委、财政部、人力资源和社会保障部联合下发的《关于加强地方县级和城乡基层宣传文化队伍建设的若干意见》，2011年1月文化部、财政部发出的《关于推进全国美术馆、公共图书馆、文化馆（站）免费开放工作的意见》，2011年10月党的十七届六中全会审议通过的《中共中央关于深化文化体制改革推动社会主义文化大发展大繁荣若干重大问题的决定》，中共中央办公厅、国务院办公厅2012年2月发布的《"十二五"时期文化改革发展规划纲要》等。还包括一些地方条例，如广东省的《公共文化服务促进条例》。

第三种是专门的群众文化的政策法规。主要包括以下几类。

①关于群众文化工作的政策。如1981年8月中共中央发出的《关于关心人民群众文化生活的指示》，即中发〔1981〕31号文件；1983年2月中共中央批转的中宣部、文化部、全国总工会和共青团中央等四部门发出的《关于加强城市、厂矿群众文化工作的几点意见》，即中发〔1983〕34号文件。这两个文件是中共中央为了加强群众文化工作专门颁发的两个文件，是新中国成立以来的第一次，也是仅有的两个专门明确群众文化方针政策的文件。

②群众文化服务设施建设的法规、标准。如国务院颁布的《公共文化体育设施条例》，以及前面提到的《文化馆建设用地指标》、《文化馆建设标准》、《乡镇综合文化站建设标准》。

③群众文化机构服务与管理的法规。如1992年5月文化部颁布（目前正在修订的）的《群众艺术馆、文化馆管理办法》，2009年9月文化部颁布的《乡镇综合文化站管理办法》等。

④群众文化服务和群众文化服务机构评价标准和办法。包括文化馆（站）评估标准和即将制定的《文化馆服务标准》、《乡镇综合文化站服务标准》、《社区服务中心服务标准》等。

⑤群众文化人事管理的法规。如群众文化专业职称评审，文

化馆(站)编制管理，文化馆(站)的人员管理等规定。

⑥群众文化活动管理的法规。如《群众性文化体育活动治安管理办法》等。

二、群众文化政策法规对群众文化的保护与规范

群众文化政策法规制定的目的，是保证群众文化事业发展，解决群众文化事业发展中的难题，规范群众文化服务机构的服务与管理，以更好地开展群众文化服务，满足群众对群众文化的需要。保障和规范都是立法的重要内容。

群众文化工作者要求制定群众文化政策和法规的直接目的是解决群众文化发展中存在的问题，特别是文化馆(站)的设施建设、人员和经费的保障问题。人员、经费与设施的保障问题一直以来是困扰文化馆(站)发展和开展工作的难题，是影响和阻碍群众文化的发展的重要问题，也是群众文化政策法规的重要内容。群众文化政策法规最主要的内容就是调整政府与群众文化事业的关系，明确政府在发展群众文化事业中的主体地位及义务，使政府发展群众文化的责任法治化。

群众文化政策法规不仅是对政府的要求，不仅是为了解决群众文化发展中的人员、经费、设施难题，还包括对群众文化和群众文化机构的要求，解决群众文化发展中的设施利用率和服务能力问题。规范群众文化，包括规范群众文化活动和群众文化服务机构的服务与管理，是群众文化事业发展的需要。群众文化政策法规对于政府和群众文化工作机构、群众文化工作者都起着规范的作用。

案例：文化馆(站)免费开放的政策

2011年2月，文化部、财政部发出了《关于推进全国美术馆、

公共图书馆、文化馆(站)免费开放工作的意见》(文财务发〔2011〕5号),财政部还下发了《关于加强美术馆、公共图书馆、文化馆(站)免费开放经费保障工作的通知》。

明确了政府在文化馆(站)免费开放中的责任,包括:

建立文化馆(站)免费开放的组织保障机制,加强领导,将免费开放作为文化馆建设重点工作,纳入文化发展规划,纳入财政预算;建立统筹协调、密切配合、分工协作的工作机制;开展对免费开放的制度设计和科学研究,保证免费开放工作科学有序地开展;建立中央与地方共担的经费保障机制和经费补助标准。

提出了对文化馆(站)的免费开放的要求。

规定免费开放的内涵和内容:"基本服务"免费,包括公共空间设施场地的免费开放,健全与其职能相适应的基本公共文化服务项目并免费向群众提供,免费提供配套管理服务。

规定免费开放的工作原则:全面推开,逐步完善;坚持公益,保障基本;科学设计,注重实效;扩大宣传,树立形象。

规定免费开放的总体目标:与深化文化体制改革、提升服务能力相结合,实现文化馆(站)规章制度健全,职责任务清晰,服务内容明确,保障机制完善,健全与其职能相适应的基本文化服务项目并免费向群众提供,提高设施利用率,使文化馆(站)免费服务成为政府的重要民生项目和公共文化服务品牌。

规定了免费开放的具体要求:取消原有部分收费项目,限期收回出租设施,降低非基本服务收费,补齐基本服务缺项,提高免费服务质量,做好服务公示等。

三、群众文化政策法规的执行与落实

群众文化政策法规的制定和完善固然重要,执行更是关键。

政策和法规的制定是为了执行，政策和法规的贯彻是执行的过程，政策和法规的落实是执行的效果。有政策、法规但不执行是群众文化工作中一个不可忽视的问题。例如，党和政府早就提出了文化馆的经费保障的政策，1996年10月，党的十四届六中全会通过的《中共中央关于加强社会主义精神文明建设若干重要问题的决议》要求：对政府兴办的图书馆、博物馆、科技馆、文化馆、革命历史纪念馆等公益性事业单位，应给予经费保证。2002年文化部、国家计委、财政部《关于进一步加强基层文化建设的指导意见》（2002年1月30日国务院办公厅转发）要求"对于群艺馆、文化馆、图书馆等公益文化事业单位的日常工作给予必要的经费保障；保证各级公共图书馆有一定数量的购书经费"。但是，长时间以来，这一政策在一些地区还是没有落实。原因很多，包括地方财政的支付能力较低，领导的重视程度不足，政策表述过于原则，缺乏一种有效机制和具体标准，以及有效的监督等。其中群众文化领导机构和文化馆自身政策法规的宣传和运用没有到位也是重要的原因之一。

群众文化政策法规的执行，是群众文化政策法规利益相关各方在一定环境下的互动过程。执行过程包括：政策法规的学习和解读，政策法规的地方化和具体化，政策法规的宣传与教育，政策法规的贯彻与实施，政策法规实施的督导与检查。

第一，认真学习、正确地解读和把握有关群众文化的政策法规。这是群众文化政策法规应用的基础。群众文化的政策法规涉及许多政府部门，涉及不同部门的利益和政策的调整，从不同的角度出发，会产生对同一政策法规的不同解读，所谓"上有政策，下有对策"，就是基于对政策法规的不同解读。群众文化的领导机构和服务机构要首先学习和把握好有关政策法规，才能向领导、有关部门做好政策法规的宣传和解读工作，让他们领会和把握政策法规。如"免费开放"的"中央与地方共担"的经费保障政策是图书馆、文化馆、文化站人员、公用等基本支出——由同级财政部门负担；开展基本公共文化服务项目支出（地市、县、乡镇）——由中央和地方财政（注：不是同级财政）共同负担。按照这一政策，中央财政对中西部地区按照补助标准分别负担50%和80%，而对其余的50%和20%部分的负担就有了不同的解读，大多数地区的省级财政都相应地承担了一定比例的经费，有的是全部由省级财政负担，有的是按不同地区由省级财政承担一定比例，也有的把地方财政负担改为由同级财政负担。

第二，政策法规的地方化和具体化。全国性的文化政策法规是针对全国的普遍情况制定的，具有普遍的适用性。但是，由于我国各地区的差异很大，文化政策法规只能规定一些在全国都适用的强制性的条款，而对许多问题则只是规定了原则，特别是其中的一些标准，基本是按照中部地区的情况制定的。这就需要各地区根据本地区的实际进行补充和完善，并将一些原则具体化。这是文化政策法规执行中的一个重要环节。如"免费开放"的政策下达后，许多省制定了《美术馆、公共图书馆、文化馆（站）免费开放工作实施方案》，明确本省具体的工作目标、免费开放范围、免费开放内容、实施步骤、具体措施和工作安排。各地区的情况不同，具体化的重点也不同。有的明确要求限期收回出租或挪作他用的公共文化设施场地；有的结合实际情况，制定了《免费开放专项资金管理暂行办法》，对免费开放资金的使用原则、范围和监督方式等进行规定；四川、云南、陕西等省根据县、乡两级政府部门工作实际，创新了乡镇综合文化站免费开放资金"县管乡用"模式，使免费开放政策很快在本省得到落实。

第三，政策法规的宣传与教育。要加强政策法规的宣传教育，使政策法规的执行者和广大群众了解政策法规。在免费开放政策实施中，上海市印发了《公共文化设施免费开放常见问题解答》，并同时在市文广影视局网站上公布，使基层能够更加清楚地了解免费开放的内容和要求。江西省从免费开放起，就不断通过报刊、电视，特别是网络媒体加大免费开放宣传力度，扩大免费开放的公众知晓率，提高免费开放的公众参与度。四川省举办公共图书馆、文化馆（站）干部培训班18个，培训人员4 410人次，提高了公共文化服务机构人员对免费开放政策的认识和执行水平。

第四，政策法规的贯彻与实施。在政策法规的实施中，让群众了解政策法规，运用政策法规来监督政府和群众文化机构的行为，维护自己在群众文化方面的基本权益，是政策法规落实的重要环节。免费开放公示，就是让人民群众了解免费开放政策和具体内容，监督公共文化服务机构执行免费开放政策的一项有力措施。文化部、财政部在2012年"免费开放"政策督察中，委托第三方"零点公司"进行群众对"免费开放"政策知晓度和满意度调查，就是让群众了解有关政策法规，监督政府和群众文化机构执行政策法规的一种方法。

第五，政策法规执行的监督和检查。对重要的政策法规的执行情况和执行效果的监督和检查，特别是监督机制，是政策法规执行中必不可少的环节。例如，山西省印发了《关于做好2011年度全省公共文化服务绩效考核评价工作的通知》，将免费开放配套资金落实情况纳入市、县两级人民政府绩效考核范围，并赋予相应的考核分值。2012年，文化部、财政部组织督查组对各省（区、市）免费开放工作进行了督查。督查组通过汇报座谈、查阅资料、实地考察等方式，对免费开放专项资金的落实和管理使用、基本公共文化服务项目的开展、工作中遇到的问题和困难等情况进行检查和督导，有利地推动了"免费开放"政策的落实。

第三节 中国群众文化理论体系的形成与发展

一、群众文化理论体系的形成与建立

(一)群众文化理论体系的形成

建立自己的学科,构筑群众文化的理论体系,是群众文化重要的基础工作。伴随着群众文化的发展,人们对于群众文化的研究也在不断深入。新中国成立后,随着群众文化事业的发展、研究工作的不断深入,群众文化工作者以马克思主义的基本原理为指导,总结我国群众文化事业发展的实践,运用科学的思维方法进行分析概括,不仅为群众文化方针政策的制定提供了科学依据,也逐步完善着群众文化的理论。1959年,中央文化学院的群众文化研究班集体编写了第一部群众文化论著《群众文化工作概论》,标志着群众文化理论体系的初步形成。

改革开放以后,在思想解放和实事求是的推动下,群众文化的研究者们坚持理论联系实际,从不同的方位、侧面、角度探求群众文化的理论,在群众文化的基础理论、群众文化史、群众文化活动、群众文化管理、群众文化辅导、文化馆等各个领域都取得了丰硕的成果。20世纪80年代末90年代初,一批群众文化的理论专著相继出版,其中包括1992年湖南文艺出版社出版,常泊主编的《中国群众文化辞典》;1993年中国国际广播出版社出版,郑永富主编《群众文化学》;1994年浙江人民出版社出版,郑永富编纂的《群众文化管理学》、《群众文化辅导学》、《文化馆学》,以及周德辉、荣天玙、梁泽楚编著的《中国群众文化史》(古代、现代、当代部分),李瑞岐的《论群众文化与民俗艺术》,金天麟的《群众文化民俗学研究》,牟光义的《群众文化社会学概论》,奎曾

的《民族群众文化学通论》等。这些作品标志着群众文化学基本成形,成为一门独立的新兴学科。

(二)群众文化学

群众文化学是研究群众文化本质及其运动规律的一门科学,是一门涉及诸多学科的综合性社会科学[①]。它以群众文化现象及其规律为研究对象,研究的内容包括群众文化活动、群众文化工作、群众文化事业、群众文化队伍、群众文化机构以及群众文化发展史等。

群众文化学理论体系所涵盖的内容众多。群众文化的基础理论主要是探索群众文化的起源、发展以及它在发展中的基本规律,包括民族群众文化学、文化馆学、群众文化史、群众文化管理学、群众文化辅导学等;群众文化的应用理论包括群众文化工作实务、文化馆(站)的服务与管理、群众文化队伍建设、群众文化活动的策划与组织、群众文艺创作等;从社会形态上包括农村群众文化建设、城市群众文化建设、民族地域群众文化建设、广场群众文化、庙会群众文化等。

群众文化学涉及文艺学、教育学、心理学、社会学、民族学、民俗学、非物质文化遗产学、美学以及现代科学技术等相关学科,并由此形成了群众文化社会学、群众文化心理学、群众文化美学等分支,是一门综合性的社会科学。

二、群众文化理论的功能与作用

群众文化理论是长期、丰富的群众文化实践的科学总结,群众文化理论指导实践,推动群众文化事业的健康发展。随着社会的发展,群众文化事业不断遇到新的问题、不断进行新的探索、

[①] 郑永富. 群众文化学[M]. 北京:中国国际广播出版社. 1993.

也不断取得新的成果,为群众文化理论研究积累了实践基础。通过群众文化理论的研究,探索群众文化实践中出现的新问题,总结新经验,把群众文化的经验上升为理性认识,形成了群众文化的指导方针、政策、法规,指导群众文化工作,并进一步上升为群众文化的理论,从而推动群众文化事业的发展。如"数字文化馆"是群众文化中一个新的概念,在第一次文化馆评估时,还仅仅提出文化馆计算机设备配置的要求。随着一些文化馆网站的建立和数字服务的实践,第二次评估时将"网站"和"网页"列入提高指标中,推动了"文化馆网站"的普及发展,以及对文化馆数字服务的实践和理论的探索。随着文化馆网站的发展,总结实践经验,第三次评估就将"数字化服务"列入了评估标准,并提出了"数字文化馆"的概念。

群众文化理论体系的形成是群众文化稳定、持续发展的保障。和图书馆学、博物馆学相比较,群众文化还是一门新兴的学科,它的理论体系还很不完善、很不稳定,又缺少国外的参照,受社会环境的影响较大。同样都在"以文补文"、"有偿服务",但是公共图书馆、博物馆是把它作为权宜之计,作为一个有争议的课题进行探讨,并没有动摇其公益性属性和图书馆、博物馆的基本理论。而在群众文化领域,却出现了否定文化馆公益性属性,提出了文化馆企业化,文化馆走产业和事业相结合道路等方向性、基本型的理论问题。文化馆自身企业化的理论探讨动摇了群众文化的基本理论,造成了社会影响,险些在公益性文化单位中排除文化馆,影响了文化馆的发展。在许多地区,文化馆的设施建设远远落后于公共图书馆和博物馆,这和群众文化理论的不完善、不稳定,人们对文化馆功能作用认识不明确有着很大的关系。

群众文化理论的系统化、科学化,推动群众文化事业的专业化、科学化、现代化进程。群众文化理论研究存在着一些先天的不足，如在群众文化工作中存在着"重活动、轻理论"的倾向，影响着群众文化理论研究的开展；普通高校没有群众文化专业，各级社会科学院也缺少群众文化的研究机构，缺乏专门从事群众文化理论研究的专家学者和理论研究的学术平台；研究理论的方法不够科学，研究深度不够，存在着实用主义和图解政策的现象；群众文化的理论专著虽然不少，但是大都是分散的，分别编著、独立出版，没有形成系统化的理论，至今还没有一套完整的、成体系的群众文化的理论丛书。群众文化的专业化、科学化、现代化发展，迫切需要群众文化理论的系统化和科学化。

三、群众文化理论的建设与发展

建设社会主义文化强国这一长期战略目标的确立，使文化在综合国力竞争中的地位和作用更加突出。公共文化服务体系建设，推动着群众文化的大繁荣大发展。群众文化的大繁荣大发展，要求群众文化的理论建设与之相适应。

群众文化理论要与时俱进，不断创新。近年来，群众文化研究的论文、论丛、专辑很多，研究涉及群众文化的各个方面。特别是这些理论研究围绕公共文化服务体系建设、非物质文化遗产保护、新农村文化建设、社区文化发展、文化馆的改革与服务等重大理论和现实问题，进行了多侧面的、较为深入的研究，探讨群众文化在公共文化服务体系建设中的新问题，总结群众文化在公共文化服务体系建设中的新经验，取得了不少成果，丰富了群众文化的理论宝库，也为政府部门的决策提供了参考和依据。但是，这些研究大多是分散的、某一方面的、某一地区的研究，缺乏系统化；研究者大多是群众文化工作者，缺乏专家学者的参加；从事的研究大都是文化馆或群众文化学会组织的，缺乏专门的研究机构；许多研究往往是功利性的（如职称评审需要），研究方法不够科学，研究不够深入；研究成果主要以论文形式发表，以论丛形式出版，没有形成有影响的理论专著。

　　加强群众文化理论研究的系统化，科学化，研究群众文化的新形势、新问题，总结群众文化的新经验、新成果，使之上升为理性认识，形成有共识的群众文化理论专著，是当前群众文化的一项重要任务。群众文化理论研究要从以下几个方面加强。

　　第一，加强群众文化理论研究的系统化、科学化。要以《中共中央关于深化文化体制改革、推动社会主义文化大发展大繁荣若干重大问题的决定》（下文简称《决定》）为指导，紧密结合实际，开展群众文化理论的系统研究。中国群众文化学会每年举办群众文化论文征选活动，征文题目都与当年的新政策、新形势有关，并取得了一定理论研究成果。2010年征文的主题是"新形势下群众文化创新"；2011年的主题是"文化馆的免费开放"；2012年的主题是"城乡文化一体化发展"中的"村级文化建设与公共文化服务体系构建"。在紧密结合当前需要开展的研究的同时，需要制定群众文化理论研究的长远规划，把《决定》中提出的新形势下推进文化体制改革的指导思想、重要方针、目标任务和政策举措与群众文化理论体系建设有机地结合起来，形成一个研究系统，推动群众文化理论化研究的系统化和科学化。

　　第二，建设群众文化理论会研究基地和学术平台。群众文化的理论研究要想从业余研究向专业化研究方向发展，就需要建设群众文化研究的基地，搭建群众文化理论研究的学术平台，形成群众文化理论研究的专业队伍。要选择几个有研究基础（研究队伍和成果）的省级文化馆、研究机构或学院，建立群众文化的研究机构，出版群众文化理论研究的全国性刊物，团结和凝聚一批群众文化研究人员，吸引专家学者参加，形成一支高水平的群众文化理论队伍。

第三，加强理论研究的交流。应当像图书馆那样建立文化馆的年会制度，把群众文化的征文活动与年会制度结合起来，使年会成为群众文化理论研究的交流平台，展示群众文化理论研究成果，指导群众文化理论研究，推动群众文化发展。并在此基础上形成一些群众文化论坛，推动群众文化理论研究的普遍开展。如2011年11月，中国文化报、中国群众文化学会、宁波市文化广电新闻出版局主办的2011中国群众文化宁波论坛，论坛的主题是"免费开放背景下文化馆（站）面临的挑战与机遇"。

第四，实施群众文化理论建设工程，支持群众文化理论研究基地的建设和群众文化理论专著的出版。近年来已经有一些群众文化理论专著陆续出版。还有一些群众文化理论专著正处在编辑过程中，应帮助他们尽快出版。文化部组织编辑出版的文化馆（站）系列培训教材，做了一个很好的示范。

第五，加强群众文化理论队伍建设。天津市群众艺术馆自2004年开始，每年举办一期天津市群众文化系列专业技术人员论文培训班，聘请社科专家及群众文化领域研究员为授课老师，包括天津社会科学院教授、天津市艺术研究所专家、天津图书馆研究馆员、天津市群众艺术馆研究馆员、天津市群文学会学术委员会专家等，教授论文写作基本知识、专题论文写作知识、撰写论文的选题、结合本岗工作深入研究提炼撰写群众文化论文等。8年间，共培训学员400余人，辅导论文千余篇。每年将本年度经过专家培训辅导并评定合格的论文集结成册，编辑出版《天津群文系列论文汇编》。至今共编辑出版了10册，发表论文800余篇。同时，利用《天津社会文化》和《海河文化》两份刊物，开辟了理论专栏，发现好论文就予以发表，同时专栏还刊登了一些在全国具有引领作用或是观点新颖的理论文章。

【本章小结】

贯彻党和国家有关文化建设和群众文化事业的政策法规是群众文化工作的生命线，群众文化理论是群众文化稳定发展的基础。本章重点介绍了《宪法》，《中共中央关于深化文化体制改革、推动社会主义文化大发展大繁荣若干重大问题的决定》，《公共文化体育设施条例》，以及与其相配套的文化馆（站）管理办法和建设标准中有关群众文化的方针政策和规定；阐述了我国群众文化政策法规建设情况、作用和应用要求；介绍了我国群众文化理论体系的形成和发展的过程，群众文化理论建设的重要性和新形势下群众文化理论建设的重要任务。掌握群众文化的政策法规，用于指导自己的工作，是每个群众文化工作者做好群众文化工作的前提；积极参加群众文化的理论建设，是每个群众文化工作者的责任。

【思考题】

1. 结合实际，谈谈群众文化法治建设和理论建设的重要性。

2. 你认为当前群众文化政策法规建设的重点是什么？

3. 为什么说群众文化理论建设是当前群众文化的一项重要任务？

【推荐阅读】

1. 郑永富. 群众文化学[M]. 北京：中国国际广播出版社，1993.

2. 浙江省文化厅. 新农村文化建设试用教材[M]. 北京：五洲传播出版社，2009.

3. 中共中央关于深化文化体制改革 推动社会主义文化大发展大繁荣若干重大问题的决定(2011年10月18日中国共产党第十七届中央委员会第六次全体会议通过).

4. 胡守勇. 建国六十年群众文化研究综述[J]. 长江师范学院学报，2010，26(5).

(本章收录的相关政策法规文件截至2021年1月，后续重印或修订将持续更新，特此说明。)